DR. WESLEY R. GRAY
DR. JACK R. VOGEL

Momentum-Strategien für Stockpicker

So finden Sie Gewinneraktien –
mit einem der erfolgreichsten
Handelsansätze unserer Zeit

börsenbuch verlag

Die Originalausgabe erschien unter dem Titel
Quantitative Momentum: A Practitioner's Guide to Building a Momentum-Based Stock Selection System
ISBN 978-1-119-23719-8

Copyright der Originalausgabe 2016:
Copyright © 2016 by Wesley R. Gray and Jack R. Vogel. All rights reserved.
Published by John Wiley & Sons, Inc., Hoboken, New Jersey.
All Rights Reserved. This translation published under license with the original publisher John Wiley & Sons, Inc.

Copyright der deutschen Ausgabe 2018:
© Börsenmedien AG, Kulmbach

Übersetzung: Egbert Neumüller
Covergestaltung: Holger Schiffelholz
Coverbildquelle: iStock
Gestaltung und Satz: Sabrina Slopek
Lektorat: Claus Rosenkranz
Druck: GGP Media GmbH, Pößneck

ISBN 978-3-86470-511-3

Alle Rechte der Verbreitung, auch die des auszugsweisen Nachdrucks,
der fotomechanischen Wiedergabe und der Verwertung durch Datenbanken
oder ähnliche Einrichtungen vorbehalten.

Bibliografische Information der Deutschen Nationalbibliothek:
Die Deutsche Nationalbibliothek verzeichnet diese Publikation in der
Deutschen Nationalbibliografie; detaillierte bibliografische Daten
sind im Internet über <http://dnb.d-nb.de> abrufbar.

BÖRSEN MEDIEN
AKTIENGESELLSCHAFT

Postfach 1449 • 95305 Kulmbach
Tel: +49 9221 9051-0 • Fax: +49 9221 9051-4444
E-Mail: buecher@boersenmedien.de
www.boersenbuchverlag.de
www.facebook.com/plassenverlag

Buy cheap; buy strong; hold 'em long.
Billig kaufen; stark kaufen; lange halten.
– Wes und Jack

INHALT

Vorwort 7

Danksagungen 11

Über die Autoren 13

TEIL 1
DAS MOMENTUM VERSTEHEN 15

KAPITEL 1 Weniger Religion, mehr Vernunft 17

KAPITEL 2 Wieso aktive Investmentstrategien
funktionieren können 33

KAPITEL 3 Momentum-Investing ist
kein Growth-Investing 77

KAPITEL 4 Warum alle Value-Anleger
das Momentum brauchen 107

TEIL 2
**DER AUFBAU EINES MOMENTUMBASIERTEN
MODELLS DER AKTIENAUSWAHL** 129

INHALT

KAPITEL 5 **Grundlagen des Aufbaus einer Momentum-Strategie** 131

KAPITEL 6 **Die Maximierung des Momentums: Auf den Weg kommt es an** 153

KAPITEL 7 **Momentum-Anleger müssen die Jahreszeiten kennen** 175

KAPITEL 8 **Quantitatives Momentum schlägt den Markt** 195

KAPITEL 9 **Das Momentum in der Praxis für sich arbeiten lassen** 229

ANHANG A **Die Suche nach alternativen Momentum-Konzepten** 247

ANHANG B **Definitionen der Performance-Kennzahlen** 279

Über die begleitende Website 280

VORWORT

Die Markteffizienzhypothese behauptet: Frühere Preise können den künftigen Erfolg nicht vorhersagen. Dabei gibt es aber ein Problem: Frühere Preise *sagen* die zukünftig zu erwartende Performance voraus und man bezeichnet dieses Problem allgemein als „Momentum". Momentum ist der Inbegriff einer einfachen Strategie, die sogar Ihre Großmutter verstehen würde: Gewinner kaufen. Und das Momentum ist ein offenes Geheimnis. Die Erfolgsgeschichte, frühere Gewinner zu kaufen, erstreckt sich nun schon über 200 Jahre und ist zum ultimativen Pfahl im Fleisch der Markteffizienzhypothese (EMH = Efficient Market Hypothesis) geworden. Und warum ist dann nicht jeder ein Momentum-Anleger? Wir glauben, dass es dafür zwei Gründe gibt: Fest in unserem Verhalten verankerte Tendenzen führen dazu, dass viele Anleger dem Momentum zuwiderhandeln; und die Einschränkungen des Marktplatzes machen es für Profis schwierig, Momentum auszunutzen.

Solange die Erwartungen der Menschen von systematischen Fehlern geprägt sind, können Preise von den Fundamentaldaten abweichen. Im Kontext des Value-Investings scheint dieser Erwartungsfehler eine *Überreaktion* auf negative Meldungen zu sein; aus Sicht des Momentums ist der Erwartungsfehler überraschenderweise mit einer *Unterreaktion* auf positive Meldungen verbunden (manche behaupten, das sei eine Überreaktion; das kann nicht ausgeschlossen werden, aber insgesamt stützen die Indizien eher die Hypothese der Unterreaktion). Daher glauben Anleger, die überzeugt sind, hinter langfristigen Überrenditen stünden Verhaltenstendenzen, bereits an den entscheidenden Mechanismus, der hinter der langfristigen Nachhaltigkeit des Momentums steht. Kurz gesagt stellen Value und Momentum die zwei Seiten der gleichen Verhaltensmedaille dar.

Aber warum werden dann Momentum-Strategien nicht von mehr Anlegern genutzt, sodass der Vorteil durch Arbitrage verschwindet? Wie wir noch besprechen werden, hängt die Geschwindigkeit, in der durch Fehlpreisungen bedingte Chancen dahinschwinden, von den Kosten für ihre Ausnutzung ab. Abgesehen von der Batterie der Transaktionskosten und der Kosten für Informationsbeschaffung, die nicht gleich null sind, besteht der größte Kostenfaktor bei der Ausnutzung langanhaltender Fehlpreisungschancen in der Angst der bevollmächtigten Vermögensverwalter vor Karriererisiken. Das Karriererisiko ergibt sich daraus, dass Anleger häufig einen Profi damit beauftragen, ihr Kapital zu verwalten. Leider beurteilen Anleger, die ihr Kapital professionellen Fondsmanagern anvertrauen, die Leistung des von ihnen engagierten Managers häufig anhand von dessen kurzfristiger relativer Performance im Verhältnis zu einer Benchmark. Dadurch entsteht für den professionellen Fondsmanager jedoch ein Fehlanreiz. Auf der einen Seite möchten Fondsmanager Chancen durch Fehlpreisung ausnutzen, weil die erwartete langfristige Performance so hoch ist. Auf der anderen Seite können sie das aber nur insoweit tun, als die Ausnutzung der Fehlpreisungschancen nicht dazu führt, dass ihre erwartete Performance zu weit – und/oder zu lange – von einer gängigen Benchmark abweicht. Kurz gesagt funktionieren Strategien wie das Momentum vermutlich deshalb, weil sie im Verhältnis zu passiven Benchmarks manchmal *spektakulär scheitern*, was zu einem „Karriererisiko"-Aufschlag führt. Und wenn wir dies weiter durchdenken, brauchen wir nur die folgenden Annahmen zu treffen, um zu der Überzeugung zu gelangen, dass eine Momentum-Strategie – eigentlich jegliche auf Anomalien basierende Strategie – in der Zukunft nachhaltig sein kann:

VORWORT

- Die Anleger werden weiterhin verhaltensbedingten Verzerrungen unterliegen.
- Diejenigen Anleger, die andere beauftragen, werden kurzsichtig der Performance nachjagen.

Wir glauben, dass wir uns auf absehbare Zukunft auf diese beiden Annahmen verlassen können. Und weil wir an diese Annahmen glauben, sind wir auch überzeugt, dass es für prozessorientierte, langfristig ausgerichtete, disziplinierte Anleger immer Chancen geben wird.

Angenommen, wir sind bereit, Momentum-Investoren zu sein, und wir haben die Tatsache akzeptiert, dass die Reise mühsam sein muss, wenn sie nachhaltig sein soll, dann müssen wir nur noch eine einfache Frage beantworten: *Wie bauen wir eine effektive Momentum-Strategie auf?* In diesem Buch skizzieren wir die mehrjährigen Forschungsanstrengungen, die wir unternommen haben, um unsere Momentum-Strategie der Aktienauswahl auszuarbeiten. Das Fazit unseres Unterfangens ist die quantitative Momentum-Strategie, die das Ziel verfolgt, *die Aktien mit dem hochwertigsten Momentum zu kaufen*. Und um das von vornherein klarzustellen: Wir beanspruchen nicht, über die „beste" Momentum-Strategie zu verfügen oder eine Momentum-Strategie zu verfolgen, die „garantiert" funktioniert. Aber wir sind der Ansicht, dass unser Prozess vernünftig ist, auf Belegen basiert und sich kohärent und logisch auf die Behavioral Finance bezieht, die verhaltensorientierte Finanzlehre. Außerdem legen wir in radikaler Transparenz dar, wie und warum wir dieses Verfahren entwickelt haben. Wir möchten, dass die Leser unsere Annahmen infrage stellen, dass sie die Ergebnisse aktiv nachvollziehen und uns sagen, ob man unser Verfahren ihrer Meinung nach verbessern könnte. Sie können uns jederzeit auf AlphaArchitect.com erreichen und wir werden uns mit Freuden Ihren Fragen widmen.

Wir hoffen, dass Ihnen die Geschichte vom quantitativen Momentum gefallen wird.

DANKSAGUNGEN

Bei der Realisierung dieses Buches wurden wir von vielen Kollegen, Freunden und Familienangehörigen enorm unterstützt. Wir danken unseren Ehefrauen Katie Gray und Meg Vogel für ihre stetige Unterstützung und dafür, dass sie sich um unsere chaotischen Kinder gekümmert haben, damit wir unser Manuskript verfassen konnten. Auch möchten wir dem gesamten Team von Alpha Architect dafür danken, dass es uns beide ertrug, während wir die erste Fassung entwarfen. David Foulke trug unschätzbar wertvolle Kommentare bei und las das Manuskript so oft, dass ihm immer noch der Kopf schwirrt. Auch Walter Haynes spielte eine zentrale Rolle bei der deutlichen Verbesserung des Manuskripts. Yang Xu war in Sachen Recherche immens hilfreich und plagte sich bis in die späten Abendstunden mit der Verarbeitung von Zahlen. Schließlich schulden wir dem restlichen Team von Alpha Architect – Tian Yao, Tao Wang, Pat Cleary, Carl Kanner und Xin Song – ewigen Dank! Außerdem möchten wir den außenstehenden Lesern für ihre Anmerkungen in einem frühen Stadium und ihre unglaublichen Erkenntnisse danken. Andrew Miller, Larry Dunn, Matt Martelli, Pat O'Shaughnessy, Gary Antonacci und eine Handvoll anonymer Leser haben das Buch viel besser gemacht, als es geworden wäre, wenn wir allein gearbeitet hätten. Und schließlich danken wir unserer Lektorin Julie Kerr für ihr außerordentlich wertvolles Feedback.

ÜBER DIE AUTOREN

Dr. Wesley R. Gray Nachdem er als Hauptmann im United States Marine Corps gedient hatte, promovierte Dr. Gray und wurde Professor für Finanzwissenschaft an der Drexel University. Sein Interesse an Unternehmertum und Behavioral Finance veranlasste ihn, Alpha Architect zu gründen, eine Vermögensverwaltungsgesellschaft, die steuersensitiven Anlegern erschwingliche aktive Strategien anbietet. Dr. Gray hat vier Bücher und zahlreiche wissenschaftliche Artikel veröffentlicht. Wes schreibt regelmäßig für das *Wall Street Journal*, für *Forbes* und für das CFA Institute. Dr. Gray machte an der University of Chicago seinen MBA, promovierte dort und erwarb an der Wharton School der University of Pennsylvania einen BS mit magna cum laude.

Dr. John (Jack) R. Vogel Dr. Vogel forscht auf den Gebieten empirische Preisbildung von Vermögenswerten und Behavioral Finance und er hat zwei Bücher sowie zahlreiche wissenschaftliche Artikel veröffentlicht. Er hat unter anderem Erfahrungen als Dozent und Forschungsassistent an der finanzwissenschaftlichen und der mathematischen Fakultät der Drexel University sowie als Finanzdozent an der Villanova University gesammelt. Derzeit gehört Dr. Vogel der Geschäftsführung von Alpha Architect an, er ist bei der SEC registrierter Anlageberater und fungiert als Finanzvorstand sowie als stellvertretender Chief Investment Officer.

ÜBER DIE AUTOREN

Er hat einen Doktortitel in Finanzwissenschaft sowie einen MS von der Drexel University und erwarb an der University of Scranton einen BS in Mathematik und Pädagogik mit summa cum laude.

TEIL 1

DAS MOMENTUM VERSTEHEN

Das vorliegende Buch besteht aus zwei Teilen. Teil 1 liefert die Begründung, weshalb man das Momentum als Instrument der systematischen Aktienauswahl verwenden sollte. In Kapitel 1, „Weniger Religion, mehr Vernunft", besprechen wir die beiden vorherrschenden Investment-Religionen: die fundamentale und die technische. Wir empfehlen, dass auf Evidenz setzende Anleger beide Ansätze berücksichtigen. Dann stellen wir in Kapitel 2, „Wieso aktive Investmentstrategien funktionieren können", unseren nachhaltigen und aktiven Anlagerahmen vor, der uns herauszufinden hilft, wieso eine Strategie auf lange Sicht funktionieren wird (wir identifizieren den „Vorteil"). In Kapitel 3, „Momentum-Investing ist kein Growth-Investing", legen wir dar, dass man Momentum-Investing ebenso wie Growth-Investing mit Fug und Recht als nachhaltige Anomalie bezeichnen kann. Schließlich schließen wir den ersten Teil mit Kapitel 4, „Warum alle Value-Anleger das Momentum brauchen", ab. Hier besprechen wir die auf das Momentum-Investing bezogenen Indizien, die darauf hindeuten, dass die meisten Anleger beim Aufbau ihres diversifizierten Anlageportfolios Momentum-Investing zumindest in Betracht ziehen sollten.

KAPITEL 1

Weniger Religion, mehr Vernunft

Kind: „Papa, bist du sicher, dass der Weihnachtsmann die Geschenke gebracht hat?"
Vater: „Ja, er hat sie auf seinem Schlitten hergebracht."
Kind: „Ja, wahrscheinlich stimmt das. Er hat ja auch die Plätzchen gegessen und die Milch getrunken, die wir neben dem Kamin haben stehen lassen."

– Typisches Gespräch zwischen einem Erwachsenen und einem Kind an Heiligabend

Die Technische Analyse: Die älteste Religion der Börse

Im 17. Jahrhundert hatten die Holländer eine große Handelsflotte und die Hafenstadt Amsterdam war eine dominierende Drehscheibe des Handels mit der ganzen Welt. Im Zuge des wachsenden Einflusses der Republik der Vereinigten Niederlande wurde 1602 die Niederländische Ostindien-Kompanie gegründet und ihre Entwicklung zur ersten börsennotierten weltweit aktiven Gesellschaft brachte an der Amsterdamer Börse einige Neuerungen hervor. Unter anderem wurden dort später weitere Gesellschaften notiert und es waren sogar Leerverkäufe möglich.

Im Jahr 1688 schrieb der erfolgreiche niederländische Händler Joseph de la Vega „Die Verwirrung der Verwirrungen", eines der ersten bekannten Bücher, die eine Börse und den Aktienhandel beschreiben. Einige heutige Forscher behaupten, man müsse de la Vega als Vater der Behavioral Finance betrachten. Er beschrieb eindringlich übertriebene Handelstätigkeit, Überreaktionen, Unterreaktionen und den Dispositionseffekt, lange bevor sie in modernen Finanzzeitschriften dokumentiert wurden.[1]

De la Vega schildert in seinem Buch das Alltagsgeschäft an der Börse und spielt darauf an, wie die Preise gebildet werden:

> „Betritt ein Haussier während der Handelszeit der Börse ein
> solches Kaffeehaus, wird er von den Anwesenden nach den
> Aktienkursen gefragt. Er schlägt auf den aktuellen Preis ein
> oder zwei Prozent drauf, zückt ein Notizbuch und tut so, als
> notiere er darin Orders. Der Wunsch, Aktien zu kaufen, nimmt
> zu; und dies erhöht auch die Vermutung, es könne ein weiterer
> Anstieg erfolgen (denn in diesem Punkt sind wir alle gleich:
> Wenn die Preise steigen, meinen wir, sie würden sich zu großer
> Höhe aufschwingen, und wenn sie bereits in diese Höhe
> gestiegen sind, meinen wir, sie würden uns davonlaufen)."[2]

De la Vega beschreibt hier, wie steigende Preise fortgesetzte Preisanstiege verursachen können. Anders ausgedrückt, und zwar mit den Worten von Wes' Zimmergenossen während des Studiums, der bei einer großen Bank an der Wall Street als leitender Marketmaker arbeitete: „Hohe Preise ziehen Käufer an, niedrige Preise Verkäufer."[3]

De la Vega fährt fort:

> „Der Preisverfall braucht keine Grenze und auch für den
> Anstieg bestehen unbegrenzte Möglichkeiten [...] Deshalb wird
> es stets Käufer geben, die einen von der Angst befreien [...]
> die Haussiers freuen sich optimistisch über den Zustand der
> Konjunktur, der ihnen stets günstig ist; und ihre Haltung steckt
> derart voller [gedankenloser] Zuversicht, dass selbst weniger

1 // WENIGER RELIGION, MEHR VERNUNFT

günstige Neuigkeiten sie nicht beeindrucken und keine Befürchtungen wecken. [Es scheint] mit der Philosophie unvereinbar zu sein, dass Baissiers noch weiter verkaufen, nachdem die Ursache für ihre Verkäufe nicht mehr besteht, denn die Philosophen lehren, dass dann, wenn die Ursache zu existieren aufhört, auch die Wirkung endet. Doch wenn die Baissiers stur weiter verkaufen, tritt auch dann noch eine Wirkung ein, wenn die Ursache verschwunden ist." [4]

Hier spricht de la Vega ausdrücklich davon, dass die Bullen womöglich weiterhin kaufen und die Bären weiterhin verkaufen, selbst wenn es keinen unmittelbaren Grund mehr gibt, der sie dazu veranlassen könnte, außer der Preisbewegung an sich. Wir sehen hier also, dass sich bereits im Europa des 17. Jahrhunderts Preisveränderungen – unabhängig von den Fundamentaldaten – auf die künftigen Marktpreise auswirkten.

Während sich in Europa im Börsenhandel die frühe Technische Analyse entwickelte, fand in Japan ein noch faszinierenderes Experiment im Finanzwesen statt. Im 17. Jahrhundert wurde der Bauernstand, der die Mehrheit der japanischen Bevölkerung stellte, zur Landwirtschaft gezwungen und lieferte so eine steuerliche Basis für den herrschenden Schwertadel, der im Gegenzug Schutz für die landwirtschaftlichen Flächen bot. Damals war Reis das wichtigste landwirtschaftliche Erzeugnis und da er bis zu 90 Prozent der Staatseinnahmen ausmachte, wurde er zum Hauptprodukt der japanischen Wirtschaft.

Da der Reis in Japan so eine bedeutende Rolle spielte, wurde 1697 eine formale Börse eingerichtet und schließlich entstand die Reisbörse in Dojima, die viele für die erste Warenterminbörse halten. Zu dieser Börse gehörte ein Netz aus Lagerhäusern mit bewährten Kredit- und Clearing-Mechanismen. [5]

Der sich schnell entwickelnde japanische Reismarkt war das fruchtbare finanzielle Umfeld, in dem sich ein junger Reishändler namens Munehisa Homma (1724-1803) Mitte des 18. Jahrhunderts wiederfand.

TEIL 1

Homma handelte mit Reis-Futures und nutzte ein privates Kommunikationsnetz, um vorteilhafte Handelsgeschäfte abzuschließen. Auch verwendete er die historische Preisentwicklung, um Vorhersagen über die künftige Preisentwicklung zu treffen. Seine entscheidende Erkenntnis hatte allerdings etwas mit der Psychologie von Märkten zu tun.

Im Jahr 1755 schrieb Homma „Die Quelle des Geldes – Bemerkungen der drei Affen zum Geld" und beschrieb darin die Rolle von Emotionen und ihre möglichen Auswirkungen auf den Reispreis. Homma bemerkte: „Der psychologische Aspekt des Marktes war für den [eigenen] Handelserfolg maßgeblich." Und er notierte: „Das Studium der Emotionen am Markt [...] konnte zu der Vorhersage der Preise beitragen." Somit gehört Homma ebenso wie de la Vega wohl zu den ersten Menschen, die nachgewiesenermaßen die Behavioral Finance in der Praxis anwandten. Sein Buch war eines der ersten, die sich mit Märkten und Anlegerpsychologie befassten.[6]

Homma investierte long und short, sodass er ein Vorläufer der heutigen Hedgefonds war. Er war so erfolgreich und wurde so wohlhabend, dass er zu einem Sprichwort anregte: „Ich werde nie ein Homma werden, aber ich wäre schon als Landesherr zufrieden." Schließlich wurde er Berater der Regierung und von Japans erstem Staatsfonds.[7]

Auf der anderen Seite des Erdballs entwickelten sich die Finanzmärkte ebenfalls. Ende des 19. und Anfang des 20. Jahrhunderts beteiligten sich in den Vereinigten Staaten immer mehr Menschen am Aktienmarkt. Einer der berühmtesten Aktienanleger jener Zeit war ein Mann namens Jesse Livermore. Er begann im Alter von 14 Jahren zu handeln und gewann und verlor im Laufe seines Lebens mehrmals ein Vermögen.

Ein amerikanischer Autor namens Edwin Lefèvre schrieb über ihn die Biografie „Das Spiel der Spiele". Sie berichtet über Livermores Leben und Erlebnisse in den ersten Jahren des 20. Jahrhunderts. Das Buch beschreibt den Erfolg, den Livermore mit technischen Handelsregeln hatte. Außerdem erläutert Lefèvre Livermores allgemeine Börsenphilosophie:

1 // WENIGER RELIGION, MEHR VERNUNFT

„Man beobachtet den Markt [...] mit einem Ziel: die Richtung zu ermitteln – also die Preistendenz [...]. Niemand sollte darüber verwirrt sein, ob eine Hausse oder eine Baisse herrscht, nachdem sie eindeutig gestartet ist. Für einen Mann mit offenem Geist und halbwegs klarem Blick liegt der Trend auf der Hand [...]." [8]

Wir gewinnen weitere Einblicke in Livermores Anlagephilosophie, wenn wir Kommentare zu seinen Kauf- und Verkaufsentscheidungen prüfen. Heute würden wir in diesen Entscheidungen moderne „Momentum"-Strategien erkennen: „Es ist überraschend, wie viele erfahrene Händler ungläubig dreinschauen, wenn ich ihnen sage, dass ich, wenn ich Aktien auf Hausse kaufe, gerne Spitzenpreise bezahle, und dass ich beim Verkaufen entweder niedrig oder gar nicht verkaufen muss."

Vorstellungen, dass Anleger nicht vollständig rational seien und dass die Preise einen Bezug zu den künftigen Preisen haben, sind eindeutig nicht neu. Alle bisher besprochenen Investoren – Joseph de la Vega, Munehisa Homma und Jesse Livermore – verdeutlichen, dass großartige Investoren im Laufe der Geschichte die Rolle der Psychologie an den Märkten erkannten und auch erkannten, dass die historischen Preise dabei helfen können, die künftigen Preise vorherzusagen – dass mit anderen Worten die Technische Analyse funktioniert.

Doch befassen wir uns nun mit dem frühen 20. Jahrhundert, als einige Anleger sich zu fragen begannen, ob die Technische Analyse einen vernünftigen Investmentansatz darstellt. Viele dachten, die Analyse der Fundamentaldaten eines Unternehmens sei vielleicht eine vernünftigere Methode. Die Anleger begannen, die Fundamentalanalyse, die eine sorgfältige Durchsicht der Finanzabschlüsse eines Unternehmens umfasst, unter die Lupe zu nehmen – in der Hoffnung, eine solche Analyse könne bessere Begründungen für Anlageentscheidungen liefern. Insbesondere gewann eine ganz bestimmte neue Anlagephilosophie an Bekanntheit: das Value-Investing, bei dem man Aktien kauft, die im

TEIL 1

Verhältnis zu diversen Fundamentaldaten wie etwa dem Gewinn oder dem Cashflow billig gehandelt werden.

Eine neue Religion kommt auf: die Fundamentalanalyse

Benjamin Graham ist allgemein als Vater der Bewegung des Value-Investings bekannt. Er war überzeugt, dass Anleger höhere risikobereinigte Renditen erzielen, wenn sie Aktien konsequent unter ihrem inneren Wert kaufen, den sie durch die Fundamentalanalyse ermittelt haben. Graham legte den Rahmen seines Value-Investings in den beiden berühmtesten Investmentbüchern aller Zeiten dar, „Wertpapieranalyse" und „Intelligent investieren".

Graham begriff, dass es viele Anhänger der Technischen Analyse gab, äußerte aber deutlich, was er von dieser Disziplin hielt: betrügerische Hexerei. Eine Passage aus „Intelligent investieren" fasst seine Ansichten zusammen:

> „Der eine Grundsatz, der für fast alle diese sogenannten ‚technischen Ansätze' gilt, besagt, dass man kaufen soll, weil eine Aktie oder der Markt gestiegen ist, und dass man verkaufen soll, weil es abwärts gegangen ist. Das ist das Gegenteil solider Geschäftstüchtigkeit in allen anderen Bereichen und es ist höchst unwahrscheinlich, dass dies an der Wall Street zu anhaltendem Erfolg führt."[9]

Grahams frühe Kritik an der Technischen Analyse wurde im Laufe der Zeit von anderen eisernen Anhängern der Religion der Fundamentalanalyse noch verschärft. Grahams berühmtester Schützling, Warren Buffett, übernahm die Boxhandschuhe von Graham und schlug weiter auf die Menge der technischen Analytiker ein. Eine Aussage, die ihm zugeschrieben wird, verdeutlicht seine Ansichten: „Mir wurde klar, dass die Technische Analyse nicht funktioniert, als ich die Charts auf den Kopf stellte und keine andere Antwort erhielt." Ein jüngeres Zitat von Burt Malkiel, der

1 // WENIGER RELIGION, MEHR VERNUNFT

das populäre Buch „Börsenerfolg ist (k)ein Zufall" verfasste, bringt die Verachtung für technische Methoden in Bausch und Bogen zum Ausdruck: „Die zentrale Aussage der Charttechnik ist absolut falsch [...]."[10]

Man kann das Lachen der Fundamentalanalysten förmlich hören. Sie halten sich für besser informiert und letztlich für rationaler als die technischen Investoren. Eine andere Äußerung, die Buffett zugeschrieben wird, lautet: „Wäre die bisherige Geschichte alles, worauf man setzen kann, wären Bibliothekare die reichsten Menschen." Es ist recht offensichtlich, dass nach Buffetts Ansicht nur obskure, hirnverbrannte Bibliothekare, die immer wieder ihre Charts drehen und wenden, die Technische Analyse jemals für eine legitime Disziplin halten würden. Und vielleicht dachten die religiösen Anhänger des fundamentalen Ansatzes, durch den Einsatz von Humor und Lächerlichkeit würden sie ihre Argumente zwingender machen.

In jüngerer Zeit verunglimpfte auch Seth Klarman, Milliardär und Gründer des Hedgefonds Baupost Group, die Technische Analyse. In seinem Kultklassiker des Value-Investings *„Margin of Safety: Risk-Averse Value Investing Strategies for the Thoughtful Investor"* macht Klarman seine Ansichten deutlich:[11]

> *„Spekulanten [...] kaufen und verkaufen Wertpapiere je nachdem, ob sie glauben, dass der Preis dieser Wertpapiere als Nächstes steigen oder fallen wird. Ihre Beurteilung der künftigen Preisbewegungen beruht nicht auf Fundamentaldaten, sondern auf einer Vorhersage des Verhaltens anderer Menschen [...].*
> *Sie kaufen Wertpapiere, weil diese sich gut ‚benehmen', und sie verkaufen sie, wenn sie das nicht tun [...]. Viele Spekulanten versuchen, die Richtung des Marktes mithilfe der Technischen Analyse – früheren Aktienkursschwankungen – als Anhaltspunkt vorherzusagen. Die Technische Analyse basiert auf der Annahme, in den früheren ziellosen Bewegungen der Aktienkurse und nicht im ihnen zugrunde liegenden Unternehmenswert liege der Schlüssel zu den künftigen Aktienkursen.*

TEIL 1

In Wirklichkeit weiß aber niemand, was der Markt tun wird. Der Versuch, ihn vorherzusagen, ist Zeitverschwendung und die Geldanlage anhand solcher Vorhersagen ist ein spekulatives Unterfangen [...] Spekulanten [...] machen im Laufe der Zeit wahrscheinlich Verlust."

Es ist aufschlussreich, dass Klarman die zugrunde liegenden Fundamentaldaten als einziges vertretbares Signal für Erkenntnisse über künftige Aktienkurse betrachtet. Die Preisbewegung ist seines Erachtens „ziellos" und bedeutungslos und Bemühungen, das Verhalten anderer Anleger vorherzusagen, sind vergeblich. Doch bleibt Klarman dabei nicht stehen. Darüber hinaus lehnt er *jedwedes* systematische Mittel ab, künftige Aktienkurse vorherzusagen:

„Manche Investmentformeln beinhalten eine Technische Analyse, in deren Rahmen früheren Preisbewegungen eine Vorhersagekraft für die künftigen Preise zugeschrieben wird. Andere Formeln enthalten anlagebezogene Fundamentaldaten wie das Kurs-Gewinn-Verhältnis, das Kurs-Buchwert-Verhältnis, das Umsatz- oder das Gewinnwachstum, die Dividendenrendite und das aktuelle Zinsniveau. Trotz der enormen Anstrengungen, die in die Entwicklung solcher Formeln gesteckt wurden, ist von keiner erwiesen, dass sie funktioniert."

Es ist vielleicht überraschend, dass Graham, Malkiel, Buffett und Klarman die Technische Analyse so sehr abtun, wo es doch offenbar eine große Zahl erfolgreicher historischer praktischer Anwender gibt und der Stapel der diesbezüglichen wissenschaftlichen Forschungsarbeiten wohl höher als derjenige ist, der die Verdienste eines fundamentalen oder Value-Ansatzes stützt. Trotzdem sind die Ansichten dieser fundamental orientierten Anleger repräsentativ für die Ansichten vieler Angehöriger der Value-Investing-Community und der praktischen Anwender der Fundamentalanalyse im Allgemeinen. Die Religion des Value-Investings ist gesund und munter.

1 // WENIGER RELIGION, MEHR VERNUNFT

Das Zeitalter der evidenzbasierten Geldanlage

*„Vermeiden Sie extrem starke Ideologien,
denn das richtet Ihren Verstand zugrunde."*

– Charlie Munger, Vize-Chairman von Berkshire Hathaway[12]

Weshalb lehnte Ben Graham, der im Herzen ein datenorientierter Finanzökonom war, die technischen Methoden so reflexartig ab? Vielleicht haben einige seiner Zweifel etwas damit zu tun, in welcher Hinsicht sich die Technische Analyse von der Fundamentalanalyse unterscheidet. Für Value-Investoren gehen die Fundamentaldaten voran und die Preise folgen ihnen nach, wenn auch unter Rauschen. Hingegen gehen für technische Investoren die Preise voran und treiben vielleicht sogar die Fundamentaldaten an, jedenfalls sind die Fundamentaldaten nicht der hauptsächliche Treiber von Aktienkursbewegungen. Darüber hinaus erfasst das Etikett *Techniker* eine größere Gruppe der Anlegeröffentlichkeit mit einer viel breiteren Verteilung von Fähigkeiten, die vom Tagelöhner bis zum Spitzenkönner reicht. Diese breitere Streuung bedeutet, dass der Techniker tendenziell subjektiver, weniger professionell und grundsätzlich weniger ausgeklügelt ist als der durchschnittliche fundamental ausgerichtete Anleger. Daher könnte ein Kritikpunkt an der Technischen Analyse darin bestehen, dass Anleger dort Muster suchen, wo es in Wirklichkeit gar keine Muster gibt – ein vernünftiger Einwand, wenn man bedenkt, was wir über das menschliche Verhalten wissen.

Stellen Sie den Technischen Analysten einmal dem Fundamentalanalysten gegenüber. Der Fundamentalanalyst schaut sich konkrete Daten an – Finanzabschlüsse –, die auf etablierten Konventionen basieren. So kann man beispielsweise einen positiven Reingewinn, einen hohen Cashflow und eine geringe Verschuldung als recht objektive Maßzahlen für eine gute finanzielle Verfassung betrachten. Zusätzlich muss der Fundamentalanalyst noch viel harte Arbeit leisten, um seine Wertpapieranalyse durchzuführen: Denn schließlich versucht er ja, den gegenwärtigen

Wert aller zukünftigen Kapitalflüsse eines Unternehmens zu ermitteln, indem er sie auf die Gegenwart abzinst.

Somit kann man behaupten, dass der Fundamentalanalyst einer durchdachteren und intellektuell anspruchsvolleren Beschäftigung nachgeht. In diesem Sinne ist er vielleicht glaubwürdiger. Anhand von Fundamentaldaten zu kaufen erscheint vernünftiger, als kürzlich erfolgte Preisänderungen mit einem Ouijabrett zu überprüfen. Man nimmt an, der Technische Analyst habe eine leichtere Aufgabe, denn man kann ja durchaus argumentieren, eine Kurshistorie sei ein begrenztes, einfaches Signal, während der Fundamentalanalyst einen viel breiteren und tieferen Bestand an Finanzinformationen verarbeiten und abwägen muss.

Aber kommt es letztendlich auf die Mühe und auf die Komplexität an? Wenn man einen Schritt zurücktritt, besteht die Aufgabe langfristig aktiver Anleger darin, den Markt zu schlagen. Aktive Investoren sollten sich auf die wissenschaftliche Methode zur Beantwortung einer grundlegenden Frage konzentrieren: Was funktioniert? Warren Buffett hat offensichtlich bewiesen, dass Value-Investing ungeachtet technischer Überlegungen funktionieren kann. Aber Stanley Druckenmiller, George Soros und Paul Tudor Jones haben gezeigt, dass die Technische Analyse genauso gut funktionieren kann. Ein stetig wachsendes Korpus wissenschaftlicher Forschungsarbeiten liefert die Nachweise, dass anscheinend sowohl fundamentale Strategien (zum Beispiel Value und Qualität) als auch technische Strategien (zum Beispiel Momentum und Trendfolge) funktionieren.[13] Allerdings versuchen viele dogmatische Anleger, das zu bestätigen, wovon sie ohnehin überzeugt sind, und rezipieren darum selektiv diejenigen Forschungsbelege, die zu ihrer Anlagereligion passen. Im Gegensatz dazu gelangt der an Evidenz interessierte Anleger zu dem Schluss, dass die Fundamentalanalyse *und* die Technische Analyse funktionieren können, weil sie zwei Seiten der gleichen Medaille sind. Sie sind Cousins – denn ihnen ist das Ziel gemeinsam, die schlechten Entscheidungen von Marktteilnehmern auszunutzen, die von einseitigen Entscheidungsprozessen beeinflusst sind. Wie Andrew Lo, ein

1 // WENIGER RELIGION, MEHR VERNUNFT

einflussreicher und fortschrittlicher Finanzökonom vom MIT, zu der Debatte zwischen fundamentalen und technischen Tradern zutreffend bemerkt: „Am Ende haben wir alle das gleiche Ziel, und zwar ungewisse Marktpreise vorherzusagen. Wir sollten in der Lage sein, voneinander zu lernen."

Einverstanden: Weniger Religion, mehr Vernunft

Die oben skizzierte Debatte ist nur die Spitze des Analyse-Eisbergs und soll die kontroversen Debatten um diverse Anlagephilosophien illustrieren. Wenn sich Menschen einer bestimmten Philosophie hingeben, verfestigen sich ihre Überzeugungen häufig noch weiter. Daher ist es zwar unmöglich, den Gewinner dieser Debatten zu ermitteln, aber eines ist sicher: Sobald eine Strategie einen Konvertiten gewonnen hat, ist es so gut wie unmöglich, diesen zu einer anderen Investmentreligion zu bekehren. Doch warum müssen diese Debatten unbedingt so vehement geführt werden? Warum sollten Value- und Momentum-Strategien einander gegenseitig ausschließen? Tatsächlich ist ja die Freiheit, zweifeln zu dürfen, ein entscheidender Aspekt der wissenschaftlichen Methode, denn ohne Zweifel würden wir aufhören, neue Ideen zu erforschen. In Kapitel 2 argumentieren wir, dass es einen übergreifenden Rahmen gibt, anhand dessen man verstehen kann, wieso gewisse Strategien funktionieren. Wir bezeichnen unseren Rahmen als den *Rahmen der nachhaltigen aktiven Geldanlage*. Dieser Rahmen strebt nicht an, die beste Anlagestrategie zu identifizieren, sondern die notwendigen Bedingungen dafür, dass eine Anlagestrategie in Zukunft erfolgreich ist.

Keine Sorge: In diesem Buch geht es um die Aktienauswahl anhand des Momentums

Wir haben in diesem einleitenden Kapitel bereits über die Technische Analyse, die Fundamentalanalyse und die Psychologie gesprochen. Viele Themen kurz hintereinander, ohne zu erwähnen, wie man eine Momentum-Strategie aufbaut – und wir werden diese wichtigen Themen in den nächsten Kapiteln noch weiter behandeln. Aber wir wollen es deutlich sagen: In diesem Buch geht es *tatsächlich* um die Aktienauswahl anhand des Momentums. Doch um wirklich zu verstehen, wie man eine *beliebige* aktive Anlagestrategie aufbaut, brauchen wir Zusammenhänge, um zu verstehen, wie und weshalb die betreffende Strategie in der Zukunft vermutlich funktionieren wird. Diese Diskussion findet in den Kapiteln 2 bis 4 statt. Wenn Sie bereits einige praktische Erfahrung haben, empfehlen wir Ihnen, gleich zu Kapitel 5 zu springen, wo Sie die genauen Kochrezeptangaben finden, um etwas aufzubauen, das wir für eine effektive aktive Momentum-Strategie halten. Wenn Sie jedoch die vorgeschlagene Momentum-Strategie verstehen und mit ihr erfolgreich sein wollen, dann sollten Sie die Kapitel in der Reihenfolge lesen, in der wir sie vorlegen. Außerdem müssen wir betonen, dass die von uns dargestellte Strategie *nicht jedermanns Sache* ist, vor allem weil es Disziplin erfordert, sich daran zu halten, aber konkreter gesagt auch deshalb, weil die Rechnung nicht aufgeht. Aus einer Gleichgewichts-Perspektive kann gar nicht jeder unsere Strategie befolgen, denn auf jede Aktie, die wir kaufen, kommt ein Verkäufer, der auf der anderen Seite des Handelsgeschäfts steht.

Da wir den Haftungsausschluss nun hinter uns haben, wollen wir kurz darstellen, was wir mit Aktienauswahl anhand des Momentums meinen. Manchmal herrscht bezüglich sogenannter *Momentum*-Strategien Verwirrung – wir wollen das trübe Wasser klären. Wir unterteilen das Momentum in zwei Kategorien, um zwischen den verschiedenen Methoden zu unterscheiden, mit denen das Momentum gemessen wird:

1. **Zeitbezogenes Momentum:** Das manchmal auch als *absolutes Momentum* bezeichnete zeitbezogene Momentum wird anhand der *eigenen früheren Rendite* einer Aktie unabhängig von den Renditen anderer Aktien berechnet.[14]
2. **Querschnittsmomentum:** Das Querschnittsmomentum, das ursprünglich als *Relative Stärke* bezeichnet wurde, bevor die

1 // WENIGER RELIGION, MEHR VERNUNFT

Gelehrten einen fachchinesischer klingenden Begriff entwickelten, ist ein Maß für die Entwicklung einer Aktie *im Vergleich*, also *relativ*, zu anderen Aktien.[15]

Ein einfaches Beispiel soll den Unterschied demonstrieren. In einem hypothetischen Szenario besteht unser Universum nur aus zwei Aktien: Apple und Google. Vor zwölf Monaten stand Apple bei 25 Dollar und Google stand ebenfalls bei 25 Dollar. Heute steht Apple bei 100 Dollar und Google bei 50 Dollar je Aktie.

Als Nächstes betrachten wir eine einfache am zeitbezogenen Momentum orientierte Regel und eine einfache am Querschnittsmomentum orientierte Regel.

Die zeitbezogene Regel kauft eine Aktie, wenn sie über die vergangenen zwölf Monate eine positive Performance verzeichnet hat, und sie verkauft eine Aktie, wenn sie eine negative Performance verzeichnet hat. Die am zeitbezogenen Momentum ausgerichtete Handelsregel würde mit dem Szenario folgendermaßen umgehen:

- **Zeitbezogenes Momentum:** Apple *kaufen* und Google *kaufen*, denn beide Aktien haben ein starkes absolutes Momentum.

Unsere Querschnittsregel kauft eine Aktie, wenn die vergangene Performance der Aktie in den letzten zwölf Monaten *relativ gesehen stärker* war als die vergangene Performance der anderen betrachteten Aktien (und verkauft eine Aktie, wenn sie gegenüber den anderen Aktien eine schwache relative Performance aufweist). Die am Querschnittsmomentum ausgerichtete Handelsregel würde mit dem Szenario folgendermaßen umgehen:

- **Querschnittsmomentum:** Apple *kaufen* und Google *shorten*, weil sich Apple im Verhältnis stärker entwickelt hat als Google.

Beachten Sie, dass zwar der Preis beider Aktien gestiegen ist (aus Sicht des zeitbezogenen Momentums stehen wir bezüglich beider Aktien long), dass aber der Preis von Apple *viel mehr* gestiegen ist als der von Google. Daher hat Apple bezüglich des Querschnitts ein stärkeres Momentum (was aus Sicht des Querschnittsmomentums nahelegt, Apple zu kaufen und Google zu shorten).

Man könnte nun Bestandteile beider Momentum-Typen nehmen und daraus eine Momentum-Strategie entwickeln. Beispielsweise könnten wir beide Momentum-Bestandteile berücksichtigen und sowohl anhand der zeitbezogenen Regel als auch anhand der Querschnittsregel investieren. Auf das obige Beispiel bezogen würden wir Apple kaufen, weil sowohl die zeitbezogene Regel als auch die Querschnittsregel den Kauf empfiehlt, aber möglicherweise würden wir keine Position in Google eingehen, weil eine der beiden Regeln (das Querschnittsmomentum) den Verkauf empfiehlt.[16]

Wie oben umrissen, kann man die verschiedenen Formen des Momentums verwenden, um eine Methodologie der Aktienauswahl zu entwickeln. Dabei möchten wir betonen, dass das zeitbezogene Momentum und das Querschnittsmomentum häufig im Zusammenhang mit Markt-Timing oder mit der Auswahl von Assetklassen eingesetzt werden. Um etwaige Unklarheiten zu beseitigen: Der Schwerpunkt dieses Buches liegt weder auf Markt-Timing noch auf der Auswahl von Assetklassen – wir versuchen zu verstehen, inwiefern verschiedene Elemente des Momentums bei der *Auswahl einzelner Aktien* nützlich sein könnten. In diesem Buch geht es um Stock-Picking, nicht um Asset Allocation.

Fazit

In diesem Kapitel haben wir die seit Langem bestehende Debatte zwischen technisch und fundamental ausgerichteten Anlegern kurz angerissen. Viele Leser kennen sicherlich beide Glaubensrichtungen und sicherlich gibt es in beiden Lagern Eiferer. In vielen Fällen ist die Debatte zwischen technischen und fundamentalen Anlagetaktiken gar keine

Debatte, sondern ein Wettbewerb darum, wer am lautesten schreit. Wir möchten das Geschrei stoppen und mit der Forschung beginnen. Um das Wettbrüllen zu umgehen, erklären wir im nächsten Kapitel den Rahmen der nachhaltigen aktiven Geldanlage. Mithilfe dieses Rahmens verstehen wir unabhängig vom Dogma besser, weshalb manche Strategien funktionieren und andere nicht. Wenn wir durch diese Brille blicken, können wir nachprüfbare Hypothesen formulieren und eine konstruktive Diskussion führen. Unser Rahmen ist garantiert nicht perfekt, aber wir tun unser Bestes, um die Debatte in einen Kontext einzubetten. Denn ehrlicherweise besteht der Auftrag der aktiven Geldanlage ja nicht darin, dass man darum streitet, welche Anlagephilosophie besser sei – wen kümmert das? –, sondern man will doch einfach auf lange Sicht den Markt schlagen! Und um es noch einmal zu sagen: Wenn Sie bereits einige praktische Erfahrung haben und Genaueres über die von uns vorgeschlagene Strategie der Aktienauswahl anhand des Momentums erfahren wollen, können Sie gerne zu Kapitel 5 vorblättern.

Anmerkungen

1. Teresa Corzo, Margarita Prat und Esther Vaquero, „Behavioral Finance In Joseph de la Vega's Confusion de Confusiones", *The Journal of Behavioral Finance* 15 (2014): 341–350.

2. Joseph de la Vega, *Die Verwirrung der Verwirrungen* (Kulmbach: Börsenmedien AG, 1994/2000).

3. Jared Hullick zugeschrieben.

4. De la Vega.

5. www.ndl.go.jp/scenery/kansai/e/column/markets_in_osaka.html, Zugriff am 15. Februar 2015.

6. Jasmina Hasanhodzic, „Technical Analysis: Neural network based pattern recognition of technical trading indicators, statistical evaluation of their predictive value and a historical overview of the field", MIT Master's Thesis (1979). Zugriff unter hdl.handle.net/1721.1/28725.

TEIL 1

7. Steve Nison, *Technische Analyse mit Candlesticks* (München: FinanzBuch Verlag, 2013).

8. Edwin Lefèvre, *Jesse Livermore. Das Spiel der Spiele* (Rosenheim: TM-Börsenverlag, 1999).

9. Benjamin Graham, *Intelligent investieren* (München: FinanzBuch Verlag, 2013).

10. Burton Malkiel, *Börsenerfolg ist (k)ein Zufall* (München: FinanzBuch Verlag, 1996).

11. Seth Klarman, *Margin of Safety* (New York: Harper Collins, 1991).

12. Charlie Munger USC Law Commencement Speech, Mai 2007. www.youtube.com/watch?v=NkLHxMWAZgQ, Zugriff am 28. February 2016.

13. Siehe Wesley Gray und Tobias Carlisle, *Quantitative Value: A Practitioner's Guide to Automating Intelligent Investment and Eliminating Behavioral Errors* (Hoboken, NJ: John Wiley & Sons, 2012), und Chris Geczy und Mikhail Samonov, „Two Centuries of Price Return Momentum", *Financial Analysts Journal* (2016).

14. Siehe Gary Antonacci, *Doppeltes Momentum für doppelte Gewinne: Ein innovativer Investmentansatz für höhere Gewinne bei reduziertem Risiko* (Kulmbach: Börsenbuchverlag, 2016), und Tobias Moskowitz, Yao Ooi und Lasse Pedersen, „Time Series Momentum", *Journal of Financial Economics* 104 (2012): 228–250.

15. Siehe Andreas Clenow, *Stocks on the Move: So schlagen Sie den Markt mit den Momentum-Strategien der Hedgefonds* (Kulmbach: Börsenbuchverlag, 2016) für die Perspektive des Praktikers und siehe Narasimhan Jegadeesh und Sheridan Titman, „Returns to Buying Winners and Selling Losers: Implications for Stock Market Efficiency", *The Journal of Finance* 48 (1993): 65–91 für eine wissenschaftliche Diskussion.

16. Siehe Antonaccis Buch *Doppeltes Momentum* für eine Diskussion des doppelten Momentums im Kontext der Asset Allocation, das sich von unserem Kontext der Auswahl einzelner Aktien unterscheidet. Es vermittelt die Idee, im Rahmen eines Investmentsystems beide Arten des Momentums zu verwenden.

KAPITEL 2

Wieso aktive Investmentstrategien funktionieren können

„Das Schlimmste, was ich sein kann, ist genauso wie alle anderen."

– Arnold Schwarzenegger zugeschrieben

Die Debatte über aktives versus passives Investing ähnelt anderen klassischen Konflikten, etwa dem zwischen den Philadelphia Eagles und den Dallas Cowboys oder Coca-Cola und Pepsi. Kurz gesagt: Sobald unsere Vorliebe für den einen Stil gegenüber einem anderen festgeschrieben ist, wird jener häufig in unserem Kopf zu einer erwiesenen Tatsache oder zu einer unbestreitbaren Realität. Die psychologische Forschung beschreibt den Begriff des „Bestätigungsfehlers": Die Menschen bevorzugen Belege, die ihre bisherigen Schlussfolgerungen stützen, und ignorieren entkräftende Belege.

Die nun folgende Diskussion ist nicht dazu gedacht, einen passiven Anleger zur aktiven Anlage zu bekehren, aber wir erklären darin durchaus, weshalb wir glauben, dass *manche* aktiven Anlagemethoden aufgrund gewisser Eigenschaften logischerweise andere Anlagestrategien über einen Zeithorizont von vernünftiger Länge schlagen dürften. Anders gesagt stellt sich die Frage: Was bewirkte den Erfolg von Munehisa Homma, Jesse Livermore und Ben Graham, wo sich doch die Anlagephilosophien dieser drei aktiven Investoren dramatisch voneinander unterschieden? Vielleicht war das alles bloß Glück, aber wir sind überzeugt, dass noch mehr dafür verantwortlich sein könnte.

Ein Schlüsselthema, das den Methoden von allen dreien zugrunde zu liegen scheint, ist die Ausnutzung des irrationalen Verhaltens von Anlegern. Aber wenn der heilige Gral darin besteht, das Verhalten zu verstehen, weshalb herrschen dann nicht Psychologen über die Kapitalmärkte? Vielleicht waren Homma, Livermore und Graham schlicht intelligenter als alle anderen? Größere Intelligenz scheint aber auch nicht die richtige Antwort zu sein, denn nicht die Investoren mit dem höchsten Intelligenzquotienten beherrschen den Markt. Der vielleicht berühmteste Fall ist der von Sir Isaac Newton – dem Genie, das die moderne Physik entwickelt hat. Bekanntlich ging der große Physiker und Mathematiker Anfang des 18. Jahrhunderts durch den Handel mit Aktien der South Sea Company bankrott.

Bislang scheint es keine Patentlösung zu geben, mit der sich erklären lässt, wieso gewisse aktive Anleger den Markt schlagen. Intelligent sein, Verhaltenstendenzen verstehen oder eine Armee von Doktoren rekrutieren, die Daten verarbeiten, das ist nur die halbe Miete. Selbst mit diesen Werkzeugen ist ein aktiver Investor auch nur ein Hai in einem Bassin mit weiteren Haien. Alle Haie sind intelligent und alle Haie wissen, wie man ein Unternehmen analysiert und wie man Finanzaufstellungen liest und versteht. In einem solchen haiverseuchten Gewässer einen Vorsprung zu wahren ist keine geringe Leistung – die nur eine Handvoll Investoren konsequent vollbringt. Was also ist des Rätsels Lösung? Wir sind immer noch nicht sicher und wir lernen stets dazu. Unsere beste Arbeitshypothese besagt, dass es zwei Komponenten gibt, die den Erfolg aktiver Anleger bedingen:

2 // WIESO AKTIVE INVESTMENTSTRATEGIEN FUNKTIONIEREN ...

- Ein klares Verständnis der Psychologie des Menschen
- Ein klares Bild von den Anreizen des „Smart Money"

Ab in die Höhle des Löwen

Wes nahm im Jahr 2002 ein Promotionsstudium an der University of Chicago im Fach Finanzwissenschaft auf. Das war der Beginn einer mühevollen, aber höchst erhellenden Reise in die Welt des höheren Finanzwesens. Zur Erklärung: Die Finanzfakultät der University of Chicago blickt auf ein reiches Erbe in der Etablierung und erfolgreichen Verteidigung der Markteffizienzhypothese (EMH) zurück. Doktoranden dieser Fakultät verbringen die beiden ersten Jahre in strapaziösen Finanzseminaren, die von höchst technischer Mathematik und Statistik geprägt sind. Die beiden letzten der vier Jahre sind der Promotionsforschung gewidmet. Am besten lässt sich die Szene wie folgt beschreiben: Sweatshop-Fabrik trifft internationalen Mathematikwettbewerb. Kurz gesagt: Das Studium ist hart.

Nachdem Wes die ersten beiden Jahre des intellektuellen Waterboardings überlebt hatte, brauchte er ein Pause. Er nahm sich eine einzigartige „Auszeit" und beschloss, für vier Jahre in das United States Marine Corps einzutreten. Die kurze Erklärung: Er wollte Militärdienst leisten und wurde nicht jünger. Im Jahr 2008 kehrte Wes an die Uni zurück, um seine Dissertation fertigzustellen. In seiner Zeit bei den Marines hatte er vieles gelernt, aber eine Lektion überragte die anderen: „Mutig handeln."[1] Und was ist selbstverständlich das Mutigste, was man an der University of Chicago tun kann?

> *Sich auf Forschungen konzentrieren, die die Markteffizienzhypothese infrage stellen.*

Freigeister des ineffizienten Marktes: Value-Anleger

Wes wollte herausfinden, ob fundamental orientierte Anleger, „Value"-Anleger, den Markt schlagen können. Bei seinem eigenen Depot hatte er sich zehn Jahre lang gewissenhaft an eine Value-Investing-Strategie gehalten. Er war ein treuer Anhänger der auf Fundamentaldaten fokussierten Religion des Value-Investings nach Ben Graham (technische Trading-Ideen betrachtete er immer noch als Ketzerei). Die Story, aktives Value-Investing könne den Markt schlagen, war zwar verlockend, aber viele Gespräche in gelehrten Kreisen und die Forschungsarbeiten, die in den besten wissenschaftlichen Zeitschriften veröffentlicht wurden, legten etwas anderes nahe.

Neue Vehemenz bekam die *Value*-Debatte durch einen viel zitierten Artikel von Eugene Fama und Ken French mit dem Titel „The Cross-Section of Expected Stock Returns".[2] Diese Schrift entfachte eine Debatte darüber, ob die sogenannte *Value-Prämie* – der große Abstand zwischen den historischen Renditen billiger und teurer Aktien – auf einem zusätzlichen Risiko oder auf Fehlpreisungen beruhte. Waren die Überrenditen von Value-Aktien eine Belohnung für zusätzliche wirtschaftliche Risikofaktoren, die die Aktionäre trugen, oder waren diese Aktien schlicht falsch bewertet? Für Eugene Fama und Ken French war die Antwort klar: Wenn der Markt effizient war, musste die Value-Prämie einem größeren Risiko zugeschrieben werden. Das risikobasierte Argument für die Value-Prämie schien Wes als Fan von Ben Graham weit hergeholt. Graham und sein Schüler Warren Buffett waren berühmt dafür, dass sie den Markt über lange Zeiträume schlugen, indem sie billige Aktien kauften. Sie behaupteten, „Mr. Market" als Vertreter des breiten Marktes sei eine manisch-depressive Persönlichkeit mit großen psychischen Problemen: Manchmal biete er Aktien unter ihrem fundamentalen Wert an (zum Beispiel in der Finanzkrise 2008) und manchmal über ihrem fundamentalen Wert (zum Beispiel während der Internetblase Ende der 1990er-Jahre). Und wenn ein Value-Investor billig kaufte, würde Mr. Market schließlich zustimmen. Aber konnte es vielleicht sein, dass die Aktien, die diese Value-Investoren kauften, nicht deshalb hohe Renditen hatten, weil sie Mr. Market überlisteten, sondern weil sie mehr Risiko einkauften und Glück hatten? Wes begann zu graben.

2 // WIESO AKTIVE INVESTMENTSTRATEGIEN FUNKTIONIEREN ...

Er erfasste die Daten zu fast 4.000 Anlagetipps, die von führenden Fondsexperten, Vermögensverwaltern und Value-Enthusiasten an Joel Greenblatts Website ValueInvestorsClub.com geschickt wurden. Dieser Klub war nicht irgendein Klub. Er war hochgradig auserlesen, seine Mitglieder wurden auf Qualität geprüft und er galt als eine der besten Internetseiten für Börsenideen. Die Mitglieder landeten in der Arena des Value-Investings oft große Treffer.

Nach einem Jahr der Mühen und Qualen hatte Wes die Aktienempfehlungen aller Mitglieder in einer Datenbank zusammengefasst und konnte sie nun gründlich analysieren. Die Ergebnisse waren höchst überzeugend – es lagen starke Indizien dafür vor, dass „universitäre Value-Anleger" erhebliches Stock-Picking-Geschick an den Tag legten.

Begeistert wollte Wes seine neuen Ergebnisse mit anderen teilen und verfasste ein Paper, das am Ende der Zusammenfassung folgenden Satz enthielt:

> „Die Analyse anormaler Buy-and-hold-Renditen und kalendarischer Portfolioregressionen bringt mich zu dem Schluss, dass Value-Anleger Stock-Picking-Geschick besitzen."

Mit seinem Werk zufrieden, reichte Wes den Entwurf seiner Dissertation bei seinem Berater Dr. Eugene Fama ein, der damals allgemein als „Vater der modernen Finanzlehre" anerkannt war und sehr mit der Markteffizienzhypothese (EMH) assoziiert wurde. Später, im Jahr 2013, bekam Dr. Fama den Nobelpreis für Wirtschaftswissenschaften. Dr. Fama war ein starker – vielleicht der stärkste – Verfechter der EMH. Da Dr. Fama Wes' Forschungsergebnisse persönlich durchsah, würde sein Entwurf sicherlich gründlich geprüft werden. Die Antwort, die Wes bekam, war nicht gerade ideal:

> „Ihre Schlussfolgerung muss falsch sein [...]."

Wes eilte in das Büro von Dr. Fama, um sich das erklären zu lassen. Er wollte ja schließlich nicht, dass ein Jahr voller Blut, Schweiß und Tränen

TEIL 1

aus dem Fenster geworfen war. Seine Belege schienen solide zu sein. Verhielt sich Dr. Fama einfach nur dogmatisch? Wes musste genau wissen, weshalb Dr. Fama anderer Meinung war. Schweißgebadet aufgrund der Aussicht, dass ihm sein Doktorgrad langsam zerrann, bat er einen der berühmtesten Finanzökonomen der Welt um Klärung. Fama erklärte, die Daten und die Analyse seien in Ordnung, aber er dürfe einfach nicht sagen, Value-Anleger besäßen Stock-Picking-Geschick. Stets peinlich genau auf Details achtend beharrte Dr. Fama darauf, dass Wes das Fazit durch die Ergänzung zweier Wörter präzisieren solle: „die Stichprobe". Anstatt zu schreiben, „dass Value-Anleger Stock-Picking-Geschick besitzen", musste der Schlusssatz lauten, „dass die Stichprobe der Value-Anleger Stock-Picking-Geschick besitzt".[3]

Erleichtert lehnte sich Wes zurück und lernte erneut, was ihm seine Mutter als kleines Kind beigebracht hatte: Auf die Formulierung kommt es an. Der hoch angesehene Fama hatte natürlich recht: Wes' Ergebnisse besagten nicht, dass *alle* Value-Anleger Geschick besitzen, sondern lediglich, dass die Stichprobe, die er untersucht hatte, Geschick besaß – ein feiner, aber bedeutender Unterschied. Die Krise war abgewendet.

Im Jahr darauf promovierte Wes mit einer Forschungsarbeit, die zumindest in seinen Augen, wenn auch nicht in denen von Dr. Fama, bestätigte, dass die Märkte nicht vollkommen effizient seien und dass Value-Investoren einen Vorteil hätten. Bald danach trat Wes eine Stelle als Professor für Finanzwissenschaft an der Drexel University an und traf dort auf Jack Vogel, damals Doktorand. Jack veröffentlichte später seine Dissertation, die besagte, die mit Value-Aktien verbundenen Überrenditen seien wahrscheinlich durch Fehlpreisungen und nicht durch zusätzliches Risiko bedingt.

Doch es gab mehr als genug bohrende Fragen: Was verschafft einem bestimmten Anleger einen „Vorteil"? Welche Eigenschaften erzeugen Alpha? Warum kann der eine aktive Anleger (der Gewinner) den anderen Anlegern (den Verlierern) systematisch Geld abnehmen?

Die Behavioral Finance kommt ins Spiel

> *„[Die Behavioral Finance] besteht aus zwei Teilen: Grenzen der Arbitrage [...] und Psychologie."*
>
> – Nick Barberis und Richard Thaler[4]

Als Wes sich durch Tausende Stock-Picking-Vorschläge wühlte, zeichnete sich eine entscheidende Erkenntnis ab: Diese Analysten waren *gut*. Insgesamt betrachtet hatten sie Geschick. Sie waren klug. Sie alle machten überzeugende Vorschläge, die statistisch gesehen insgesamt outperformten. Aber Jack fand bei der Forschung für seine Dissertation auch heraus, dass man, wenn man die Rechenleistung eines Computers nutzte, um günstige Aktien mit guten Fundamentaldaten zu kaufen, eine etwa ebenso gute Performance erzielte wie die fundamental ausgerichteten Stock-Picker, die Wes in seiner Dissertation unter die Lupe genommen hatte. Value-Investing schlug also den Markt, ob es nun von einem Menschen oder von einem Computer betrieben wurde. Aber wieso?

Wie bereits gesagt, sind viele Marktteilnehmer klug und fähig – der Intellekt allein kann also nicht die Ursache hoher Renditen sein. Was versetzte die Value-Anleger in die Lage, billig zu kaufen und teuer zu verkaufen, und *warum hinderte die Markteffizienz sie nicht daran?*

John Maynard Keynes war ein bahnbrechender Volkswirt des frühen 20. Jahrhunderts. Außerdem war er viele Jahre lang professioneller Anleger und kannte vielleicht die Antwort. Keynes war ein scharfsinniger Beobachter der Finanzmärkte und ein erfolgreicher Anleger. Doch selbst Keynes tat sich als Anleger schwer. Einmal wurde er beinahe ausradiert, als er gehebelt mit Devisen spekulierte (obwohl er ansonsten als Investor höchst erfolgreich war). Sein Sturz veranlasste ihn, eines der großartigsten Mantras der Geldanlage aller Zeiten zu äußern:[5]

> *„Die Märkte können länger irrational bleiben, als man solvent bleiben kann."*

Diese geistreiche Bemerkung weist auf zwei entscheidende Elemente der Märkte im richtigen Leben hin, die die Markteffizienzhypothese nicht berücksichtigt: Anleger können irrational sein und der Versuch, Fehlpreisungen des Marktes auszunutzen – oder *Arbitrage* zu betreiben –, ist riskant. Wir können das Keynes-Zitat in zwei Teilen in die wissenschaftliche Sprache übersetzen: Erstens spricht „länger, als man solvent bleiben kann" die Tatsache an, dass Arbitrage riskant ist, und Wissenschaftler bezeichnen das als „Grenzen der Arbitrage". Zweitens spricht „Die Märkte können länger irrational bleiben" die Psychologie der Anleger an – ein Forschungsgebiet, das professionelle Psychologen gründlich ausgearbeitet haben. Diese beiden Elemente – Grenzen der Arbitrage und Anlegerpsychologie – sind die Bausteine der sogenannten Behavioral Finance (dargestellt in Abbildung 2.1).

Abbildung 2.1 **Die beiden Säulen der Behavioral Finance**

Grenzen der Arbitrage Die Markteffizienzhypothese sagt voraus, dass die Preise den fundamentalen Wert widerspiegeln. Warum? Kluge Anleger sind gierig und jegliche Fehlpreisung am Markt ist eine Chance auf schnellen Gewinn. Die Logik der Hypothese besagt, preisliche Verschiebungen seien flüchtig, weil sie sofort von dem sprichwörtlichen „Smart Money" berichtigt würden. Im richtigen Leben gibt

2 // WIESO AKTIVE INVESTMENTSTRATEGIEN FUNKTIONIEREN ...

es echte Arbitrage-Gelegenheiten – bei denen man nach Abzug aller Kosten mit null Risiko Gewinn machen kann – selten oder nie. Die meiste „Arbitrage" ist in Wirklichkeit *Risiko-Arbitrage* und in irgendeiner Form mit Kosten verbunden, die in einem theoretischen Preisbildungsmodell nicht vorkommen. Schauen wir uns ein einfaches Beispiel an, die Ausnutzung von Fehlpreisungsgelegenheiten am Orangenmarkt. Hier unsere Grundannahmen:

- In Florida kosten Orangen 1 Dollar das Stück.
- In Kalifornien kosten Orangen 2 Dollar das Stück.
- Der fundamentale Wert einer Orange beträgt 1 Dollar.

Die EMH besagt, dass Arbitrageure in Florida Orangen kaufen und sie sofort in Kalifornien verkaufen werden, bis der Orangenpreis in Kalifornien dadurch auf den fundamentalen Wert von einem Dollar gedrückt wird. In einem Vakuum ist dies eine Arbitrage-Situation. Aber natürlich fallen bei der Durchführung dieser Arbitrage Kosten an. Was wäre zum Beispiel, wenn es einen Dollar kosten würde, eine Orange von Florida nach Kalifornien zu transportieren? Die Preise sind definitiv nicht korrekt – der fundamentale Wert einer Orange beträgt einen Dollar – aber es wird einem nichts geschenkt, denn die Transportkosten stellen eine Grenze der Arbitrage dar. Die ausgefuchstesten Arbitrageure werden dadurch daran gehindert, diese Gelegenheit auszunutzen (in diesem Fall durch die „Reibungsverluste" in Form der Transportkosten).

Die Anlegerpsychologie Eilmeldung: Menschen sind nicht zu allen Zeiten rational. Das dürfte eigentlich jedem klar sein, der schon einmal ohne Sicherheitsgurt gefahren ist oder die Schlummertaste des Weckers gedrückt hat. Gegen die Literatur von Spitzenpsychologen kommen die verbleibenden Leugner nicht an. Daniel Kahneman, Psychologe, Nobelpreisträger und Autor des *New York Times*-Bestsellers „Schnelles Denken, langsames Denken" erzählt eine Geschichte über zwei Denkweisen:

TEIL 1

System 1 und System 2.⁶ System 1 ist der Teil des menschlichen Gehirns, der für „schnell denken, im Dschungel überleben" gedacht ist. Wenn man schnell vor einer Giftschlange wegläuft, auch wenn sie sich später als Stock entpuppt, verlässt man sich auf das vertrauenswürdige System 1. System 2 ist der analytische, berechnende Teil des Gehirns, der zwar langsamer, aber stets rational ist. Wenn man Kosten und Nutzen der Refinanzierung einer Hypothek abwägt, nutzt man vermutlich System 2.

System 1 hält uns im Dschungel am Leben. System 2 hilft uns, rationale Entscheidungen mit langfristigem Nutzen zu treffen. Beide erfüllen ihren jeweiligen Zweck, aber manchmal drängt sich ein System mit Gewalt in das Revier des anderen. Wenn System 1 beginnt, Entscheidungen von System 2 zu fällen, kann uns das großen Ärger einhandeln. Kommt Ihnen beispielsweise einer der folgenden Punkte bekannt vor?

- „Dieser Diamant-Armreif war so schön, ich musste ihn einfach kaufen."
- „Die Nachspeise gab es kostenlos dazu, da musste ich natürlich eine nehmen."
- „Anscheinend fallen die Häuserpreise nie, wir müssen ein Haus kaufen!"

Leider bringt die Effizienz von System 1 auch Nachteile mit sich – was uns im Dschungel am Leben erhält, ist nicht unbedingt das, was uns an den Finanzmärkten vor uns selbst rettet.

Kombinieren wir nun unsere irrationalen Anleger (Typ System 1) mit den Grenzen der Arbitrage beziehungsweise mit den oben erwähnten Reibungsverlusten am Markt. Wir befinden uns in einer Situation, in der intelligente Anleger aus irgendwelchen Gründen aus den System-1-Typen keinen Vorteil ziehen können. Wenn man schlechtes Anlegerverhalten mit den Reibungsverlusten kombiniert, auf die intelligente Menschen stoßen können, könnten daraus verlockende Investmentchancen für Anleger in einer einmaligen Situation entstehen.

2 // WIESO AKTIVE INVESTMENTSTRATEGIEN FUNKTIONIEREN ...

Betrachten Sie beispielsweise das Konzept der „Rauschhändler": Stellen Sie sich Day-Trader vor, die Fundamentaldaten ignorieren und „aus dem Bauch heraus" handeln – klassische System-1-Typen. Diese irrationalen Rauschhändler können die Preise weg von den Fundamentaldaten treiben, aber da sie irrational sind, kann es Arbitrageuren schwerfallen, Zeitpunkte und Zeitdauern dieser irrationalen Trades zu ermitteln. Somit – und damit kommen wir auf den Gedanken zurück, dass die Märkte länger irrational bleiben können, als man selbst solvent bleiben kann – entsteht ein Risiko-Element, wenn ein Arbitrageur versucht, einen Rauschhändler auszunutzen. Sicherlich sind die Rauschhändler im Moment irrational, aber vielleicht werden sie morgen noch irrationaler sein? Brad DeLong, Andrei Shleifer, Larry Summers und Robert Waldmann beschrieben dieses Risiko im *Journal of Political Economy* 1990 in einem Artikel mit dem Titel „Noise Trader Risk in Financial Markets".[7] Hier eine kurze Zusammenfassung dieses Artikels:

> „Die Unberechenbarkeit der Überzeugungen der Rauschhändler erzeugt ein Risiko im Preis des Vermögenswerts, das rationale Arbitrageure davon abhält, aggressiv gegen sie zu wetten. Infolgedessen können die Preise auch dann wesentlich vom fundamentalen Wert abweichen, wenn kein fundamentales Risiko vorliegt [...]."

Auf Deutsch übersetzt: Day-Trader bringen die Preise durcheinander, aber obwohl diese Leute Idioten sind, kennt man das Ausmaß ihrer Idiotie nicht und kann die Strategie eines Idioten ohnehin nicht zeitlich abpassen – und deshalb versuchen die meisten klugen Leute gar nicht erst, aus ihnen einen Vorteil zu ziehen. Folglich bewegen sich die Preise viel mehr, als sie eigentlich sollten, denn niemand hält die Idioten auf. Das ist nämlich zu riskant! Und da sich die Preise viel stärker bewegen, können die Renditen höher ausfallen, was noch mehr Idioten dazu reizt, noch mehr idiotische Dinge zu tun. Diese Kombination aus schlechtem Verhalten und Reibungsverlusten am Markt beschreibt, worum es bei der Behavioral Finance geht: **Verhaltenstendenzen + Markttreibungen = fehlgepreiste Vermögenswerte.**

Diese vorläufige Definition der Behavioral Finance mag zwar einfach erscheinen, aber die Debatte um die Behavioral Finance ist längst noch nicht beigelegt. In der einen Ecke behauptet der Klerus der Markteffizienz, die Behavioral Finance sei Ketzerei und denjenigen Ökonomen vorbehalten, die vom rechten Weg sowie von der „Wahrheit" abgekommen sind. Ihrer Ansicht nach spiegeln die Preise jederzeit den fundamentalen Wert wider. Einige im Lager der Markteffizienz weisen auf Belege dafür hin, dass aktive Manager insgesamt den Markt nicht schlagen können, und ziehen daraus den falschen Schluss, die Preise seien immer effizient. In der anderen Ecke sagen Praktiker, die „Verhaltenstendenzen" ausnutzen, sie hätten einen Vorteil, weil sie Anleger mit Verhaltenstendenzen ausnutzen. Aber Praktiker, die so etwas behaupten, haben oft eine fürchterliche Performance.[8]

Wo liegt nun die Kluft?

Die Kluft liegt in der Tatsache, dass keine der beiden Seiten der Argumentation die Fehlpreisungschancen *und* die Grenzen der Arbitrage gleichzeitig beurteilt. Die gläubigen Anhänger der Markteffizienz stellen korrekt fest, dass die Praktiker am Markt oft Verlierer sind, aber sie unterlassen es, die Grenzen der Arbitrage zu erwägen, die darauf hindeuten, dass die Preise von den Fundamentaldaten abweichen und trotzdem für aktive Manager nicht profitabel sein können. Die Praktiker erkennen die Chancen durch Fehlpreisungen an, ignorieren aber die Grenzen der Arbitrage, aufgrund deren die Fehlpreisungschancen zu kostspielig werden, um sie gewinnbringend auszunutzen. Anders gesagt ist die Behavioral Finance eine mögliche Lösung der Probleme aller. Die Behavioral Finance kann erklären, weshalb wir *ineffiziente Marktpreise* beobachten können und weshalb wir beobachten können, dass die meisten *aktiven Manager den Markt nicht schlagen können*.[9]

Gut investieren ist wie gut pokern: Man muss sich den richtigen Tisch aussuchen

Die Behavioral Finance deutet einen Rahmen dafür an, wie man als aktiver Anleger erfolgreich sein kann:

1. Marktsituationen identifizieren, in denen Verhaltenstendenzen die Preise von den Fundamentaldaten wegtreiben (Marktchancen erkennen).
2. Die Handlungen/Anreize der klügsten Marktteilnehmer identifizieren und ihre Arbitrage-Kosten verstehen.
3. Situationen finden, in denen sowohl die Fehlpreisung als auch die Arbitrage-Kosten für die Mehrheit des Arbitrage-Kapitals zwar hoch, jedoch die Kosten für einen aktiven Anleger mit geringen Arbitrage-Kosten niedrig sind.

Man kann die skizzierte Situation mit einem Pokerspieler vergleichen, der ein Spiel sucht, das er gewinnen kann. Beim Poker ist es für den Erfolg entscheidend, dass man sich den richtigen Tisch aussucht:

1. Die Fische am Tisch kennen (große Chance).
2. Die Haie am Tisch kennen (geringe Chance).
3. Einen Tisch mit vielen Fischen und wenigen Haien finden.

In Abbildung 2.2 sind die Fragen dargestellt, die wir, um beim Pokervergleich zu bleiben, als aktive Anleger am Markt stellen müssen:

1. Wer ist der schlechteste Spieler am Tisch?
2. Wer ist der beste Spieler am Tisch?

Abbildung 2.2 **Chancen am Markt erkennen**

```
┌─────────────────────────────────────────────┐
│   Wer ist der schlechteste Pokerspieler am Tisch?   │
└─────────────────────────────────────────────┘

                  Verhaltens-
                   tendenz

                    Chance

               Reibungsverluste am
                     Markt

┌─────────────────────────────────────────────┐
│      Wer ist der beste Pokerspieler am Tisch?       │
└─────────────────────────────────────────────┘
```

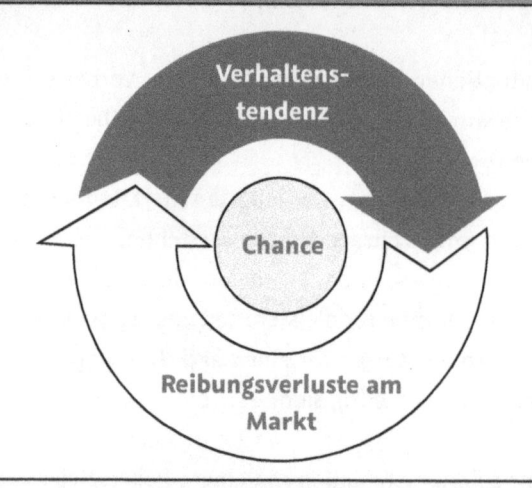

Um langfristig erfolgreich zu sein, muss ein aktiver Anleger gut darin sein, Marktchancen zu erkennen, die von schlechten Anlegern geschaffen wurden, aber auch geschickt darin, Situationen zu erkennen, in denen ausgefuchste Marktteilnehmer nicht in der Lage oder nicht willens sind zu handeln, weil ihre Arbitrage-Kosten zu hoch sind.

Die schlechtesten Spieler verstehen
Alle Menschen unterliegen Verhaltenstendenzen und diese Neigungen werden in Stresssituationen noch verstärkt. Schließlich sind wir ja nur Menschen.

Hier eine unvollständige Liste der zahlreichen Neigungen, die Anlageentscheidungen auf dem Schlachtfeld der Finanzmärkte beeinträchtigen können:

2 // WIESO AKTIVE INVESTMENTSTRATEGIEN FUNKTIONIEREN ...

- Selbstüberschätzung („Ich lag auch früher schon richtig ...")
- Optimismus („Die Märkte steigen immer.")
- Selbstwertdienliche Verzerrung („Ich habe diesen Kurszuwachs vorausgesagt ...")
- Endowment-Effekt („Ich arbeite schon seit 25 Jahren mit diesem Manager zusammen, er muss einfach gut sein.")
- Ankereffekt („Letztes Jahr ist der Markt um 50 Prozent gestiegen. Ich glaube, dieses Jahr wird er 45 bis 55 Prozent abwerfen.")
- Verfügbarkeit („Siehst du die schrecklichen Ergebnisse im letzten Quartal? Diese Aktie ist kompletter Schrott!")
- Framing-Effekt („Was ist dir lieber, eine Anleihe mit 99 Prozent Auszahlungschance oder eine mit 1 Prozent Ausfallrisiko?" – Ein Tipp: Es handelt sich um dieselbe Anleihe.)

Die psychologische Forschung ist eindeutig: Menschen treffen fehlerhafte Entscheidungen, vor allem unter Zwang. Aber selbst wenn wir schlechtes Anlegerverhalten identifizieren, bedeutet diese Identifizierung noch nicht unbedingt, dass eine Marktchance existiert, die sich ausnutzen lässt. Wie bereits besprochen, sind andere, klügere Anleger mit Sicherheit bereits in die Fehlpreisungssituation eingeweiht, bevor wir auf die Gelegenheit aufmerksam werden. Sie werden sofort versuchen, die Gelegenheit zu nutzen, sodass wir nicht mehr in der Lage sind, die von voreingenommenen Marktteilnehmern verursachte Fehlpreisung gewinnbringend auszunutzen. Wir möchten Konkurrenz vermeiden, aber um Konkurrenz zu vermeiden, müssen wir die Konkurrenz verstehen.

Die besten Pokerspieler verstehen
An den Finanzmärkten sind die besten Pokerspieler oft diejenigen Anleger, die die größten Geldsummen verwalten. Beispielhaft für diese Marktteilnehmer stehen die Hedgefonds mit ihren Starmanagern oder institutionelle Giganten, die massive Fondskomplexe verwalten. Die Mittel, die solchen Investoren zur Verfügung stehen, sind bemerkenswert

und immens groß. Solche Gegner kann man nur selten überwältigen. Doch zum Glück ist überwältigende Kraft nicht die einzige Möglichkeit, Goliath zu erschlagen. Man kann diese Titanen ausmanövrieren, weil viele Spitzenspieler durch ökonomische Fehlanreize handlungsunfähig werden.

Bevor wir uns mit den Anreizen dieser ausgefuchsten Spieler befassen, sehen wir uns kurz das Konzept der Arbitrage an. Die Lehrbuchdefinition von *Arbitrage* bezieht sich auf eine kostenlose Investition, die risikolosen Gewinn abwirft, indem sie Fehlpreisungen zwischen verschiedenen Instrumenten ausnutzt, die das gleiche Wertpapier darstellen (denken Sie an unser Orangen-Beispiel). In Wirklichkeit zieht Arbitrage jedoch Kosten nach sich und man muss dafür ein Risiko eingehen, was der Effektivität der Arbitrage Grenzen setzt. Für solche Grenzen der Arbitrage gibt es reichlich Beispiele, darunter auch folgende:

Fundamentales Risiko. Arbitrageure identifizieren möglicherweise eine Fehlbewertung eines Wertpapiers, für das es keinen perfekten Ersatz gibt, der eine risikolose Arbitrage ermöglichen würde. Wenn eine schlechte Nachricht das Ersatzpapier beutelt, das als Hedge genutzt wird, können dem Arbitrageur unvorhergesehene Verluste entstehen. Ein Beispiel wären Ford und GM – ähnliche Aktien, aber nicht das gleiche Unternehmen.

Rauschhändler-Risiko. Sobald eine Position eingegangen wurde, treiben die Rauschhändler womöglich die Preise noch weiter weg vom fundamentalen Wert und der Arbitrageur könnte gezwungen sein, zusätzliches Kapital zu investieren, das vielleicht nicht vorhanden ist, sodass er gezwungen ist, die Position vorzeitig zu liquidieren.

Umsetzungsaufwand. Im Arbitrage-Prozess werden oft Leerverkäufe eingesetzt, was allerdings aufgrund des „Short Rebate" kostspielig sein kann, also der Zinskosten für das Leihen der zu verkaufenden Aktien. In manchen Fällen übersteigen diese Leihkosten den potenziellen Gewinn. Wenn beispielsweise der Short-Zins zehn

2 // WIESO AKTIVE INVESTMENTSTRATEGIEN FUNKTIONIEREN ...

Prozent und der erwartete Arbitrage-Gewinn neun Prozent beträgt, lässt sich aus der Fehlpreisung auf keinen Fall Gewinn ziehen.

Diese drei Reibungsverluste am Markt sind von Bedeutung. Womöglich gibt es noch viele andere, aber für die meisten intelligenten Teilnehmer besteht das größte Risiko darin, dass sie ein Gleichgewicht zwischen der langfristig zu erwartenden Performance und ihrem Karriererisiko finden müssen. Das bedarf einer Erklärung. Die größte Blockade des Arbitrage-Prozesses sind die Beschränkungen, die klugen Fondsmanagern dadurch auferlegt werden, dass ihre kurzfristige Performance gezielt beurteilt wird. Stellen Sie sich einmal den Druck vor, der durch den Tracking Error entsteht, oder durch die Neigung von Renditen, von einer Standard-Benchmark abzuweichen. Nehmen wir an, ein professioneller Anleger hat die Aufgabe, die Ruhestandsgelder von 100.000 Feuerwehrleuten anzulegen. Er kann unter mehreren Anlagestrategien wählen:

- **Strategie A:** Eine Strategie, von der er (auf irgendeine magische Weise) weiß, dass sie den Markt auf 25 Jahre gesehen um ein Prozent jährlich schlagen wird. Aber er weiß auch, dass diese Strategie in einem beliebigen Jahr niemals mehr als ein Prozent schlechter performen wird als der Index.
- **Strategie B:** Eine Arbitrage-Strategie, von der der Investor (wieder auf irgendeine magische Weise) weiß, dass sie den Markt auf 25 Jahre gesehen im Schnitt um fünf Prozent jährlich übertreffen wird. Der Haken an der Sache ist, dass der Investor ebenfalls weiß, dass es dabei einen fünf Jahre langen Zeitraum geben wird, in dem er jährlich fünf Prozent hinter dem Index zurückbleibt.

Für welche Strategie entscheidet sich der Investmentprofi? Wenn er im Namen von 100.000 Feuerwehrleuten handelt, liegt die Entscheidung oft auf der Hand, obwohl sie für die letztlichen Anleger nicht optimal ist: Strategie A wählen und nicht hinausgeworfen werden!

Warum Strategie A? Im Vergleich zu B ist diese Strategie langfristig schlecht. Die Anreize eines Vermögensverwalters sind komplex. Fondsmanager sind nicht die Eigentümer des Kapitals, sondern sie arbeiten im Auftrag der Eigentümer. Sie sind Finanz-Söldner, wenn man so will. Manchmal treffen solche Manager Entscheidungen, die die Chancen erhöhen, dass sie ihren Job behalten, die aber nicht unbedingt die risikobereinigten Renditen ihrer Anleger erhöhen. Für diese Fondsmanager ist die relative Performance alles und ein Tracking Error ist für sie gefährlich. Im obigen Beispiel ist der Tracking Error von Strategie B schlicht zu schmerzhaft. Die Feuerwehrleute werden in den fünf Jahren der Underperformance Zeter und Mordio schreien und der Manager wird nicht lange genug da sein, um zu erleben, dass nach dem fünften Jahr der Rebound stattfindet. Aber wenn der Manager Strategie A befolgt, kann er das Karriererisiko vermeiden und die Pension des Feuerwehrmanns erleidet nicht den Stress eines längeren Abschwungs.

Eine Fehlpreisungsgelegenheit kann über lange Zeiträume eine Meile breit sein – man könnte mit dem sprichwörtlichen Lastwagen hindurchfahren. Aber dieses Agenturproblem – die Tatsache, dass die Eigentümer des Kapitals kurzfristig an den Fähigkeiten des Arbitrageurs zweifeln und ihr Kapital abziehen können – hindert kluge Manager daran, die langfristigen Fehlpreisungsgelegenheiten auszunutzen, die großen Schwankungen unterliegen.

Die Bedrohung durch einen kurzfristigen Tracking Error ist sehr real. Nehmen Sie das häufig zitierte Beispiel von Ken Heebners CGM Focus Fund.[10] Ein Artikel im *Wall Street Journal* (WSJ) bietet einige Fakten zur Performance von Kens Fonds:

> „Ken Heebners 3,7 Milliarden Dollar schwerer CGM Focus Fund stieg um mehr als 18 Prozent pro Jahr und übertraf seinen nächsten Rivalen um mehr als drei Prozentpunkte."

Danach bringt das WSJ weitere Fakten zur Performance der Anleger von Kens Fonds:

2 // WIESO AKTIVE INVESTMENTSTRATEGIEN FUNKTIONIEREN ...

> *„Schade, dass die Anleger nicht in den Genuss eines Großteils dieser Gewinne kamen, weil sie nicht da waren. Der typische Anteilseigner des CGM Focus machte in den zehn Jahren, die am 30. November endeten, einen jährlichen Verlust von elf Prozent [...]."*

Kens Fonds erzielte jährlich 18 Prozent und trotzdem verloren die Anleger elf Prozent jährlich – daran sieht man, dass der typische Anleger nicht in der Lage war, zur rechten Zeit in Kens Fonds einzusteigen und aus ihm auszusteigen (siehe Abbildung 2.3).[11] Wenn Kens Fonds underperformte (und die Chancen gut standen), zogen die Anleger ihr Kapital ab; wenn der Fonds outperformte (und die Chancen schlecht standen), investierten sie mehr Kapital. Im Endeffekt steht Ken als Genie da, aber nur wenigen Anlegern kamen seine Fähigkeiten wirklich zugute – zum Nachteil aller Beteiligten.

Abbildung 2.3 **CGM Focus Fund von 1999 bis 2009**

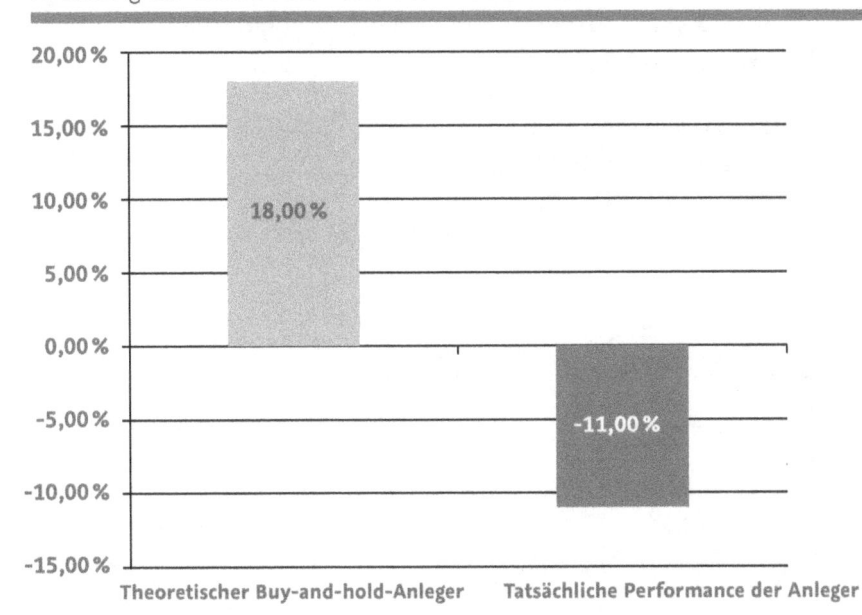

Theoretischer Buy-and-hold-Anleger	Tatsächliche Performance der Anleger
18,00 %	-11,00 %

Ken Heebners Erfahrung wirft ein Licht auf diesen problematischen Interessenkonflikt von Vermögensverwaltern. Die Dynamik dieses Problems wurde 1997 in einem erhellenden Artikel im *Journal of Finance* von Andrei Shleifer und Robert Vishny erörtert, der den passenden Titel „The Limits of Arbitrage" trug.[12] Folgendes kann man aus Ken Heebners Erfahrung und aus Shleifers und Vishnys Artikel mitnehmen: Kluge Manager **meiden langfristige Marktchancen**, wenn sich ihre Anleger **auf die kurzfristige Performance konzentrieren**.

Kann man dies den Managern vorwerfen? Wenn ihre Karriere von ihrer relativen monatlichen, jährlichen oder auch fünfjährlichen Performance abhängt, kümmern sie sich natürlich mehr um die kurzfristige relative Performance als um die langfristig zu erwartende risikobereinigte Rendite. Egal, ob sie vorauseilend ihren Arbeitsplatz sichern oder ob die Kunden aktiv das Gespräch auf kurzsichtige Kennzahlen lenken, das Ergebnis ist das gleiche. Die Fondsanleger verlieren und die Preise sind nicht immer effizient.

Entscheidende Elemente des langfristig erfolgreichen aktiven Managements

> *„Es gibt viele intelligente Menschen ...*
> *darum ist es nicht leicht, zu gewinnen."*
>
> – Charlie Munger,
> Vize-Chairman von Berkshire Hathaway[13]

Abbildung 2.4 **Die Gleichung der langfristigen Performance**

Nachhaltiges Alpha **+** Nachhaltige Anleger **=** Langfristige Performance

2 // WIESO AKTIVE INVESTMENTSTRATEGIEN FUNKTIONIEREN ...

Wir haben ein paar Elemente des Marktes skizziert. Erstens treffen manche Anleger wahrscheinlich schlechte Anlageentscheidungen und zweitens sind manche Manager aufgrund von Anreizen nicht in der Lage, echte Marktchancen zu nutzen. Wir stellen diese Elemente in Abbildung 2.4 in Form einer einfachen Gleichung für nachhaltige langfristige Performance dar.

Die Gleichung der langfristigen Performance enthält zwei Kernelemente:

- Nachhaltiges Alpha
- Nachhaltige Anleger

Das nachhaltige Alpha bezieht sich auf einen aktiven Prozess der Aktienauswahl, der systematisch Fehlbewertungen ausnutzt, die von Verhaltenstendenzen am Markt verursacht werden (also die schlechtesten Pokerspieler findet). Damit dieser „Vorteil" nachhaltig wird, darf er nicht auf lange Sicht durch Arbitrage beseitigt werden können. Normalerweise beruhen nachhaltige Vorteile auf Strategien, die einen langfristigen Horizont und Gleichgültigkeit gegenüber der kurzfristigen Performance erfordern, um erfolgreich zu sein. Diese Anforderung bringt uns zu dem zweiten Element der Gleichung der langfristigen Performance: nachhaltige Anleger. Nachhaltige Anleger dürfen nicht dem Sirenengesang kurzfristiger Underperformance erliegen. Wenn sie dem kurzfristigen Denken zum Opfer fallen, erhöhen solche *nicht* nachhaltigen Anleger die Arbitrage-Kosten für den von ihnen beauftragten Vermögensverwalter wesentlich und verhindern dadurch, dass die Anleger Fehlpreisungschancen gewinnbringend ausnutzen.

Anhand dieser Gleichung ist es – wenn man einen Prozess mit etabliertem Vorteil (also nachhaltigem Alpha) identifizieren kann, dessen Ausnutzung langfristige Disziplin (also nachhaltige Anleger) erfordert – wahrscheinlich, dass dieser Prozess als vielversprechende langfristige Strategie fungieren kann, die den Markt im Laufe der Zeit schlägt.

TEIL 1

Von der Theorie zur Praxis Ein Großteil dieser Diskussion skizziert einen intellektuellen Rahmen für erfolgreiches aktives Investing. Es wird nicht diskutiert, ob Value-Investing besser ist als Growth-Investing oder ob Hochfrequenzhandel besser ist als die Investition in Schweinebauch-Futures. Aber die Bausteine für die Identifizierung nachhaltiger Performance sind einfach die folgenden:

- Einen Prozess mit nachhaltigem Alpha identifizieren, der schlechte Spieler ausnutzen kann.
- Die Beschränkungen guter Spieler erkennen.
- Die Chance nutzen, indem man einen guten Prozess mit nachhaltigem Kapital kombiniert.

Um dem Ganzen etwas Substanz zu verleihen, geben wir ein Beispiel dafür, wie dieses Konstrukt in der Debatte „Value gegen Growth" funktioniert, die den meisten Lesern vertraut sein dürfte. Um die Dinge einfach zu halten und so zu gestalten, dass sie den Gepflogenheiten der wissenschaftlichen Forschung entsprechen, gehen wir davon aus, dass *Value-Investing* im Großen und Ganzen bedeutet, dass man Portfolios kauft, die aus Firmen bestehen, deren Preis gemäß einer fundamentalen Preis-Kennzahl niedrig ist (beispielsweise ein niedriges Kurs-Buchwert-Verhältnis, KBV). *Growth-Investing* ist die gegenteilige Vorgehensweise – man kauft Firmen, deren Preis im Verhältnis zu den Fundamentaldaten hoch ist, und erwartet, dass die Fundamentaldaten schnell nachziehen werden. Unter Verwendung der Zahlen von Ken French [14] untersuchen wir die Renditen eines Value-Portfolios (unteres KBV-Dezil, wertgewichtete Renditen) und eines Growth-Portfolios (oberes KBV-Dezil, wertgewichtete Renditen) sowie des S&P 500 Total Return Index vom 1. Januar 1927 bis zum 31. Dezember 2014. Mit *Value-Gewichtung* meinen wir, dass sich die Gewichtung jeder Aktie im Portfolio aus der Größe des Unternehmens ergibt. Die Ergebnisse sind in Tabelle 2.1 dargestellt. Alle Renditen sind Gesamtrenditen und schließen die

2 // WIESO AKTIVE INVESTMENTSTRATEGIEN FUNKTIONIEREN ...

Reinvestition von Ausschüttungen (beispielsweise Dividenden) ein. Die Ergebnisse sind vor Gebühren angegeben.

Tabelle 2.1 **Value versus Growth**

	Value	Growth	S&P 500
CAGR	12,41 %	8,70 %	9,95 %
Standardabweichung	31,92 %	19,95 %	19,09 %
Abweichung nach unten	21,34 %	14,41 %	14,22 %
Sharpe Ratio	0,41	0,35	0,41
Sortino Ratio (MAR = 5 %)	0,54	0,37	0,45
Größter Drawdown	-91,67 %	-85,01 %	-84,59 %
Schlechteste Monatsrendite	-43,98 %	-30,65 %	-28,73 %
Beste Monatsrendite	98,65 %	42,16 %	41,65 %
Monate mit Gewinn	60,51 %	59,09 %	61,74 %

Die historischen Nachweise sind eindeutig: Value-Aktien haben sich von 1927 bis 2014 besser entwickelt als Growth-Aktien – und zwar mit großem Abstand. Das aus Value-Aktien bestehende Portfolio brachte eine kumulierte Jahresrendite von 12,41 Prozent, das aus Growth-Aktien bestehende Portfolio erwirtschaftete 8,70 Prozent pro Jahr – ein Performance-Abstand von circa vier Prozent im Jahr. Diese historische Renditedifferenz, die im Laufe der Zeit immer wieder und konsequent zu beobachten war, wurde von Wissenschaftlern auf den Namen *Value-Anomalie* getauft. Natürlich streiten sich die Gelehrten darüber, weshalb der Abstand so groß ist (etwa wie bereits besprochen darüber, ob das Value-Investing deshalb höhere Renditen bringt, weil es schlicht riskanter ist oder aufgrund von Fehlpreisungen). Diese Debatte wird am besten in einem Interview mit Eugene Fama aus dem Jahr 2008 auf den Punkt gebracht, in dem er über eine Unterhaltung mit Andrei Shleifer bei einem Glas Wein spricht.[15] Fama betont, dass Andrei glaubt, die Value-Prämie beruhe auf Fehlbewertungen, während Fama die Value-Prämie einem höheren Risiko zuschreibt. Die Bilanz: Große Geister können bezüglich der Erklärung uneins sein, aber niemand kann die empirische Tatsache bestreiten, dass Value-Aktien die Growth-Aktien im Laufe der Zeit mit großem Abstand outperformt haben.

Nun kennen wir die Fakten. Nächster Schritt: die schlechten Spieler identifizieren Die Daten zeigen, dass Value-Investing eine höhere Erwartungsrendite aufweist als Growth-Investing. Aber um besser zu verstehen, ob Value auch in der Zukunft Growth übertreffen wird, müssen wir durch das Prisma der nachhaltigen aktiven Geldanlage blicken und herausfinden, ob der Renditeabstand auf einem Risiko (die Erklärung der Markteffizienzhypothese) oder auf Fehlpreisungen (die Erklärung der Behavioral Finance) beruht. Um ein gültiges Fehlpreisungsargument zu haben, müssen wir herausfinden, ob es Marktteilnehmer gibt, die bezüglich des Kaufs von Value- und Growth-Aktien schlechte Entscheidungen treffen.

Lakonishok, Shleifer und Vishny (LSV) erörtern diese Frage in ihrem Artikel „Contrarian Investment, Extrapolation, and Risk".[16] Sie stellen die Hypothese auf, dass Anleger einer Repräsentativitätsheuristik unterliegen, eine Situation, in der Anleger die früheren Wachstumsraten naiv zu weit in die Zukunft extrapolieren. Abbildung 2.5 stellt das Konzept des LSV-Artikels mithilfe von Zahlen aus dem Artikel von Dechow und Sloan aus dem Jahr 1997 mit dem Titel „Returns to Contrarian Investment Strategies: Tests of Naïve Expectations Hypotheses" dar.[17] Die waagerechte Achse stellt die „Billigkeit" dar und sortiert die Wertpapiere von rechts nach links in Gruppen, je nachdem, wie teuer (hohe Kurs-Buchwert-Verhältnisse) oder billig (niedrige Kurs-Buchwert-Verhältnisse) sie sind. Die senkrechte Achse stellt die *früheren* Gewinnwachstumsraten über fünf Jahre der jeweiligen Bewertungsgruppen dar. Die Aktien in der 10. Gruppe sind am billigsten und sie wiesen (im Durchschnitt) über die vorangegangenen fünf Jahre ein *negatives* Gewinnwachstum von einem Prozent auf.

Abbildung 2.5 **Anleger extrapolieren frühere Wachstumsraten in die Zukunft**

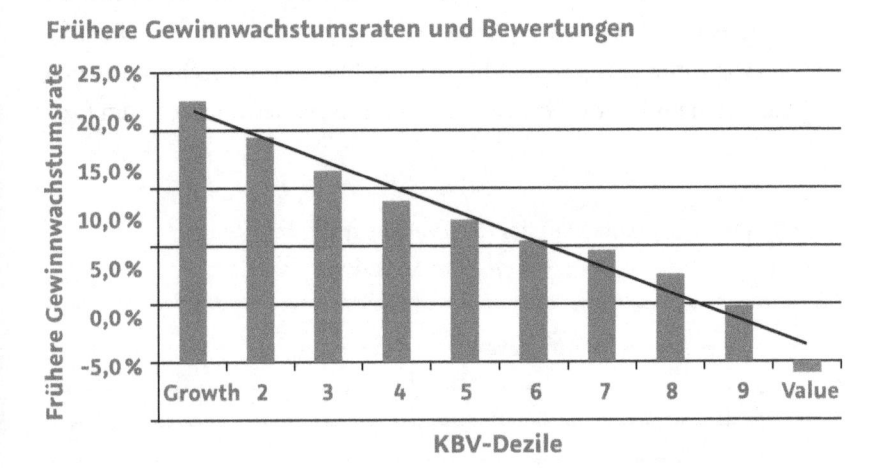

Frühere Gewinnwachstumsraten und Bewertungen

[Balkendiagramm: Frühere Gewinnwachstumsrate auf der y-Achse (-5,0 % bis 25,0 %), KBV-Dezile auf der x-Achse (Growth, 2, 3, 4, 5, 6, 7, 8, 9, Value). Die Balken fallen annähernd linear von ca. 22,5 % (Growth) auf ca. -3 % (Value).]

Die Beziehung ist fast perfekt linear. Billige Aktien haben ein fürchterliches bisheriges Gewinnwachstum, während teure Aktien in den fünf Jahren davor ein wundervolles Gewinnwachstum hatten. Das ist zwar keine echte Überraschung, aber es ist interessant zu sehen, wie gut die Zahlen zu dieser Beziehung passen.

Abbildung 2.5 unterstreicht die allgemeine Erwartung, dass sich frühere Gewinnwachstumsraten in Zukunft fortsetzen werden. Wachstumsunternehmen sind teuer, weil die Marktteilnehmer glauben, die vergangenen Wachstumsraten würden sich fortsetzen. Warum sollten sie sonst so viel Geld für diese Aktien bezahlen? Indes scheinen Value-Aktien aus einem guten Grund so billig zu sein – der Markt glaubt, auch ihre bisherigen schlechten Wachstumsraten würden sich fortsetzen.

Aber trifft das tatsächlich zu? Haben billige Aktien ein geringes realisiertes künftiges Gewinnwachstum und teure Aktien ein hohes realisiertes künftiges Gewinnwachstum? Das ist eine empirische Frage, die sich durch ein Experiment überprüfen lässt. Wachsen Wachstumsunternehmen im Schnitt weiterhin schneller *oder* verbirgt sich in den Markterwartungen ein systematischer Fehler?

In Abbildung 2.6 sehen wir uns an, was mit dem Gewinnwachstum in den *nächsten fünf Jahren* passiert. Konkret fragen wir, ob die Value-Aktien wie vorhergesagt weiterhin ein schlechtes Gewinnwachstum an den Tag legten und ob die Growth-Aktien ihr tolles Gewinnwachstum fortsetzten.

Abbildung 2.6 **Die realisierten Wachstumsraten kehren systematisch zum Mittelwert zurück**

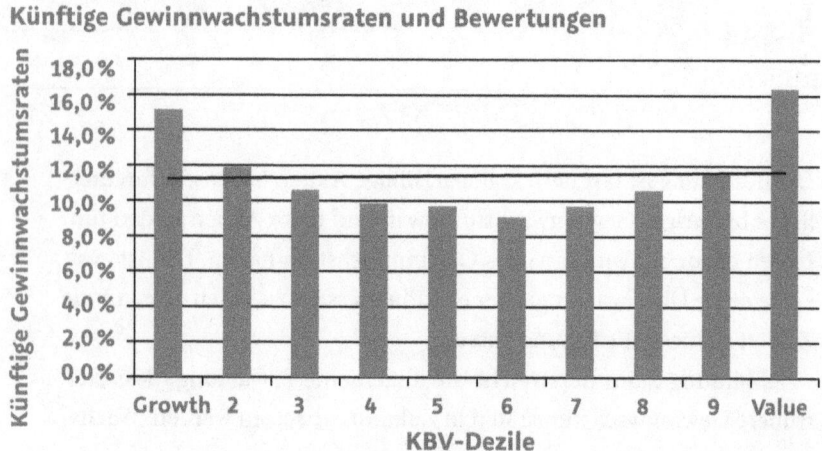

Künftige Gewinnwachstumsraten und Bewertungen

Nein, das taten sie nicht. Der Chart belegt, dass systematisch schlecht gepokert wird. Das realisierte Gewinnwachstum (dunkle Balken) kehrt im gesamten betrachteten Universum systematisch zur durchschnittlichen Wachstumsrate zurück. Value-Aktien übertreffen die Erwartungen an ihr Gewinnwachstum und Growth-Aktien bleiben hinter den Erwartungen zurück – *systematisch*. Nehmen Sie sich einen Moment Zeit, um diese tief greifende Feststellung zu überprüfen.

Diese unerwartete Abweichung von den Erwartungen führt zu Preisbewegungen, die günstig für billige „Value"-Aktien und ungünstig für teure „Growth"-Aktien sind. Diese Abweichung erklärt zumindest teilweise, weshalb Anleger, die teure Aktien kaufen, schlechter und Anleger, die billige Aktien kaufen, besser performen und weshalb passive Anleger ein dazwischen liegendes Ergebnis erzielen.

Zusammengefasst: Im Schnitt stoßen die Märkte Value-Aktien vor den Bus und trommeln für Growth-Aktien. Aus der Poker-Perspektive ist der Kauf von Growth-Aktien und der Verkauf von Value-Aktien ein Beispiel für eine systematisch schlechte Strategie. Anzunehmen, ein gutes Blatt im letzten Spiel sei mit einem Gewinnerblatt im nächsten Spiel gleichzusetzen, ist ein Verlierer-Ansatz. Aber was fangen die besten Pokerspieler mit dieser Situation der Value-Anomalie an und können diese Pokerspieler problemlos die schlechten Pokerspieler ausnehmen?

Nächster Schritt: die Handlungen der besten Spieler identifizieren Es ist unwahrscheinlich, dass wir jemals die besten Anleger der Welt sein werden. Beispielsweise werden George Soros, Julian Robertson, Leon Cooperman und Paul Tudor Jones immer schlauer sein als wir. Aber wenn wir nicht der beste Spieler am Investing-Tisch sein werden, wie können wir dann gegen diese Hochleistungs-Investoren gewinnen? Wir können dadurch gewinnen, dass wir diejenigen Marktchancen finden, die die klügsten Investoren nur ungern nutzen. Aber weshalb sollte ein kluger Investor *nicht* bei einer einfachen Strategie mitmachen, mit der man den Markt schlägt, zum Beispiel mit Value-Investing?

Wie bereits erwähnt, werden klugen Investoren oft große Kapitalmengen von einer großen Gruppe verschiedener Anleger anvertraut (denken Sie auch hier wieder an George Soros, Julian Robertson, Paul Tudor Jones, aber auch an große Institutionen wie BlackRock, Fidelity und so weiter). Das ist in mehrfacher Hinsicht sinnvoll – Anleger wollen ihr Geld klugen Leuten geben. Die Herausforderung besteht darin, dass die wirklich klugen Investoren häufig das Geld von Anlegern verwalten, die unter Verhaltensverzerrungen leiden (System-1-Denker). Shleifer und Vishny heben hervor und das Beispiel Ken Heebner bestätigt, dass viele kluge Marktteilnehmer durch die kurzfristigen Leistungskennzahlen gelähmt werden, die ihnen die Anleger abverlangen. „Wie hast du dich in diesem Quartal im Vergleich zur Benchmark geschlagen? Wie sieht dein Ergebnis seit Jahresbeginn aus? Welche makroökonomischen Trends nutzt du diesen Monat aus?" Solche Fragen sind am Markt gang und gäbe. Die Drohung, entlassen und durch ein passives Portfolio aus Vanguard-Fonds ersetzt zu werden, ist eine implizite Drohung. Wenn die Sicherheit des Arbeitsplatzes und die Kundenerwartungen die langfristige Wertschöpfung ausstechen, passieren merkwürdige Dinge.

Der bemerkenswerte Artikel „Hedge Funds and the Technology Bubble" von Markus Brunnermeier und Stefan Nagel beleuchtet die Fehlanreize, mit denen die klügsten Investoren konfrontiert sind, die mit dem Geld anderer Leute arbeiten.[18] Im Widerspruch zu allem, was in den Lehrbüchern über die effiziente Preisbildung steht, bestehen für das Smart Money manchmal Anreize, die *Fehlpreisung zu verstärken* und nicht gegen sie zu handeln! Brunnermeier und Nagel kommen zu dem Ergebnis, dass viele Hedgefonds-Manager im Zuge der Internetblase Ende der 1990er-Jahre kein Kapital aus der Fehlbewertungskluft zwischen Value- und Growth-Aktien schlugen – in Wirklichkeit kauften sie Wachstumsaktien und verkauften Value-Aktien. Diese Handlungsweise ermöglichte es ihnen, näher am Index zu bleiben – für eine gewisse Zeit. Indes hatten die armen Hedgefonds, die ihren Value-Prinzipien treu blieben – zum Beispiel Julian Robertson und Tiger Funds –, kein Geld mehr zu verwalten und ein ruiniertes Geschäftsmodell.

Aber Julian Robertson war nicht der einzige berühmte Value-Investor, der in der Zeit von 1994 bis 1999 das sprichwörtliche letzte Hemd verlor. Etwa zu dieser Zeit schrieb *Barron's* bekanntlich Folgendes über die relative Performance von Warren Buffett:[19]

„*Warren Buffett könnte sein magisches Händchen verlieren.*"

Diese Bemerkung von *Barron's* war in mehrfacher Hinsicht vollständig berechtigt. Als Gruppe genommen wurden die Value-Anleger Ende der

1990er-Jahre vernichtet. Echtes Value-Investing (gezeigt in Abbildung 2.7) underperformte den breiten Markt über sechs lange Jahre hinweg mit großem Abstand!

Um Value-Anleger zu sein, braucht man offenbar eine Geduld und einen Glauben, die nur wenige Anleger besitzen. In der Theorie ist Value-Investing leicht – billige Aktien kaufen und auf lange Sicht behalten –, aber in der Praxis ist echtes Value-Investing *fast unmöglich*.

Abbildung 2.7 **Value-Investing kann unterdurchschnittlich performen**

Der Wert von 100 investierten Dollar
— Value-Aktien   — S&P 500

Anhand von Ken Frenchs Zahlen haben wir untersucht, wie schmerzhaft es war, Ende der 1990er-Jahre Value-Investor zu sein. Wir untersuchten die Renditen eines Value-Portfolios (unteres Dezil Kurs-Buchwert-Verhältnis, wertgewichtete Portfoliorenditen), eines Growth-Portfolios (oberes KBV-Dezil, wertgewichtete Portfoliorenditen), des S&P 500 Total Return Index (S&P 500) und des Nebenwerteindex Russell 2000 Total Return Index (R2K) vom 1. Januar 1994 bis zum 31. Dezember 1999. Die Ergebnisse sind in Tabelle 2.2 dargestellt. Alle Renditen sind Gesamtrenditen einschließlich reinvestierter Ausschüttungen (beispielsweise Dividenden). Die Ergebnisse sind vor Abzug der Gebühren angegeben.

Tabelle 2.2 **Value-Investing kann underperformen (1994-1999)**

	Value	Growth	S&P 500	R2K
CAGR	18,35%	27,71%	23,84%	13,39%
Standardabweichung	11,79%	16,53%	13,63%	16,96%
Abweichung nach unten	7,59%	11,25%	10,50%	14,27%
Sharpe Ratio	1,09	1,28	1,30	0,55
Sortino Ratio (MAR = 5%)	1,66	1,87	1,67	0,64
Größter Drawdown	-11,58%	-16,33%	-15,18%	-29,78%
Schlechteste Monatsrendite	-8,62%	-14,92%	-14,31%	-19,42%
Beste Monatsrendite	8,05%	10,69%	8,04%	11,32%
Monate mit Gewinn	68,06%	70,83%	73,61%	66,67%

Die Renditen des Value-Portfolios waren absolut gesehen nicht schlecht, aber relativ betrachtet war die Value-Strategie fürchterlich. Betrachtet man die Jahresrenditen (gezeigt in Tabelle 2.3), verlor das Value-Investing in fast allen Jahren gegenüber einer einfachen passiven Marktallokation!

Tabelle 2.3 **Jahresrenditen**

	Value	Growth	S&P 500	R2K
1994	-2,83%	2,53%	1,35%	-1,82%
1995	36,47%	35,47%	37,64%	28,45%
1996	14,22%	23,20%	23,23%	16,49%
1997	32,52%	31,15%	33,60%	22,36%
1998	29,75%	44,23%	29,32%	-2,55%
1999	5,45%	33,90%	21,35%	21,26%

2 // WIESO AKTIVE INVESTMENTSTRATEGIEN FUNKTIONIEREN ...

Ein ganz einfacher Indexfonds auf den S&P 500 outperformte in fünf von sechs Jahren hintereinander die Value-Strategie, manchmal sogar zweistellig! Um nachzuempfinden, was die Value-Manager durchmachten, stellen Sie sich folgende Frage:

> *„Wenn meine Vermögensverwalter in fünf von sechs Jahren hinter einer Benchmark zurückbleiben würden, würde ich sie dann feuern?"*

Bei 99,9 Prozent der Anleger wäre die Antwort ein lautes Ja. Und wahrscheinlich kommt es ohnehin nicht infrage, jemandem eine sechsjährige Probezeit zu gewähren. Die meisten – wenn nicht gar alle – professionellen Vermögensverwalter würden bei dieser Underperformance entlassen werden. Wir können aus der Betrachtung des sechsjährigen Leidenswegs des Value-Investings zwei entscheidende Erkenntnisse mitnehmen:

1. Für einen langfristig orientierten Anleger ist eine sechsjährige Durststrecke eigentlich eine gute Sache. Warum? Weil sie die Konkurrenz vonseiten der besten Pokerspieler begrenzt, bei denen die Karriererisiken die Performance-Überlegungen ausstechen, und weil die schwachen Hände dadurch aus dem Wettbewerb ausgesiebt werden.
2. Nachhaltige aktive Geldanlage erfordert besondere Investoren. Sie verlangt, dass die Anleger diszipliniert sind, einen langfristigen Horizont haben und gegenüber der kurzfristigen relativen Performance gleichgültig sind. Diese einzigartigen Anleger sind diejenigen, die wir in Abbildung 2.4 als *nachhaltige Anleger* bezeichnet haben.

Blenden Sie jetzt die Wirklichkeit für einen Augenblick aus und stellen Sie sich vor, ein aktiver Value-Manager hätte Kunden, die im Jahr 1999 nicht in Richtung Ausgang gerannt wären. Wie sähen deren hypothetische

Renditen auf lange Sicht aus? Wie in Tabelle 2.4 zu sehen ist, erholte sich die Value-Strategie schnell wieder und outperformte über den gesamten daran anschließenden Zeitraum locker. Tabelle 2.4 zeigt die Ergebnisse der gleichen Portfolios vom 1. Januar 2000 bis zum 31. Dezember 2014, also in den 15 Jahren nach den sechs Jahren der Underperformance.

Tabelle 2.4 **Statistische Übersicht**

	Value	Growth	S&P 500	R2K
CAGR	9,12%	2,75%	4,45%	7,38%
Standardabweichung	24,05%	16,90%	15,22%	20,42%
Abweichung nach unten	17,73%	12,50%	11,42%	13,77%
Sharpe Ratio	0,41	0,14	0,24	0,36
Sortino Ratio (MAR = 5%)	0,37	-0,07	0,05	0,31
Größter Drawdown	-64,47%	-58,21%	-50,21%	-52,89%
Schlechteste Monatsrendite	-28,07%	-16,13%	-16,70%	-20,80%
Beste Monatsrendite	36,64%	11,21%	10,93%	16,51%
Monate mit Gewinn	58,89%	56,67%	60,56%	58,89%

Wenn man sich an die Value-Strategie hielt, war das zwar schmerzhaft, aber man wurde mit einem Vorsprung von fast fünf Prozent – pro Jahr – gegenüber der Börsen-Benchmark (S&P 500) von 2000 bis 2014 reichlich belohnt.

Geduldige, disziplinierte Anleger wurden über den gesamten Zyklus hinweg belohnt. Tabelle 2.5 zeigt die Ergebnisse über den gesamten Zeitraum, vom 1. Januar 1994 bis zum 31. Dezember 2014.

Tabelle 2.5 **Statistische Übersicht**

	Value	Growth	S&P 500	R2K
CAGR	11,68%	9,33%	9,65%	9,06%
Standardabweichung	21,27%	17,00%	14,92%	19,48%
Abweichung nach unten	16,23%	12,25%	11,19%	13,97%
Sharpe Ratio	0,50	0,45	0,51	0,41
Sortino Ratio (MAR = 5%)	0,51	0,44	0,48	0,40
Größter Drawdown	-64,47%	-58,21%	-50,21%	-52,89%
Schlechteste Monatsrendite	-28,07%	-16,13%	-16,70%	-20,80%
Beste Monatsrendite	36,64%	11,21%	10,93%	16,51%
Monate mit Gewinn	61,51%	60,71%	64,29%	61,11%

Was bleibt unterm Strich? Für einen langfristig orientierten Anleger war Value-Investing die optimale Entscheidung relativ zum Growth-Investing, aber für viele der klügsten Vermögensverwalter der Welt einschließlich des großartigen Julian Robertson war Value-Investing als Geschäftsmodell einfach nicht praktikabel. Diese Profis wurden während der Internetblase oft durch die Drohung von Rücknahmen seitens der Anleger gezwungen, ihre Portfolios mit überteuerten Aktien zu „diworsifizieren" – also durch Diversifizierung zu verschlechtern. Sie mussten mit dem Markt Schritt halten und taten das, indem sie das taten, was alle anderen taten. Diese Entscheidung half ihnen zwar dabei, ihre Jobs zu behalten, hinderte ihre Anleger aber daran, ihre Erfolgschancen zu maximieren, selbst wenn einige von ihnen tatsächlich einen langfristigen Horizont und Disziplin hatten.

Zusammenfassung

Wir haben das Value- und das Growth-Investing als Labor genutzt, um hervorzuheben, dass der nachhaltige aktive Investmentrahmen Strategien identifizieren kann, die langfristig Gewinn abwerfen. Das Value-Investing fügt sich gut in dieses Paradigma ein, jedoch gibt es dabei ernstliche Pferdefüße, vor allem Zeiten mit krasser Underperformance.

TEIL 1

Die Lehre aus dem Value-Investing besagt, dass erfolgreiche aktive Geldanlage einfach, aber nicht leicht ist. Wenn aktive Geldanlage leicht wäre, würde jedermann sie betreiben, und wenn jedermann sie betreiben würde, brächte sie wahrscheinlich auf lange Sicht keine überdimensionalen risikobereinigten Renditen hervor.

Zusammenfassend betont unsere Gleichung der langfristigen Performance in Abbildung 2.4 zwei notwendige Elemente für nachhaltige Performance:

1. Der nachhaltige Prozess nutzt Erwartungsfehler von Anlegern systematisch aus.
2. Der nachhaltige Anleger hat einen langen Zeithorizont und die Bereitschaft, anders zu sein.

Diese beiden Puzzleteile lassen sich auf die klassischen Lehren aus dem Pokerspiel beziehen:

1. Den schlechtesten Pokerspieler am Tisch identifizieren.
2. Den besten Pokerspieler am Tisch identifizieren.

Und aus diesen klassischen Lehren ergeben sich die beiden Säulen der Behavioral Finance:

1. Verhaltenstendenzen und die Bildung von Erwartungen bei den Anlegern verstehen.
2. Am Markt entstehende Reibungsverluste und ihre Auswirkungen auf die Marktteilnehmer verstehen.

Wenn Sie also das nächste Mal hören, dass ein Marktteilnehmer behauptet, eine Strategie sei besser als eine andere, stellen Sie einfach zwei grundlegende Fragen: (1) Warum sind die Wertpapiere, die dieser Prozess auswählt, falsch bewertet? (2) Warum nutzen andere kluge Investoren diese

Fehlpreisungsgelegenheit noch nicht aus? Ohne die solide Beantwortung beider Fragen ist es unwahrscheinlich, dass der Anlageprozess nachhaltig ist.

Growth-Investing ist Mist, warum also sollte man es machen?

Im vorigen Abschnitt haben wir davon gesprochen, dass Value-Aktien besser performen als Growth-Aktien, und wir haben gezeigt, dass das Kaufen und Halten von Growth-Aktien relativ gesehen eine schlechte Wette ist. Und doch unterteilen die meisten Fondskomplexe das anlagetaugliche Universum in Value- und Growth-Aktien. Um hervorzuheben, wie sehr die Geisteshaltung Value/Growth am Markt vorherrscht, bietet Abbildung 2.8 ein Beispiel für das klassische 3x3-Diagramm, das das Aktienuniversum in neun Gruppen unterteilt. Die beiden Aktien beziehen sich auf die Größe (senkrechte Achse von groß zu klein) und den Wert (waagerechte Aktie von Value zu Growth).

Abbildung 2.8 **Value- und Growth-Diagramm**

	Stil		
	Value	gemischt	Growth
groß			
mittel			
klein			

(Größe)

Abbildung 2.8 oder eine Abwandlung davon wird von fast allen großen Investmentfirmen der Vereinigten Staaten verwendet. Aber wenn Growth eine suboptimale Anlagemethode ist, weshalb soll man sich dann mit einem Rahmen herumschlagen, der besagt, dass wir Growth-Aktien als Teil eines Portfolios in Betracht ziehen sollten? Eine Antwort auf diese

Frage hat wahrscheinlich etwas mit der Tatsache zu tun, dass Growth-Aktien im Portfolio gewisse Diversifizierungsvorteile bieten, auch wenn sie schlechte relative Renditen abwerfen. Den Diversifizierungsnutzen von Growth-Aktien betrachten wir in Tabelle 2.6 konkret im Kontext der späten 1990er-Jahre (eines Zeitraums, den wir schon in Tabelle 2.2 untersucht haben), in denen die Value-Aktien schlechter liefen als die Growth-Aktien. Wir untersuchen die Performance eines Portfolios, dessen Gewichtung monatlich angepasst wird („Rebalancing") und das im Zeitraum 1994 bis 1999 zur Hälfte in Value- und zur Hälfte in Growth-Aktien investierte.

Auf hohem Niveau war es in diesem Zeitraum in den 1990er-Jahren ein viel klügerer Karriereschachzug, Kombi-Investor (Value und Growth) als reiner Value-Investor zu sein. Der Kombi-Investor erzielte nicht die Performance des Growth-Portfolios, aber die Ergebnisse lagen näher am breiten Markt und die Wahrscheinlichkeit, entlassen zu werden, war gering. Die Zahlen zu den Jahresrenditen in Tabelle 2.7 verdeutlichen diesen Punkt.

Tabelle 2.6 **Die Kombination von Value und Growth senkt die Volatilität (1994-1999)**

	Value	Growth	50% Value, 50% Growth	S&P 500
CAGR	18,35%	27,71%	23,19%	23,84%
Standardabweichung	11,79%	16,53%	12,86%	13,63%
Abweichung nach unten	7,59%	11,25%	9,49%	10,50%
Sharpe Ratio	1,09	1,28	1,32	1,30
Sortino Ratio (MAR = 5%)	1,66	1,87	1,78	1,67
Größter Drawdown	-11,58%	-16,33%	-13,93%	-15,18%
Schlechteste Monatsrendite	-8,62%	-14,92%	-11,77%	-14,31%
Beste Monatsrendite	8,05%	10,69%	7,97%	8,04%
Monate mit Gewinn	68,06%	70,83%	70,83%	73,61%

Tabelle 2.7 **Jahresrenditen des Kombi-Portfolios**

	Value	Growth	50% Value, 50% Growth	S&P 500
1994	-2,83%	2,53%	-0,09%	1,35%
1995	36,47%	35,47%	36,07%	37,64%
1996	14,22%	23,20%	18,77%	23,23%
1997	32,52%	31,15%	32,08%	33,60%
1998	29,75%	44,23%	37,15%	29,32%
1999	5,45%	33,90%	19,37%	21,35%

Anders als beim reinen Value-Portfolio, mit dem man sich 1999 umgehend in die Schlangen der Arbeitslosen einreihen konnte, hätte man sich mit dem Kombi-Portfolio, obwohl es hinter dem Markt zurückblieb, bei einem Kundentermin noch aus der Affäre ziehen können. Natürlich wissen wir schon, wie diese Geschichte endet. Die Kombination der Growth-Strategie mit der Value-Strategie sorgte in diesem einzigartigen Zeitraum für einen großartigen Vorteil: Diversifizierung. Die Kombination machte die Schmerzen im Vergleich zu einem reinen Value-Ansatz erträglicher.

In ähnlicher Weise leistete, wie in Tabelle 2.8 zu sehen ist, das Kombi-Portfolio einem Vermögensverwalter in dem längeren Zeitraum 1994 bis 2014 (den wir zuvor in Tabelle 2.5 untersucht hatten) gute Dienste, denn es lieferte höhere risikobereinigte Renditen als der Benchmark-Index S&P 500. Im Zeitraum 1994 linderte das Kombi-Portfolio im Vergleich zu einem reinen Value-Ansatz die Leiden.

TEIL 1

Tabelle 2.8 **Die Kombination von Value und Growth senkt die Volatilität (1994-2014)**

	Value	Growth	50% Value, 50% Growth	S&P 500
CAGR	11,68%	9,33%	10,86%	9,65%
Standardabweichung	21,27%	17,00%	17,42%	14,92%
Abweichung nach unten	16,23%	12,25%	12,87%	11,19%
Sharpe Ratio	0,50	0,45	0,53	0,51
Sortino Ratio (MAR = 5%)	0,51	0,44	0,53	0,48
Größter Drawdown	-64,47%	-58,21%	-56,63%	-50,21%
Schlechteste Monatsrendite	-28,07%	-16,13%	-22,10%	-16,70%
Beste Monatsrendite	36,64%	11,21%	23,28%	10,93%
Monate mit Gewinn	61,51%	60,71%	62,30%	64,29%

Des Weiteren hatten die betreffenden aktiven Manager den Vorteil, dass sie ihre Karriere durch die Technologieblase hindurch fortsetzen konnten. Der Nachteil dieses Ansatzes waren natürlich geringere absolute Renditen aufgrund der Growth-Komponente, die die Performance einer durch den gesamten Zyklus hindurch betriebenen aktiven Value-Strategie verwässerte.

Aber wie können wir ein besseres Diversifizierungsinstrument identifizieren?
Wie oben bereits dargelegt, wissen Anleger und professionelle Fondsmanager den Vorteil der Aufnahme von Growth-Aktien in ein Portfolio zu schätzen – vor allem in dem besprochenen Zeitraum –, weil Value und Growth relativ schwach korreliert waren und somit ein Portfolio mit weniger Benchmark-Drift und erträglicher Volatilität bildeten. Aber die Einbeziehung von Growth-Aktien bietet zwar Vorteile in Form der Portfoliodiversifizierung, aber sie bringt auch Kosten in Form der geringeren Erwartungsrenditen der Portfolios mit sich. Growth-Investing ist keine nachhaltige aktive Strategie. Eigentlich ist sie sogar das Gegenteil – eine

2 // WIESO AKTIVE INVESTMENTSTRATEGIEN FUNKTIONIEREN ...

nachhaltig schwache Strategie. Aber was soll man als Anleger tun? Im Idealfall könnte man die Diversifizierungsvorteile eines Growth-Portfolios mitnehmen, diese Diversifizierungsvorteile jedoch durch eine aktive Methode der Aktienauswahl erzielen, deren Eigenschaften eher dem nachhaltigen aktiven Rahmen entsprechen.

Zum Glück gibt es für dieses Problem eine potenzielle Lösung: das Momentum-Investing. Im Jahr 1993 wandten sich die Wissenschaftler Narasimhan Jegadeesh und Sheridan Titman in ihrer Schrift „Returns to Buying Winners and Selling Losers: Implications for Market Efficiency" wieder verstärkt dem alten Konzept des *Momentums* zu, womit eine allgemeine Klasse von Strategien gemeint ist, bei denen die früheren Renditen die künftigen Renditen vorhersagen können.[20] Das heißt, wenn eine Aktie im vergangenen Jahr vergleichsweise gut gelaufen ist, wird sie auch in Zukunft weiterhin relativ gut laufen. Forscher haben Folgestudien durchgeführt, die zu dem Ergebnis kommen, dass der Momentum-Effekt auch dann anhält, wenn man ihn auf Unternehmensgröße und Value-Faktoren prüft. Und es zeigt sich, dass dieser Effekt für eine Stichprobe gilt, die sich über 200 Jahre[21] sowie über zahlreiche Anlageklassen wie Rohstoffe, Devisen und sogar Anleihen erstreckt.[22] Darüber hinaus kommen Forscher zu dem Schluss, dass das Momentum relativ schwach mit dem „Value" korreliert und somit Diversifizierungsvorteile bringt. Kurz gesagt sind die Nachweise für Momentum offensichtlich allgegenwärtig und es bietet ähnliche Diversifizierungsvorteile wie Growth-Investing.

Momentum-Anlagestrategien sind in der wissenschaftlichen Literatur zwar fest etabliert, aber von aktiv gemanagten Fonds werden sie üblicherweise nicht genutzt, vor allem nicht im Verhältnis zu der großen Anzahl von „Growth"-Fonds, die am Markt zu finden sind. Tatsächlich besteht die spontane Reaktion der meisten Menschen auf „Momentum" darin, dass Momentum-Investing Growth-Investing *sei*. Leider schlägt sich in dieser Reaktion eine Fehlauffassung des Marktes nieder. Manchmal sind Momentum und Growth zwar verwandt, aber sicherlich sind sie nicht das Gleiche. Darüber hinaus sind wir der Meinung, dass Momentum im Gegensatz zu Growth gut in den nachhaltigen aktiven Rahmen passt und somit ein viel besseres Diversifizierungsmittel neben Value – einer ebenfalls nachhaltigen Strategie – ist. Ziel des nächsten Kapitels ist es, zu erklären, weshalb Momentum-Investing, das sich ausschließlich auf die Preise konzentriert, eine bessere Alternative zum Growth-Investing ist, das sowohl die Fundamentaldaten als auch die Preise berücksichtigt. Wir sehen unsere Mission darin, den Leser davon zu überzeugen, dass die Belege für den Übergang zu einem neuen Paradigma der Anlagestile (Abbildung 2.9) sprechen, in dem „Growth" durch „Momentum" ersetzt wird.

Abbildung 2.9 **Das neue Paradigma der Anlagestile**

	Stil		
Größe	Value	gemischt	Growth
groß	■	□	■
mittel	■	□	■
klein	■	□	■

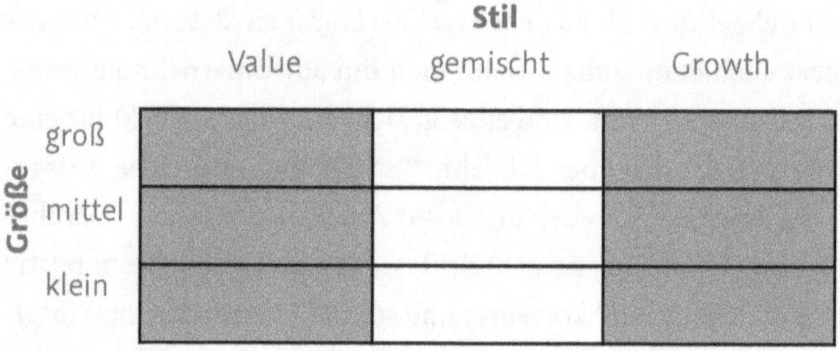

Fazit

Um die Nachhaltigkeit einer aktiven Strategie zu beurteilen, haben wir den nachhaltigen aktiven Investing-Rahmen dargelegt, um besser zu verstehen, weshalb manche Strategien funktionieren und andere nicht. Dann sind wir die klassische Debatte Value gegen Growth durchgegangen, wobei wir den Streit allerdings durch die Brille des nachhaltigen aktiven Rahmens betrachteten. Wir haben besprochen, dass Value-Investing nicht deshalb funktioniert, weil Ben Graham gesagt hat, dass es funktionieren würde, sondern weil es (1) systematisch eine Fehlpreisung am Markt erfasst, die mit geringen Erwartungen verbunden ist, und weil es (2) schwierig ist, aus der Fehlpreisung einen Vorteil zu ziehen.

Als Nächstes wandten wir uns der Frage zu, weshalb Anleger jemals vernünftigerweise in Growth investieren würden, wenn man die langfristigen Belege für die historische Underperformance des Growth-Investings betrachtet. Wir griffen eine an den Märkten einzigartige Periode heraus – die Internetblase –, in der Growth-Investing eine bessere Performance brachte als Value-Investing und viele professionelle Vermögensverwalter vor dem Jobverlust bewahrte. Als Nächstes besprachen wir kurz die Vorteile (Diversifizierung) und Kosten (schlechte langfristige Performance), die mit Growth-Investing verbunden sind. Und schließlich schlossen wir das Kapitel mit dem Vorschlag ab, dass die Anleger Growth-Portfolios durch Momentum-Portfolios ersetzen sollten. Damit verbinden wir die Hoffnung, dass Momentum zu einem Portfolio mit Value-Schwerpunkt ähnliche Diversifizierungsvorteile beitragen kann wie ein Growth-Portfolio und dass das Momentum dies tut, ohne die langfristig erwartete Performance des Portfolios zu beeinträchtigen. Im nächsten Kapitel erklären wir das Momentum-Investing, heben hervor, inwiefern es sich vom Growth-Investing unterscheidet, und erklären dann, weshalb Momentum eine bessere Ergänzung zu Value sein könnte als Growth.

Anmerkungen

1. Wesley Gray, *Embedded: A Marine Corps Advisor Inside the Iraqi Army*, Naval Institute Press, Annapolis, 2008.

2. Eugene F. Fama und Kenneth R. French, „The Cross-Section of Expected Stock Returns", *The Journal of Finance* 47 (1992): 427–465.

3. Steven S. Crawford, Wesley R. Gray und Andrew E. Kern, „Why Do Fund Managers Identify and Share Profitable Ideas?", *Journal of Financial and Quantitative Analysis* 52 (2017): 1903–1926.

4. Nick Barberis und Richard Thaler, „A Survey of Behavioral Finance", in: G. M. Constantinides, M. Harris und R. M. Stulz (Hg.), *Handbook of the Economics of Finance*, 1st ed., volume 1, (North Holland: Elsevier, 2003), Kapitel 18, 1053–1128.

TEIL 1

5. Diese Aussage wird zwar allgemein Keynes zugeschrieben, aber es deutet wenig darauf hin, dass er sie wirklich getätigt hat. Siehe Jason Zweig, „Keynes: He Didn't Say Half of What He Said. Or Did He?", *Wall Street Journal* (11. Februar 2011), blogs.wsj.com/marketbeat/2011/02/11/keynes-he-didnt-say-half-of-what-he-said-or-did-he/, Zugriff am 28.2.2016.

6. Daniel Kahneman, *Schnelles Denken, langsames Denken* (München: Siedler Verlag, 2012).

7. J. Bradford DeLong, Andrei Shleifer, Lawrence Summers und Robert Waldmann, „Noise Trader Risk in Financial Markets", *Journal of Political Economy* 98 (1990): 703–738.

8. Larry Swedroe, „Behavioral Finance Falls Short", 24. April 2015, ETF.com. www.etf.com/sections/index-investor-corner/swedroe-behavioral-finance-falls-short?nopaging=1, Zugriff am 28.2.2016.

9. Barberis und Thaler. Natürlich spielt Bill Sharpes Argument bezüglich der Arithmetik des aktiven Managements auch eine Rolle bei der Erklärung, weshalb die aktiven Manager als Gesamtheit nicht den Markt schlagen können.

10. E. Laise, „Best Stock Fund of the Decade: CGM Focus", *Wall Street Journal* (31. Dezember 2009), www.wsj.com/articles/SB10001424052748704876804574628561609012716, Zugriff am 29.12.2015.

11. Zum Teil lässt sich die Kluft zwischen dollargewichteten Renditen und Buy-and-hold-Renditen der Renditeabfolge zuschreiben, die der CGM Focus Fund erlebte. Für weitere Informationen siehe den Artikel von Michael Kitce vom 3. Oktober 2012, „Does the DALBAR Study Grossly Overstate the Behavior Gap?". https://www.kitces.com/blog/does-the-dalbar-study-grossly-overstate-the-behavior-gap-guest-post/, Zugriff am 28.2.2016.

12. Andrei Shleifer und Robert W. Vishny, „The Limits of Arbitrage", *The Journal of Finance* 52 (1997): 35–55.

13. Charlie Munger, 4. Mai 2005, Wesco Financial Annual Meeting. Basierend auf Notizen von Whitney Tilson. www.tilsonfunds.com/wscmtg05notes.pdf, Zugriff am 28.2.2016.

14. mba.tuck.dartmouth.edu/pages/faculty/ken.french/data_library.html, Zugriff am 30.12.2015.

15. Interview mit Eugene Fama, 2008, American Finance Association. www.afajof.org/details/video/2870921/Eugene-Fama-Interview.html, Zugriff am 29.12.2015.

16. Josef Lakonishok, Andrei Shleifer und Robert W. Vishny, „Contrarian Investment, Extrapolation, and Risk", *The Journal of Finance* 49 (5) (1994): 1541–1578.

17. Patricia M. Dechow und Richard G. Sloan, „Returns to Contrarian Investment Strategies: Tests of Naïve Expectations Hypotheses", *Journal of Financial Economics* 43 (1997): 3–27. Übrigens argumentieren Dechow und Sloan hier, die Value-Anomalie basiere nicht auf der naiven Fortschreibung seitens irrationaler Anleger, wie es LSV 1994 behauptete, sondern vielmehr beruhe die Outperformance von Value-Aktien auf dem ehrfürchtigen Glauben der Marktteilnehmer an die Analystenprognosen, die jedoch systematisch zu optimistisch sind. Auch stellen wir fest, dass die in Abbildung 2.5 verwendete Kennzahl das umgekehrte Kurs-Buchwert-Verhältnis ist. Andere Bewertungskennzahlen wie beispielsweise das Kurs-Gewinn-Verhältnis zeichnen kein ähnlich zwingendes Bild, aber eine tiefergehende Analyse alternativer Bewertungskennzahlen deutet trotzdem darauf hin, dass die Value-Anomalie auf Fehlpreisungen beruht, die durch irrige Erwartungen der Anleger entstehen und sich nicht vollständig durch zusätzliches Risiko erklären lassen.

18. Markus Brunnermeier und Stefan Nagel, „Hedge Funds and the Technology Bubble", *The Journal of Finance* 59 (1993): 2013–2040.

19. Andrew Bary, 1999, „What's Wrong, Warren?", *Barron's* (1999), www.barrons.com/articles/SB945992010127068546, Zugriff am 29.12.2015.

20. Narasimhan Jegadeesh und Sheridan Titman, „Returns to Buying Winners and Selling Losers: Implications for Stock Market Efficiency", *The Journal of Finance* 48 (1993), 65–91.

21. Chris Geczy und Mikhail Samonov, „Two Centuries of Price Return Momentum", *Financial Analysts Journal* 72 (2016): 32–56.

22. Clifford S. Asness, Tobias J. Moskowitz und Lasse H. Pedersen, „Value and Momentum Everywhere", *The Journal of Finance* 68 (3) (2013): 929–985.

KAPITEL 3

Momentum-Investing ist kein Growth-Investing

„Der dümmste Grund der Welt,
eine Aktie zu kaufen, ist, dass sie steigt."

— Warren Buffett
zugeschrieben[1]

Wir meinen mit dem Begriff *Momentum* eine Fortsetzung früherer relativer Renditen – frühere Gewinner sind tendenziell auch künftige Gewinner, während frühere Verlierer tendenziell auch künftige Verlierer sind. Praktiker bezeichnen diese Klasse von Strategien oft als Relative-Stärke-Strategien und es gibt sie schon seit langer Zeit. Robert Levy veröffentlichte 1967 einen Artikel mit dem Titel „Relative Strength as a Criterion for Investment Selection". Darin formuliert er die Schlussfolgerung: „Die Profite, die man durch den Kauf der historisch stärksten Aktien erzielen kann, sind höher als die Profite durch zufällige Auswahl."[2] Seltsamerweise fiel die Forschung über Relative-Stärke-Strategien nach Levys Beitrag in Tiefschlaf. Was war passiert? Die Markteffizienzhypothese war passiert.

TEIL 1

Die Markteffizienz-Mafia tötet die Relative Stärke

Wie in Kapitel 2 bereits angedeutet, wurde die Markteffizienzhypothese (EMH) in den 1960er- und 1970er-Jahren an der University of Chicago entwickelt. Danach erblühte sie quer durch die Welt der Wissenschaft. Gemäß der semi-strengen Auslegung der EMH spiegeln die Anlagepreise alle öffentlich verfügbaren Informationen wider, sodass die Anleger keine Möglichkeit haben, nach Prüfung des Risikos konsequent eine bessere Performance zu erzielen als ein zufälliger Aktienkorb. Oder wie es der EMH-Verfechter Burton Malkiel in seinem Klassiker „Börsenerfolg ist (k)ein Zufall" aus dem Jahr 1973 so eloquent formulierte: „Ein Affe mit verbundenen Augen, der Dartpfeile auf die Börsenseite einer Zeitung wirft, könnte ein Portfolio auswählen, das genauso gut läuft wie ein von Experten sorgfältig ausgewähltes."[3] Daher war aus Sicht der EMH Levys Beweis für die Performance der Relativen Stärke nach allen Maßstäben eine Unmöglichkeit.

Es scheint, dass Praktiker wie Levy (der zum Zeitpunkt der Veröffentlichung seines Artikels im privaten Sektor arbeitete) vom Kult der Gelehrten ausgestochen wurden, die sich auf die Untersuchung der Markteffizienzhypothese konzentrierten. Praktiker waren von der Veröffentlichung in hochkarätigen Finanzzeitschriften im Prinzip ausgeschlossen und Wissenschaftler mit Forschungsinteressen, die dem EMH-Gedanken zuwiderliefen, wurden aus dem aufstrebenden EMH-Tempel gejagt.[4] Die nachfolgenden 25 Jahre wissenschaftlicher Forschung traten in ein finsteres Zeitalter ein und Diskussionen über Strategien der Relativen Stärke wurden wirksam geächtet, denn der Platz war in erster Linie den Cheerleadern der EMH vorbehalten.

Aber im Elfenbeinturm war nicht alles in Ordnung. In den 1970er-Jahren begannen Anomalien aufzutauchen, die nicht zu der EMH passten. So hatte beispielsweise, wie bereits erwähnt, neben anderen Ben Graham gezeigt, dass der Kauf eines billigen Aktienkorbs tendenziell den Markt outperformte, und die Wissenschaftler begannen, den Value-Effekt formal zu untersuchen. Die auf die Value-Anomalie und andere sogenannte

3 // MOMENTUM-INVESTING IST KEIN GROWTH-INVESTING

Anomalien bezogenen Belege begannen sich zu häufen und deuteten darauf hin, dass es in der Rüstung der EMH Risse geben könnte – aber die Verfechter der EMH blieben zuversichtlich und selbstbewusst. Doch etwa um die Zeit, als viele Verfechter der EMH im Ruhm badeten, begann Daniel Kahneman in Zusammenarbeit mit Amos Tversky zu erforschen, wie sich menschliche Verhaltenstendenzen auf die Entscheidungsfindung in Finanzdingen auswirken. Kahneman und Tversky stellten mit die ersten Zusammenhänge zwischen den internen Verhaltensneigungen der Anleger und vielen beobachtbaren Anomalien her, die in der wissenschaftlichen Finanzliteratur identifiziert wurden.

Das „Momentum" ersteht aus der Asche auf

Und dann schließlich, Anfang der 1990er-Jahre, griffen Narasimhan Jegadeesh und Sheridan Titman die Ergebnisse von Levys Schrift aus dem Jahr 1967 in ihrem bahnbrechenden Artikel „Returns to Buying Winners and Selling Losers: Implications for Market Efficiency" im Jahr 1993 auf. Dieser Artikel reproduzierte im Prinzip den Geist der Analyse, die Levy 1967 durchgeführt hatte, allerdings mit dem Vorteil eines größeren Datenbestands, mehr Rechenleistung und der Bereitschaft des Establishments, Forschungsarbeiten zu veröffentlichen, die die EMH infrage stellten. Inzwischen wurden die Risse in der Rüstung der EMH größer.

Interessanterweise erwähnen Jegadeesh und Titman in ihrem Artikel kein einziges Mal das Wort *Momentum*, obwohl viele den Artikel als *das* bahnbrechende Werk über Momentum-Strategien der Aktienauswahl in unserer modernen Zeit betrachten. Wir postulieren, dass der Begriff *Momentum* eingeführt wurde, nachdem Mark Carhart im *Journal of Finance* seine an der University of Chicago verfasste Dissertation veröffentlicht hatte. In dieser Schrift kreierte Carhart einen *Momentum-Faktor*, der im Prinzip die Relative Stärke der Aktienauswahl-Strategien widerspiegelte, die Jegadeesh und Titman in ihrem Artikel skizzierten.[5] Bald nach Carharts Schrift wurde *Momentum* zu dem neuen wissenschaftlichen Begriff für die uralte Strategie der Relativen Stärke. Nachdem sich die Schleusen geöffnet hatten, veröffentlichten Forscher eine Flut von Artikeln über Momentum-Strategien. Die Belege waren derart überwältigend, dass diese Anomalie von niemand anderem als Eugene Fama – einem der ursprünglichen Architekten der EMH – zur „Anomalie ersten Ranges" gekrönt wurde.[6]

Während sich die heutigen Gelehrten erneut auf die Konzepte des Momentums für die Aktienauswahl konzentrierten, steckten viele Praktiker immer noch in einer Zeitschleife fest. Die Gründe für dieses regressive Verhalten haben wahrscheinlich etwas mit der Ausbildungs-Pipeline der Praktiker zu tun. Den Wissenschaftlern, die alle MBAs ausbilden, die später Portfolios managen, wurde immer noch die Portfoliomathematik beigebracht, mit der sie Asset-Allocation-Entscheidungen treffen konnten. Eine Ausbildung in Stock-Picking war Zeitverschwendung, weil dies laut der strengen Auslegung der EMH ein Spiel war, das man nur verlieren konnte. Und natürlich konnten die „Rebellen" unter den MBAs immer noch der Value-Anomalie nachgehen, die durch den enormen Anlageerfolg von Warren Buffett, dem volkstümlichen Helden aus Omaha im Bundesstaat Nebraska, populär geworden war. Anders als das Value-Investing hatte das Momentum-Investing allerdings keine rührigen großartigen Verfechter – keinen Ben Graham, keinen Warren Buffett. Noch schlimmer war die Tatsache, dass viele Heldengestalten, die mit der Schule des Value-Investings identifiziert wurden, ironischerweise mit den EMH-Wissenschaftlern *einer Meinung waren*, was das Momentum angeht. Ihre Methode des Value-Investings war absolut rational, aber das Momentum-Investing galt als schwarze Kunst, als eine Art Voodoo, das nur von Narren und Ketzern betrieben wurde. Natürlich widersprach all das eklatant den tatsächlichen Indizien, die darauf hindeuten, dass Momentum-Investing sogar eine noch bessere Anomalie als das Value-Investing ist.[7]

Viele Jahre lang erfreute sich die EMH großer Popularität und wissenschaftliche Artikel führten bändeweise vor, wie effizient die Märkte geworden waren. In vielerlei Hinsicht hatte die EMH die Auseinander-

3 // MOMENTUM-INVESTING IST KEIN GROWTH-INVESTING

setzung gewonnen – im Allgemeinen sind die Preise effizient. Aber diese Effizienz der Preise ist der Grund, weshalb die Nachweise für das Momentum-Investing für die Denkschule der EMH so entmutigend waren. Die Value-Anomalie war die eine Sache – vielleicht konnten Anleger den Markt ja schlagen, wenn sie ihre Intelligenz einsetzten, Hausaufgaben gründlich machten und die Finanzabschlüsse besser verstanden als der Anleger nebenan. Aber die Momentum-Anomalie besagte etwas völlig anderes: Das Preismomentum hatte nichts mit Fundamentaldaten zu tun, sodass selbst ein Schwachkopf eine erfolgreiche Strategie fahren konnte, indem er sich ausschließlich auf die relative Preisentwicklung konzentrierte, denn diese einfache Kennzahl schien die künftigen Preise vorherzusagen. Dieses Ergebnis widersprach selbst der schwächsten Form der EMH. Houston, wir haben ein Problem.

Die Theoretiker der Behavioral Finance erklären das Momentum

Zur Ehrenrettung der wissenschaftlichen Forscher muss gesagt werden, dass das Gebiet der Finanzökonomie Fortschritte machte und das Verhaltensparadigma wie Phönix aus der Asche der EMH aufstieg. Dieses neue Paradigma hielt sich eng an die EMH als Grundhypothese, weichte jedoch die Annahmen bezüglich der Rationalität der Anleger und der reibungslosen Märkte auf, damit man verstehen und erklären konnte, wie und warum die Preise eventuell von ihren effizienten Niveaus abweichen können. Dieser Rahmen legte das Fundament für die in Kapitel 2 skizzierten nachhaltigen aktiven Anlagekonzepte.

Hartgesottene Value-Anleger haben bezüglich des Momentums eine anders geartete Angst, eine Befürchtung, die aus konfusen Überlegungen und religiösem Eifer resultiert; das geht aus Zitaten aus Büchern über Value-Investing sowie von Persönlichkeiten aus diesem Bereich hervor. Beispielsweise soll Warren Buffett gesagt haben: „Der dümmste Grund der Welt, eine Aktie zu kaufen, ist, weil sie steigt." Als Faustregel ist Buffetts Ratschlag nicht schlecht und Warren Buffett ist eindeutig ein

TEIL 1

außerordentlicher Investor, dessen Erkenntnissen nachzugehen sich lohnt. Aber Faustregeln erfassen nicht immer die Nuancen einer Situation. Vielleicht sind höhere Preise ja nicht immer ein unzuverlässiges Signal. Was zum Beispiel, wenn der innere Wert einer Aktie höher als der neue, höhere Preis ist – ist sie dann nicht immer noch ein Value-Investment? Oder vielleicht besteht eine echte positive Feedbackschleife, die mit den höheren Preisen verbunden ist, welche ihrerseits den inneren Wert der Firma erhöhen? Große Kursanstiege können die Kapitalkosten einer Firma senken, es ihr ermöglichen, besseres Humankapital anzulocken oder gar kostenlose Werbung zu machen, sodass ihr fundamentaler Wert steigt, wenn auch auf reflexive Weise. Kurz gesagt sind Growth-Aktien – definiert als Aktien, deren Preise im Verhältnis zu ihren Fundamentaldaten hoch sind – zwar grundsätzlich eine schlechte Sache, aber höhere Preise sind nicht immer per se eine schlechte Sache. Eigentlich sind sie bei ansonsten unveränderten Bedingungen im Allgemeinen eine positive Entwicklung.

Betrachten Sie das folgende hypothetische Szenario:

- ▶ Facebook ist im vergangenen Jahr um 100 Prozent gestiegen und hat jetzt ein Kurs-Gewinn-Verhältnis von 15.
- ▶ Google ist um 50 Prozent gefallen und hat jetzt ein Kurs-Gewinn-Verhältnis von 15.

Was ist nun der bessere Kauf? Man kann behaupten, dass die beiden Aktien für einen klassischen Value-Anleger aus der Bewertungsperspektive gleich sind, denn sie haben das gleiche Kurs-Gewinn-Verhältnis von 15. Aber aufgrund der Psychologie werden manche Anleger „das Gefühl haben", Google sei eine bessere Chance, weil Value-Aktien oft diejenigen sind, deren Preis gefallen ist. Welcher Value-Anleger will schon eine Aktie kaufen, die um 100 Prozent gestiegen ist? Echte Value-Anleger sind genetisch darauf programmiert, gegenüber kräftigen Kursanstiegen misstrauisch zu sein – wir wissen das, weil wir von Natur aus Value-Anleger sind! Starke Aufwärtsbewegungen sind üblicherweise ein

3 // MOMENTUM-INVESTING IST KEIN GROWTH-INVESTING

schlechtes Signal, wenn es um traditionelle Value-Chancen oder um notleidende Unternehmen geht. Aufwärtsbewegungen deuten darauf hin, dass etwas nicht mehr so billig ist wie zuvor und jetzt teurer ist, jedenfalls im Vergleich. Aber dieses Gefühl des Ekels, das mit dem Kauf einer Überflieger-Aktie verbunden ist, ist keine Eigentümlichkeit von Value-Anlegern. Dieses Misstrauen wird allgemeiner von allen Anlegern empfunden – niemand will der Depp sein, der gekauft hat, nachdem der Preis gestiegen ist. Tatsächlich können Menschen einen gegenteiligen Drang verspüren. Wenn man eine Aktie besitzt, die gestiegen ist, will man vielleicht den Gewinn realisieren, indem man sie verkauft – schließlich ist es ja ein gutes Gefühl, einen Gewinn mitzunehmen. Dieser Effekt wird oft als *Dispositionseffekt* bezeichnet. Und es gibt starke empirische Belege, die die Theorie stützen, dass der Dispositionseffekt etwas mit der Momentum-Anomalie zu tun hat.[8]

Nehmen Sie eine Aktie, die auf einem 52-Wochen-Hoch steht – viele Investoren interpretieren das so, dass die Aktie überbewertet ist und wahrscheinlich nicht weiter steigt, selbst wenn sie auf fundamentaler Basis billig sein mag. Die Interpretation des Mainstreams ist offenkundig falsch: Aktien, die ein 52-Wochen-Hoch markiert haben, übertreffen Aktien, die ein 52-Wochen-Tief markiert haben, bei Weitem.[9] Aber wenn viele Marktteilnehmer solchen Verzerrungen unterliegen, ist es eine vernünftige Hypothese, dass es noch mehr Preisdruck geben wird – der nichts mit den Fundamentaldaten zu tun hat –, der womöglich verhindert, dass ein Wertpapier seinen wahren fundamentalen Wert erreicht, weil nach Wahrnehmung der Marktteilnehmer aus irgendeinem aus dem Bauch kommenden Grund „die Aktie bereits zu weit gestiegen ist". Diese Situation wäre ein Fall, in dem das Momentum-Investing im Prinzip ein Cousin und kein Feind des Value-Investings ist. Wie das? Der Vorteil des Value-Investings wird oft als *Pessimismus* angesichts *schlechter* kurzfristiger Fundamentaldaten charakterisiert, der dazu führt, dass Aktien im Verhältnis zu den künftigen Erwartungen zu billig werden. Vielleicht könnte man den Vorteil des Momentum-Investings als

Pessimismus im Angesicht *guter* kurzfristiger Fundamentaldaten charakterisieren, der dazu führt, dass die Aktien in Bezug auf die künftigen Erwartungen zu billig bleiben.

Moment mal: Momentum-Investing ist doch schlicht Growth-Investing und das funktioniert nicht!

Einen Moment – wir argumentieren also, dass Aktien aufgrund von Pessimismus billig sein könnten, der mit *starken* kurzfristigen Fundamentaldaten verbunden ist. Ist das denn kein ... Growth-Investing?
Nein.

Doch bevor wir das erklären, wollen wir uns die Psychologie genauer anschauen, die jeweils hinter Value- und Growth-Investing steht. In unserer bisherigen Diskussion von Value und Growth zeigten die Indizien, dass Value Growth schlägt. Der Grund für diese Kluft lässt sich zum Teil einer Fehlpreisung aufgrund von verhaltensbedingten Neigungen im Markt zuschreiben. Zum Beispiel zeigte die in Kapitel 2 erwähnte ursprüngliche Studie von Lakonishok, Shleifer und Vishny, dass die Verhältnisse zwischen Preis und Fundamentaldaten als Näherungswerte für Erwartungsfehler fungieren, die der Markt aufweist. Erinnern Sie sich daran, dass die Anleger dachten, bei Growth-Aktien würde sich das hohe frühere Gewinnwachstum fortsetzen und bei Value-Aktien würde sich das frühere geringe Gewinnwachstum fortsetzen. Die Nachweise zeigten jedoch, dass dieses erwartete Ergebnis in Wirklichkeit nicht eintrat. Nachfolgestudien erörtern dieses Kernergebnis der ursprünglichen Erkenntnisse von Lakonishok, Vishny und Shleifer[10], aber diese Schriften berücksichtigen keine neueren Arbeiten wie etwa den Artikel von Daniel und Titman von 1997 über Value-Eigenschaften und Aktienrenditen, den von Piotroski und So von 2012 über die Wechselwirkung zwischen Value-Investing-Renditen und Fundamentaldaten sowie Jacks 117-seitige Dissertation, die tief in die Konzepte eintaucht, die in Piotroskis und Sos Arbeit skizziert werden. Diese jüngeren Papers bestätigen, dass die Value-Anomalie zwar volatil und nur unter Kostenaufwand

3 // MOMENTUM-INVESTING IST KEIN GROWTH-INVESTING

auszunutzen ist, aber wahrscheinlich zum Teil durch Fehlpreisungen bedingt ist.[11]

Also scheinen die Anleger im Schnitt gute Nachrichten von Wachstumsunternehmen (Firmen mit im Verhältnis zu den Fundamentaldaten hohen Kursen) übertrieben fortzuschreiben und sie über ihren inneren Wert hinaus in die Höhe zu treiben, hingegen mit Value-Firmen (mit im Verhältnis zu den Fundamentaldaten niedrigen Kursen) das Gegenteil zu tun, nämlich sie unter ihren inneren Wert zu drücken. Es scheint also im Rahmen des Value-Investings, dass Growth-Anleger aufgrund der guten Fundamentaldaten zu *optimistisch* sind. Aber sagen wir jetzt, dass Momentum-Investoren aufgrund der hohen Preise zu *pessimistisch* seien? Diese Positionen scheinen einander zu widersprechen, aber wir werden das erklären.

Wir wollen es deutlich sagen: Momentum-Investing ist *kein* Growth-Investing. Growth-Investing ist gemäß den genannten Studien durch Wertpapiere geprägt, deren Preise im Verhältnis zu ihren früheren Fundamentaldaten hoch sind (zum Beispiel ein hohes Kurs-Gewinn-Verhältnis). Wir räumen ein, dass es in der Praxis viele alternative Möglichkeiten gibt, Growth-Investing zu definieren (zum Beispiel Wachstum zum vernünftigen Preis), aber wir halten uns zum Zwecke unserer Argumentation an die wissenschaftliche Gepflogenheit. Im Unterschied zu Growth charakterisieren wir Momentum-Investing als Wertpapiere mit starker relativer Performance gegenüber allen anderen Wertpapieren, *unabhängig* von den Fundamentaldaten. Beispielsweise könnte eine Momentum-Strategie die kumulierten Renditen von Preisen über die vergangenen zwölf Monate im Verhältnis zu anderen Aktien betrachten, aber bei dieser Analyse würden Gewinne oder andere fundamentale Kennzahlen *keine Rolle* spielen. Beim Momentum sind die Preise nicht alles; sie sind das Einzige.

Wir werden argumentieren, dass starke Momentum-Signale ähnlich wie niedrige Verhältnisse von Preisen zu Fundamentaldaten (zum Beispiel Value-Kennzahlen) ein Näherungswert für die Erwartungsfehler

TEIL 1

der Anleger sind und dem informierten Anleger helfen, systematisch Situationen zu identifizieren, in denen verhaltensbedingte Tendenzen die Wertpapiere im Schnitt daran hindern, ihren wahrgenommenen fundamentalen Wert zu erreichen. Denken Sie an die schlechten Pokerspieler im nachhaltigen aktiven Investing-Rahmen in Kapitel 2 zurück. Um nachhaltige aktive Strategien zu identifizieren, ist es im ersten Schritt nötig, dass es ein paar Marktteilnehmer gibt, die nicht ganz rational sind, sodass eine Fehlpreisungschance entsteht. Wir werden später noch auf die „schlechten Pokerspieler" und auf den Mechanismus zurückkommen, warum und wie das Momentum funktioniert. Aber den Punkt mit dem Unterschied zwischen dem Signal zu verstehen, das das Momentum charakterisiert (also nur der Preis), und Growth (also der Preis im Verhältnis zu etwas Fundamentalem), ist äußerst wichtig, damit die Leser nicht durcheinanderkommen und meinen, Growth-Investing sei das Gleiche wie Momentum-Investing.

Am besten lässt sich dieser Punkt mithilfe von Daten verdeutlichen. Wir untersuchen die Schnittmenge zwischen einem Portfolio aus Firmen mit mittlerer bis hoher Marktkapitalisierung, die anhand eines allgemeinen Momentum-Signals ausgewählt wurden (oberstes Dezil der Firmen mit der stärksten relativen Performance über die vergangenen zwölf Monate unter Auslassung des letzten Monats), und einem Portfolio aus Firmen, die anhand eines allgemeinen Preis-zu-Fundamentaldaten-Signals ausgewählt wurden (oberstes Dezil der Firmen mit dem höchsten Kurs-Buchwert-Verhältnis, auch als Growth-Unternehmen bekannt), in den Jahren 1963 bis 2013. Überraschenderweise beträgt die Schnittmenge der Namen in den Portfolios mit hohem Momentum und der Namen im Growth-Portfolio nur 21 Prozent. Also sind viele Momentum-Aktien keine Growth-Aktien und viele Growth-Aktien keine Momentum-Aktien. Tatsächlich kann eine Aktie mit hohem Momentum eine Value-Aktie, eine Growth-Aktie oder irgendetwas dazwischen sein.

3 // MOMENTUM-INVESTING IST KEIN GROWTH-INVESTING

Genaueres über Growth und Momentum

In der nun folgenden Analyse befassen wir uns ein bisschen ausführlicher mit den Eigenschaften von Wachstumsunternehmen und Unternehmen mit hohem Momentum. Unsere Datenstichprobe umfasst alle Aktien der New York Stock Exchange (NYSE), der American Stock Exchange (AMEX) und der Nasdaq mit den erforderlichen Daten auf CRSP und Compustat, den wissenschaftlichen Goldstandards für die Analyse von Finanzdaten. Wir analysieren nur Firmen, die laut CRSP-Klassifizierung „ordinary common equity" besitzen, und lassen alle REITS, ADRS, geschlossenen Fonds, Versorgungsunternehmen und Finanzunternehmen weg. Die Daten zu Delisting-Renditen berücksichtigen wir anhand der Methode von Beaver, McNichols und Price.[12] Um in die Stichprobe aufgenommen zu werden, müssen alle Firmen am 30. Juni des Jahres t einen Marktwert ungleich null haben. Als jährlichen Indikator der „Bewertung" verwenden wir den wissenschaftlichen Gepflogenheiten entsprechend das Verhältnis des Buchwerts zum Marktwert („book to market" oder B/M), also den Kehrwert des Kurs-Buchwert-Verhältnisses oder KBV. Der Buchwert wird jeweils am 30. Juni anhand der Methode von Fama und French[13] berechnet, die Marktkapitalisierung ebenfalls zum 30. Juni. Alle Firmen mit negativem Buchwert werden aus der Stichprobe entfernt. Als „Growth"-Firmen betrachten wir diejenigen mit den teuersten B/M-Verhältnissen (wobei ein niedrigeres Verhältnis teurer ist). Wir berechnen das allgemeine Momentum, indem wir alle Aktien jeden Monat nach ihren kumulierten 12-Monats-Renditen sortieren und dabei ähnlich wie Fama und French den letzten vergangenen Monat weglassen.

Die Tests nehmen alle Aktien mit mittlerer und hoher Marktkapitalisierung in den Blick – Mid Cap und Large Cap –, definiert als Aktien mit einer Marktkapitalisierung höher als das 40. Perzentil der Marktkapitalisierungen an der NYSE. Durch dieses Vorgehen soll ermittelt werden, ob die empirischen Ergebnisse auf das breitere Aktienuniversum anwendbar sind und ob sie im zeitlichen Verlauf gegenüber Größen- und

Liquiditätseffekten robust sind. Unsere Entscheidung, uns auf liquidere Firmen zu konzentrieren, bedeutet, dass unsere Schlussfolgerungen für kleine, illiquide Firmen möglicherweise nicht gelten.

Wir verfolgen einen Simulationsansatz, der wie folgt funktioniert:

- Jeden Monat ziehen wir nach dem Zufallsprinzip 30 „Growth-Aktien" und 30 „Momentum-Aktien" aus unserem obersten Dezil der Wachstumsaktien und der Aktien mit hohem Momentum.
- Das wiederholen wir in allen Monaten von 1963 bis 2013, um ein monatlich neu gewichtetes Portfolio aus „Growth"-Aktien und ein monatlich neu gewichtetes Portfolio aus „Momentum"-Aktien zu erhalten.
- Wir berechnen die Performance-Kennzahlen der Growth-Strategie und der Momentum-Strategie von 1963 bis 2013.
- Wir wiederholen die obigen Schritte 1.000-mal.

Dieses Experiment ist so, als ließe man einen Affen, der auf Growth-Aktien aus ist, 50 Jahre lang jeden Monat 30 Darts auf die Growth-Aktien-Zielscheibe werfen und einen anderen Affen, der auf Momentum-Aktien aus ist, 50 Jahre lang jeden Monat 30 Darts auf die Momentum-Aktien-Zielscheibe werfen. Das lassen wir den Growth-Affen und den Momentum-Affen 1.000-mal machen, sodass wir am Ende eine Stichprobe aus jeweils 1.000 unterschiedlichen Portfoliomanager-Affen aus beiden Lagern haben.

Dabei werden manche Affen eine gute und andere eine schlechte Performance erzielen, einfach weil sie Glück oder Pech haben. Doch denken Sie daran, dass die Momentum-Affen ihre Auswahl immer aus dem obersten Dezil der Aktien mit dem größten Momentum und die Growth-Affen ihre Auswahl immer aus dem obersten Dezil der Growth-Aktien treffen.

Abbildung 3.1 zeigt die Verteilung der kumulierten prozentualen Jahresrenditen der Growth-Affen und der Momentum-Affen.

3 // MOMENTUM-INVESTING IST KEIN GROWTH-INVESTING

Abbildung 3.1 **CAGR: Growth-Affen und Momentum-Affen im Vergleich**

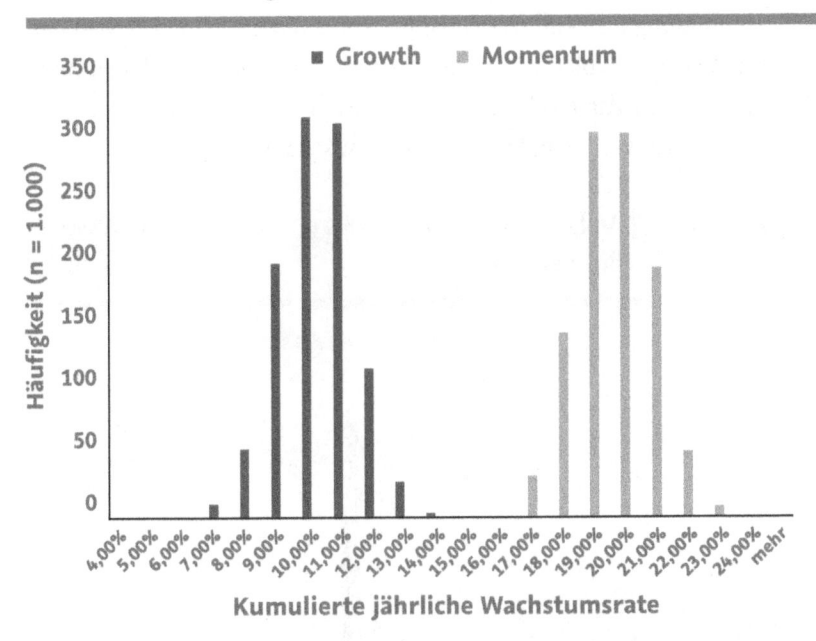

Kumulierte jährliche Wachstumsrate

Im Verhältnis zu ihren Affenkollegen erzielten einige der Growth-Affen, die am meisten Glück hatten, gute Ergebnisse – im Durchschnitt des Zeitraums circa 14 Prozent – und manche Momentum-Affen mit großem Pech erzielten schlechte Ergebnisse – im Durchschnitt des Zeitraums circa 17 Prozent. Jedoch – und das ist unglaublich – gab es keinen einzigen Pfeile werfenden Growth-Affen, der *irgendeinen* Pfeile werfenden Momentum-Affen übertraf. Das ist ein verblüffendes Ergebnis. Wenn man 1.000 Simulationen laufen lässt, identifiziert man normalerweise eine gewisse Überlappung der „Tails", also der äußersten Enden der Verteilung. Das heißt, aus Sicht der kumulierten Rendite unterscheidet sich Momentum eindeutig von Growth.

Schauen wir uns nun einen Vergleich zwischen der Volatilität der Growth-Affen-Portfolios und der Volatilität der Momentum-Affen-Portfolios an. Vielleicht ist die Outperformance von Momentum gegenüber

Growth ja der Ausgleich für ein zusätzliches Risiko, das mit einer allgemeinen Momentum-Strategie verbunden ist.

Abbildung 3.2 zeigt nur einen geringen Unterschied zwischen den annualisierten Volatilitäten der Portfolios auf, die entweder mithilfe eines Growth-Affen oder eines Momentum-Affen erstellt wurden, die die Aktien auswählten. Die Verteilung ist schmal.

Abbildung 3.2 **Volatilität: Growth-Affen und Momentum-Affen im Vergleich**

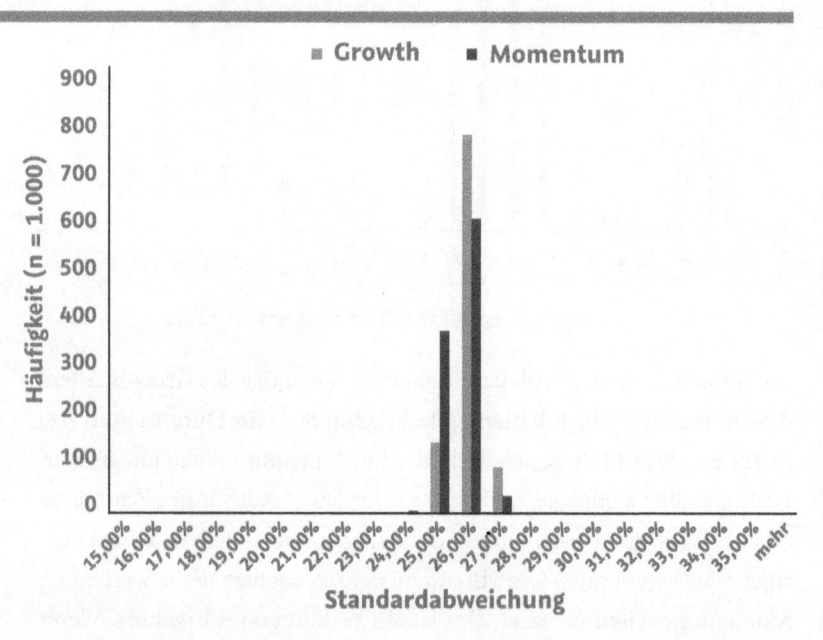

Aber vielleicht erfasst die Volatilität ja gar nicht das wahre Risiko der Momentum-Strategie im Verhältnis zu den Growth-Portfolios? Wir überprüfen den größten Drawdown beziehungsweise die schlechteste Performance von Hoch zu Tief innerhalb des 50-Jahres-Zeitraums als extremes Tail-Ereignis. Abbildung 3.3 stellt die Szenarien der Extremverluste aller 1.000 Simulationen sowohl für die Growth-Strategie als auch für die Momentum-Strategie dar.

3 // MOMENTUM-INVESTING IST KEIN GROWTH-INVESTING

Abbildung 3.3 **Drawdown: Growth-Affen und Momentum-Affen im Vergleich**

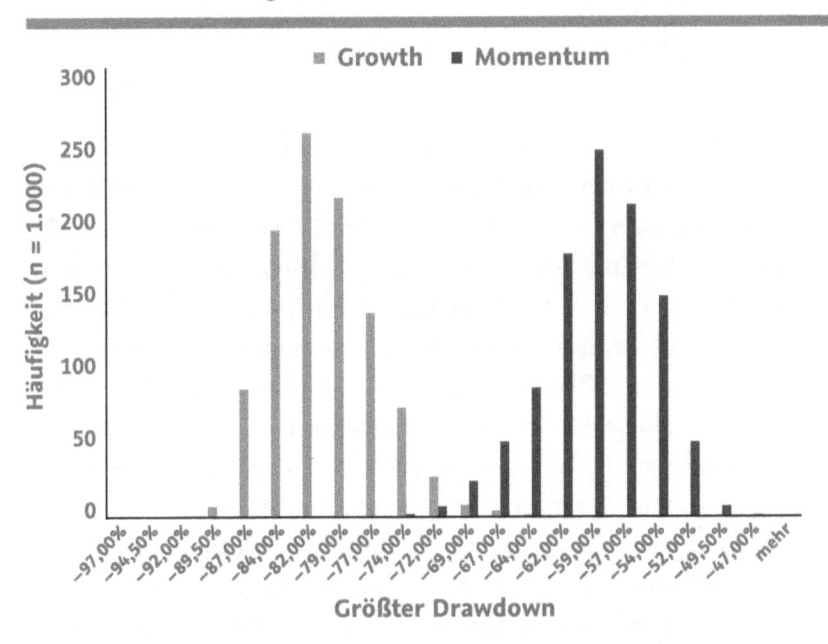

Beachten Sie, dass in Abbildung 3.3 die größeren Drawdowns links und die kleineren rechts zu sehen sind. Da sich die hellgrauen Säulen im linken Bereich häufen, ist das Tail-Risiko des Growth-Investings im Schnitt *höher* als beim Momentum-Investing, dessen Säulen sich im rechten Bereich häufen. Es besteht eine gewisse Überlappung – bei manchen Simulationsdurchläufen hat Momentum größere Drawdowns als Growth –, aber das sind nur wenige seltene Fälle. Die überwältigende Anzahl der Beobachtungen zeigt bei den Growth-Affen größere Drawdowns als bei den Momentum-Affen.

Zusammenfassend: Growth-Investing – gemessen am gegenüber den Fundamentaldaten hohen Preis – ist nicht das Gleiche wie Momentum-Investing – gemessen an früherer guter Performance. Diese Schlussfolgerung ist in den historischen Eigenschaften deutlich zu sehen, die mit der jeweiligen Strategie verbunden sind. Sie zeigen, dass Growth und Momentum zwei Paar Schuhe sind.

TEIL 1

Aber warum funktioniert das Momentum?

„Wir entdeckten, dass die Erde keine Scheibe ist, bevor wir begriffen und uns einig waren, wieso nicht."

– Cliff Asness et al. [14]

Das Zitat von Cliff Asness besagt, dass man manchmal begreift, dass etwas wahr ist, bevor man vollständig begreift, warum es wahr ist, und sich mit anderen einig ist, warum es wahr ist. So ist es auch beim Momentum-Investing. Die Daten belegen eindeutig, dass es funktioniert, aber weniger klar ist, warum genau. Wir versuchen, dieses Rätsel anzugehen, sind uns aber natürlich bewusst, dass unsere Ideen bestenfalls in die richtige Richtung gehen. Das Value-Investing leuchtet im Gegensatz zum Momentum-Investing unmittelbar ein. Der Value-Ansatz ist deshalb so intuitiv, weil man davon ausgeht, dass die Marktpreise um einen sogenannten inneren Wert herum schwanken, der auf den Fundamentaldaten fußt. Klassische Value-Anleger behaupten, sie würden ihr Geld damit verdienen, dass sie den Zeitpunkt des Unterschieds zwischen Fundamentaldaten und Marktpreisen abpassen. Aber was ist, wenn der Markt beschließt, ihre Erwartung bezüglich des inneren Wertes einer Firma niemals zu aktualisieren (auch als *Value-Falle* bekannt)? Unter der Annahme, dass sich die Verteilung des freien Cashflows auf die ferne Zukunft verteilt, wird ein Value-Anleger in dieser Situation nicht gewinnen. Damit seine Strategie funktioniert, ist der Value-Investor wie alle Investoren darauf angewiesen, dass sich die Markterwartungen zu seinen Gunsten ändern. Value-Investing funktioniert nicht einfach deswegen, weil der Anleger billig kauft. Value-Investing funktioniert, weil die billigen Preis-zu-Fundamentaldaten-Verhältnisse, die eine Näherung für einen systematischen Erwartungsfehler des Marktes sind, im Durchschnitt zugunsten des Value-Anlegers zum Mittelwert zurückkehren. Das Kernargument, das hinter dem Momentum-Investing steht, funktioniert exakt nach dem gleichen Prinzip. Momentum-Investing funktioniert, weil der Relative-Stärke-Indikator ein Näherungswert

3 // MOMENTUM-INVESTING IST KEIN GROWTH-INVESTING

für einen systematischen Erwartungsfehler des Marktes ist, der im Durchschnitt voraussichtlich zugunsten des Momentum-Investors zurückkehren wird.

Um zu verstehen, weshalb Momentum-Investing funktioniert, nutzen wir unseren nachhaltigen aktiven Rahmen, um zu ermitteln, ob eine Strategie auf lange Sicht erfolgreich sein wird. Die Bausteine, um nachhaltige Performance zu erkennen, waren die folgenden: (1) schlechte Pokerspieler identifizieren, (2) die Beschränkungen der besten Pokerspieler verstehen, um die schlechten Pokerspieler auszunutzen, und (3) die Gelegenheit ausnutzen, die sich bietet. Wir haben gezeigt, dass das Value-Investing, das einen guten historischen Track Record hat, Eigenschaften besitzt, die darauf hindeuten, dass sich die bisherige Erfolgsbilanz plausibel auch in Zukunft fortsetzen könnte.

Unsere Analyse der Value-Anomalie durch die Linse des Rahmens des nachhaltigen aktiven Investings wirft eine ganz natürliche Frage auf: Ist Momentum ebenso wie Value eine nachhaltige Anlagemethode? Mit dem Rahmen der nachhaltigen aktiven Geldanlage in der Hand können wir diese schwierige Frage anpacken. Aber zunächst sollten wir über jeden Zweifel erhaben darlegen, dass Momentum – was nicht das Gleiche ist wie Growth-Investing – historisch funktioniert hat. Um die Sache einfach zu halten und damit sie zu der vorigen Analyse passt, betrachten wir es als grobe Näherung für „Momentum-Investing", dass man Portfolios aus Firmen kauft, die im Laufe des Vorjahres eine starke relative Performance aufwiesen. Unter Verwendung der Momentum-Portfoliodaten von der Website von Ken French[15] untersuchen wir die Renditen eines Portfolios mit hohem Momentum (oberes Momentum-Dezil, wertgewichtete Renditen), eines Value-Portfolios (oberes B/M-Dezil, wertgewichtete Renditen) und des S&P 500 Total Return Index (S&P 500) vom 1. Januar 1927 bis zum 31. Dezember 2014. Die Ergebnisse sind in Tabelle 3.1 zu sehen. Alle Renditen sind Gesamttrendite und schließen die Reinvestition von Ausschüttungen (zum Beispiel Dividenden) ein. Die Ergebnisse sind vor Abzug von Gebühren angegeben.

Tabelle 3.1 **Momentum-Performance (1927-2014)**

	Momentum	Value	Growth	S&P 500
CAGR	16,85 %	12,41 %	8,70 %	9,95 %
Standardabweichung	22,61 %	31,92 %	19,95 %	19,09 %
Abweichung nach unten	16,71 %	21,34 %	14,41 %	14,22 %
Sharpe Ratio	0,66	0,41	0,35	0,41
Sortino Ratio (MAR = 5 %)	0,79	0,54	0,37	0,45
Größter Drawdown	-76,95 %	-91,67 %	-85,01 %	-84,59 %
Schlechteste Monatsrendite	-28,52 %	-43,98 %	-30,65 %	-28,73 %
Beste Monatsrendite	28,88 %	98,65 %	42,16 %	41,65 %
Monate mit Gewinn	63,16 %	60,51 %	59,09 %	61,74 %

Die Momentum-Aktien haben die Value-Aktien, die Growth-Aktien und den breiten Markt mit großem Abstand outperformt. Das Portfolio der Momentum-Aktien brachte eine kumulierte Jahresrendite von 16,85 Prozent, während das Growth-Aktien-Portfolio 8,70 Prozent im Jahr einbrachte – eine Performance-Kluft von acht Prozentpunkten. Diese historische Performance-Kluft ist der Grund, weshalb wissenschaftliche Forscher das Momentum für die bedeutendste Anomalie halten. Es gibt zwar Erwägungen, die offensichtlich wichtig sind und die wir in diesem Stadium unserer Diskussion ausblenden, etwa die Transaktionskosten, aber eines ist klar – *das Momentum ist der König der Performance*. Stellt sich als Nächstes die Frage, ob diese Performance auch nachhaltig ist.

Wird die Momentum-Anomalie von schlechten Spielern erzeugt?
Beim Value-Investing war die wichtigste beschriebene Verhaltenstendenz die Repräsentationsheuristik, die zu einer Überreaktion der Preise auf schlechte Fundamentaldaten führte, die im Laufe der Zeit zum Mittelwert zurückkehren. Diese Beschreibung ist natürlich eine übertriebene Vereinfachung der psychologischen Faktoren, die dabei wirken, aber die kollektiven wissenschaftlichen Nachweise scheinen allgemein

3 // MOMENTUM-INVESTING IST KEIN GROWTH-INVESTING

die Kernthese zu stützen, dass die Überrenditen, die Value-Aktien einbringen, nicht ausschließlich durch ein zusätzliches Risiko bedingt sind – bei der Beschreibung der Überrenditen spielen auch Fehlbewertungen eine gewisse Rolle. Beim Momentum deutet die Gesamtheit der Belege in die gleiche Richtung wie bei Value – das Risiko spielt bei der Erklärung der Überrenditen sicherlich eine Rolle, aber Fehlbewertungen auch. Die Verhaltensprämisse des Momentum-Investings besagt, dass die Anleger anscheinend *zu schwach* auf positive Meldungen reagieren, die sich in der starken relativen Performance niedergeschlagen haben. Auf den ersten Blick scheinen die Verhaltensweisen, die das Value- und das Momentum-Investing antreiben, einander zu widersprechen: Value ist durch ein Problem der Überreaktion bedingt, das Momentum hingegen durch ein Problem der Unterreaktion. Wie kommt das?

Eine stichhaltige Kritik an Behavioral-Finance-Forschern lautet, dass sie den Kuchen behalten, ihn aber auch verzehren wollen. In dem einen Fall können wir auf den Effekt der Überreaktion verweisen und im nächsten auf den Effekt der Unterreaktion. Die Verhaltensformel ist zu einfach: (1) Ein Psychologielehrbuch hernehmen und (2) Verhaltenstendenzen identifizieren, die zu den Daten passen. Eugene Fama veröffentlichte 1998 einen Artikel mit dem Titel „Market Efficiency, Long-Term Returns, and Behavioral Finance"[16], in dem er die sogenannten Behavioral-Finance-Forscher herausforderte:

> *„Gemäß der üblichen wissenschaftlichen Regel kann die Markteffizienz nur durch ein besseres Modell ersetzt werden [...]. Die Alternative steht vor einer Ehrfurcht gebietenden Aufgabe. Sie muss angeben, welcher Aspekt der Anlegerpsychologie gleichzeitig Unterreaktionen auf manche Arten von Ereignissen und Überreaktionen auf andere hervorruft [...]."*

Drei Autorenteams nahmen die Herausforderung sofort in drei verschiedenen Artikeln[17, 18, 19] an. Daniel et al. und Barberis et al. konzentrieren sich auf Modelle, die auf dokumentierten psychologischen Verzerrungen basieren, und leiten daraus Vorhersagen ab, aus denen sich Hypothesen zu Überrenditen sowohl aus Value- als auch aus Momentum-Strategien ergeben. Hong und Stein packen das Problem ebenfalls an, allerdings setzen sie den Hebel ein bisschen anders an. Während sich Daniel et al. und Barberis et al. auf psychologische Aspekte konzentrieren, die einzelne Marktteilnehmer betreffen, konzentrieren sich Hong und Stein auf die Wechselwirkungen zwischen verschiedenen Marktteilnehmern, von denen sie annehmen, dass sie entweder fundamental oder technisch orientiert seien – nur wenige Anleger seien sowohl fundamental als auch technisch orientiert. Wir empfehlen interessierten Lesern, alle diese Artikel zu lesen, denn wahrscheinlich spielen alle drei Theorien eine gewisse Rolle bei der Erklärung des Momentums. Allerdings schenken wir dem Paper von Barberis et al. besondere Aufmerksamkeit, weil man behaupten kann, dass dieser Ansatz das stärkste empirische Fundament besitzt.[20]

Barberis et al. kommen zu dem Schluss, dass Value und Momentum von Tendenzen angetrieben werden, die einander spiegeln. Value wird wie bereits besprochen von einem Problem der Überreaktion getrieben, die Menschen ziehen aus einer kleinen Menge jüngerer Daten zu schnell Schlüsse. Im Gegensatz dazu wird das Momentum von einem Problem der Unterreaktion angetrieben, die das Gegenteil einer Überreaktion ist. Bei einer Unterreaktion aktualisieren die Menschen zu langsam ihre Ansichten, wenn neue Indizien vorliegen, und das könnte an einer systematischen Verhaltenstendenz und/oder daran liegen, dass Menschen einfach eine begrenzte Kognitionsleistung haben (in der wissenschaftlichen Literatur ist von einer „begrenzten Aufmerksamkeitsspanne" die Rede). Aber was führt in der einen Situation zu einer Überreaktion und in einer anderen zu einer Unterreaktion?

Die Herausforderung besteht bei jeder Verhaltenstheorie darin, zu verstehen, was eine Überreaktion und was eine Unterreaktion auslöst. Anders gefragt: Warum wechseln Marktteilnehmer ihre Verhaltensregeln und können wir verstehen, wie und warum sie das tun? Barberis et al. greifen auf die Arbeit von Griffin und Tversky[21] zurück, die sie zu der

3 // MOMENTUM-INVESTING IST KEIN GROWTH-INVESTING

Annahme bringt, dass gute Ergebnismeldungen, die *außerhalb* einer langen Serie guter Ergebnismeldungen oder isoliert davon präsentiert werden, zu einer Unterreaktion führen (also zu Konservatismus beziehungsweise Vorsicht). Gute Ergebnismeldungen hingegen, die *innerhalb* oder als Teil einer langen Reihe guter Ergebnismeldungen präsentiert werden, führen zu einer Überreaktion (also Repräsentativität). Experimentelle Nachweise stützen die Theorien von Barberis et al. eindeutig. Im Jahr 2002 führten Robert Bloomfield und Jeffrey Hales mit MBA-Studenten der Cornell University kontrollierte Trading-Experimente durch und fanden heraus, dass die Studenten ihre Verhaltensregeln in Abhängigkeit davon ändern, wie sie neue Informationen wahrnehmen.[22]

Formulieren wir diesen Sachverhalt in konkreten, praktischen Begriffen. Nehmen wir ein Unternehmen mit einer langen Serie positiver Ergebnisbekanntgaben. Was passiert, wenn die Anleger eine weitere sehr positive Ergebnismeldung sehen? Sie sagen dann voraus, dass sich dieser Trend fortsetzen wird, denn diese Schlussfolgerung steht repräsentativ für den beobachteten laufenden Ergebnistrend. Aber die Anleger reagieren zu stark. Sie werden übertrieben optimistisch und bullish und da sie erwarten, dass dieses starke Gewinnwachstum auch in Zukunft weiterhin auftreten wird, treiben sie die Aktie auf übertrieben hohe Niveaus, die von den Fundamentaldaten abgekoppelt sind. Wenn an diesem Punkt eine negative Ergebnismeldung kommt, sind die Anleger wie vor den Kopf gestoßen, denn dieses Ereignis passt nicht zu ihrem Optimismus. Dann verkaufen sie, was dazu führt, dass die Preise fallen. Dieses Verhalten ist Growth-Investing.

Nehmen wir dann ein Unternehmen mit einer ungleichmäßigeren Ergebnishistorie. Was passiert in diesem Szenario, wenn die Anleger eine positive Gewinnüberraschung sehen? Sie sind skeptisch, vorsichtig und bringen ihre Überzeugungen nur langsam auf den neuesten Stand. Sie zögern, bullish zu sein. Denn was ist, wenn es sich nur um den sprichwörtlichen Blip auf dem Radarschirm handelt und die künftigen Gewinne nicht so stark ausfallen? In diesem Fall kann man sagen, dass die Anleger auf starke Ergebnisse unterreagieren und den Informationsgehalt der neuesten Gewinnmeldung untergewichten. Sie sind zu pessimistisch und werden den Aktienkurs auch dann nicht in die Höhe treiben, wenn die Nachrichten immer noch vermuten lassen, dass die Aktie unterbewertet ist. Erst im Laufe der Zeit steigen die Kurse so weit, dass sie die neue fundamentale Information vollständig wiedergeben. Dieses Verhalten ist Momentum-Investing.

Barberis et al. ziehen daraus den Schluss, dass sowohl Value- als auch Momentum-Investing bei einer breiten Vielfalt von Parameterwerten plausibel sind (also wenn sich entweder die Unterreaktion oder die Überreaktion klar durchzusetzen scheint, je nach den neueren Trends der historischen Gewinne über mehrere Zeiträume).

Ehrlich gesagt gibt es keine definitive Schlussfolgerung zu den Verhaltenstendenzen, die sowohl Value- als auch Momentum-Investing antreiben, und vielleicht wird es sie niemals geben. Allerdings scheint allgemeine Übereinstimmung dahingehend zu herrschen, dass beide Anomalien zum Teil durch Fehlpreisungen aufgrund von Verhaltenstendenzen angetrieben werden. Value- und Momentum-Signale sind einfach Näherungen für Verhaltensneigungen, die zu systematischen Fehlern in den Anlegererwartungen führen. Die empirischen Belege stützen diese Hypothese klar und sind im Titel eines Artikels, den Asness, Moskowitz und Pedersen 2013 veröffentlichen, festgeschrieben: „Value and Momentum Everywhere".[23]

Vielleicht sollten wir uns in gewisser Weise gar nicht so sehr um den spezifischen Mechanismus kümmern, der dazu führt, dass schlechte Spieler zu Anomalien wie Value oder Momentum beitragen. Vielleicht ist es egal, ob wir alle verstehen und uns darin einig sind, warum Momentum oder Value funktioniert. Als Anlegern kommt es uns nur darauf an, dass es funktioniert. Und da das Momentum gut zu funktionieren scheint und wir beschrieben haben, dass schlechte Spieler zu seiner Ursache beitragen, müssen wir jetzt die grundsätzliche Frage angehen: Warum hat das Smart Money diese Anomalie noch nicht durch Arbitrage beseitigt?

3 // MOMENTUM-INVESTING IST KEIN GROWTH-INVESTING

Wie denken die besten Akteure über das Momentum?
Ähnlich wie Value-Investing erfordert Momentum-Investing ein Maß an Disziplin, das nur wenige Anleger besitzen. Das Momentum funktioniert nicht zu allen Zeiten und kann *spektakulär versagen*. Diese harte Realität hindert viele große Kapital-Pools daran, ihre Zehen zu tief in den Momentum-Teich zu halten. Das Momentum ist einfach zu gefährlich.

Um deutlich zu machen, dass Momentum manchmal das Vermögen gefährden kann, untersuchen wir den Schmerz, den Momentum-Investing während der Finanzkrise 2008 und in der Zeit danach verursachte. Wir überprüfen die Renditen eines Momentum-Portfolios (oberes Momentum-Dezil, wertgewichtete Renditen), eines Growth-Portfolios (unteres B/M-Dezil, wertgewichtete Renditen), eines Value-Portfolios (oberes B/M-Dezil, wertgewichtete Renditen) und des S&P 500 Total Return Index (S&P 500) vom 1. Januar 2008 bis zum 31. Dezember 2009. Die Ergebnisse sind in Tabelle 3.2 dargestellt. Alle Renditen sind Gesamtrenditen und schließen die Reinvestition von Ausschüttungen (beispielsweise Dividenden) ein. Die Ergebnisse sind vor Abzug von Gebühren angegeben.

Tabelle 3.2 **Momentum-Investing kann underperformen (2008-2009)**

	Momentum	Value	Growth	S&P 500
CAGR	-17,65%	-8,52%	-6,69%	-10,36%
Standardabweichung	26,03%	23,45%	45,60%	23,24%
Abweichung nach unten	20,67%	17,38%	23,06%	17,37%
Sharpe Ratio	-0,64	-0,30	0,05	-0,39
Sortino Ratio (MAR = 5%)	-1,01	-0,64	-0,09	-0,76
Größter Drawdown	-51,25%	46,72%	-61,04%	-47,75%
Schlechteste Monatsrendite	-15,19%	-16,13%	-28,07%	-16,70%
Beste Monatsrendite	11,09%	9,92%	36,64%	9,42%
Monate mit Gewinn	50,00%	54,17%	62,50%	54,17%

Relativ gesehen hinkte die Performance der Momentum-Strategie erheblich hinterher. Wenn wir uns die risikobereinigten Performance-Kennzahlen anschauen, ist die Performance sogar noch schlechter. Es ist klar, dass die Befolgung einer aktiven Momentum-Strategie ausgeprägte Elemente eines Karriererisikos für Anlageberater beinhaltet, ähnlich wie bei aktiven Value-Strategien. Aber es kommt noch schlimmer ...

In Tabelle 3.3 untersuchen wir die Renditen während des Zeitraums der Finanzkrise und berücksichtigen dabei auch die Zeit danach: 1. Januar 2008 bis 31. Dezember 2014. Die Ergebnisse sind vor Abzug von Gebühren angegeben. Über einen Zeitraum von sieben Jahren liefern passive Indexfonds eine bessere Performance als die Momentum-Strategie![24]

Tabelle 3.3 **Momentum-Investing kann underperformen (2008-2014)**

	Momentum	Value	Growth	S&P 500
CAGR	6,55 %	8,69 %	8,45 %	7,44 %
Standardabweichung	22,24 %	17,13 %	29,73 %	16,75 %
Abweichung nach unten	17,03 %	12,92 %	20,78 %	13,30 %
Sharpe Ratio	0,39	0,56	0,41	0,50
Sortino Ratio (MAR = 5 %)	0,23	0,37	0,36	0,27
Größter Drawdown	-51,25 %	-46,72 %	-61,04 %	-47,75 %
Schlechteste Monatsrendite	-15,91 %	-16,13 %	-28,07 %	-16,70 %
Beste Monatsrendite	14,93 %	11,21 %	36,64 %	10,93 %
Monate mit Gewinn	61,90 %	61,90 %	59,52 %	63,10 %

Stellen Sie sich nun die gleiche Frage, die wir zu den Ergebnissen eines hypothetischen Value-Investors von 1994 bis 1999 gestellt haben:

„Wenn Ihr Vermögensverwalter sieben Jahre lang hinter einer Benchmark zurückbleiben würde, und das manchmal zweistellig, würden Sie ihn dann feuern?"

3 // MOMENTUM-INVESTING IST KEIN GROWTH-INVESTING

Die Antwort ist bei den meisten Anlegern ein schallendes Ja! Und das schlägt sich für Vermögensverwalter, denen ihre Karriere etwas wert ist, in einem schallenden „Kommt nicht in die Tüte!" nieder. Aber die Reibungsverluste am Markt, die mit der Ausnutzung einer Momentum-Strategie verbunden sind, gehen über das Karriererisiko hinaus. Im Gegensatz zur Value-Strategie, die auch bei relativ wenig Handelstätigkeit funktioniert (beispielsweise bringen einmal im Jahr neu gewichtete Portfolios risikobereinigte Überrenditen), ist Momentum eine Strategie, die eine hohe Handelsfrequenz benötigt, um effektiv zu sein (vierteljährlich neu gewichtete Portfolios bringen risikobereinigte Überrenditen, jährlich neu gewichtete hingegen nicht). Diese Handelshäufigkeit erhöht die Transaktionskosten, was untragbar sein und die Rentabilität der Strategie nach Abzug der Handelskosten reduzieren kann. Die Transaktionskosten sind zwar eine plausible Grenze der Arbitrage, aber Frazzini et al. untersuchen diese Frage unmittelbar mithilfe der Daten aus Live-Transaktionen von AQR Capital Management im Volumen von über einer Billion Dollar und kommen zu dem Ergebnis, dass die Transaktionskosten institutioneller Investoren ihren Widerwillen, Momentum-Strategien zu verfolgen, nicht „wegerklären" können.[25]

Momentum-Investing ähnelt dem Value-Investing, nicht dem Growth-Investing

Es zeigt sich, dass das Momentum-Investing vom Standpunkt der Performance und vom Standpunkt unseres nachhaltigen Rahmens der aktiven Geldanlage mehr Ähnlichkeiten mit Value- als mit Growth-Investing hat. An der Performance-Front bieten sowohl Value als auch Momentum hohe historische risikobereinigte Renditen und wurden von wissenschaftlichen Forschern an unterschiedlichen Märkten, unterschiedlichen Anlageklassen sowie über unterschiedliche Zeiträume ausgiebig überprüft. Als Erklärung für diese anormale Performance bieten die Gelehrten übereinstimmend an, dass die Value- und die Momentum-Prämien von irgendeiner Kombination versteckter systematischer Risikofaktoren (als berechtigtem Grund für höhere Erwartungsrenditen) angetrieben werde. An der Fehlpreisungsfront fungieren Value- und Momentum-Kennzahlen als Signale, um Aktien zu identifizieren, die unter Markterwartungen leiden, welche sich irgendwann zugunsten des Value- oder Momentum-Anlegers verschieben. Dieser Fehlpreisungsaspekt geht mit der harten Realität einher, dass große Smart-Money-Pools nur eingeschränkt in der Lage sind, den Value- oder den Momentum-Effekt durch Arbitrage zu beseitigen. Viele dieser Kapital-Sammelbecken sind wegen der hohen Volatilität und des extremen Karriererisikos, die mit der Verfolgung aktiver Value- und Momentum-Strategien verbunden sind, hin- und hergerissen. Vermutlich werden sich die Value- und die Momentum-Prämien weiterhin halten können, wenn man davon ausgeht, dass (1) Value- und Momentum-Strategien von Grund auf riskanter sind, dass (2) die Anleger weiterhin Verhaltenstendenzen unterliegen und (3) Arbitrage in großem Maßstab kostspielig und schwierig ist.

Fazit

In diesem Kapitel haben wir die Geschichte der Momentum-Forschung von ihrer Frühzeit als achtbare Methode durch das dunkle Zeitalter nach den goldenen Tagen der EMH und bis zu dem neuerdings neu erwachenden wissenschaftlichen Interesse erkundet. Dann befassten wir uns mit der gängigen Falschauffassung, Growth-Investing – definiert als der Kauf von Aktien, deren Kurse im Verhältnis zu ihren Fundamentaldaten hoch sind – sei das Gleiche wie Momentum-Investing – der Kauf von Aktien mit hohen relativen Renditen. Doch nichts könnte weiter von der Wahrheit entfernt sein. Teure Aktien kaufen ist nicht das Gleiche wie Aktien mit starker relativer Performance kaufen: Die eine Strategie bringt Performance, die andere nicht. Als Nächstes untersuchten wir das Momentum durch die Linse der nachhaltigen aktiven Geldanlage. Es ist plausibel, dass die erwarteten Überrenditen der Momentum-Strategie auf Verhaltensfehlern von Anlegern in Kombination mit den Grenzen der Arbitrage beruhen, sodass es vernünftige Argumente für eine langfristige nachhaltige

3 // MOMENTUM-INVESTING IST KEIN GROWTH-INVESTING

Performance gibt. In der Annahme, wir haben Sie überzeugt, dass Momentum ebenso wie Value eine nachhaltige Anomalie ist, befassen wir uns nun damit, warum diese beiden Anomalien *wirklich* interessant sind, wenn man sie gemeinsam nutzt. Im nächsten Kapitel untersuchen wir, weshalb alle Portfolios eine Kombination aus Value- und Momentum-Systemen in Betracht ziehen sollten.

Anmerkungen

1. Robert Bloch, *The Warren Buffett Bible* (New York: Skyhorse Publishing, 2015).

2. Robert Levy, „Relative Strength as a Criterion for Investment Selection", *The Journal of Finance* 22 (1967): 595–610.

3. Burton G. Malkiel, *A Random Walk Down Wall Street* (New York: Norton, 1973).

4. Jensen und Bennington nehmen sich in diesem Artikel Levys Arbeit zur Brust: „Random Walks and Technical Theories: Some Additional Evidence", *The Journal of Finance* 25 (1970): 469–482.

5. Mark Carhart, „On Persistence in Mutual Fund Performance", *The Journal of Finance* 52 (1997): 57–82.

6. Eugene F. Fama und Kenneth R. French, „Dissecting Anomalies", *Journal of Financial Economics* 63 (2008): 1653–1678.

7. Ebd.

8. Justin Birru, „Confusion of Confusions: A Test of the Disposition Effect and Momentum", *The Review of Financial Studies* 28 (2015): 1849–1873.

9. Thomas George und Chuan-Yang Hwang, „The 52-Week High and Momentum Investing", *The Journal of Finance* 59 (2004): 2145–2176.

10. Siehe James Davis, „The Cross-Section of Realized Stock Returns: The Pre-COMPUSTAT Evidence", *The Journal of Finance* 49 (1994), 1579–1593, und Eugene F. Fama und Kenneth R. French, „Size and Book-to-Market Factors in Earnings and Returns", *The Journal of Finance* 50 (1995): 131–155.

11. Siehe Kent Daniel und Sheridan Titman, „Evidence on the Characteristics of Cross Sectional Variation in Stock Returns", *The Journal of Finance* 52 (1997), 1–33, Joseph Piotroski und Eric So, „Identifying Expectation Errors in Value/

Glamour Strategies: A Fundamental Analysis Approach", *The Review of Financial Studies* 25 (2012), 2841–2875, und Jack Vogel, „Essays on Empirical Asset Pricing", Dissertation, Drexel University, 2014.

12. William Beaver, Maureen McNichols und Richard Price, „Delisting Returns and Their Effect on Accounting-based Market Anomalies", *Journal of Accounting and Economics* 43 (2007): 341–368.

13. Fama und French.

14. Cliff Asness, Andrea Frazzini, Ron Israel und Toby Moskowitz, „Fact, Fiction, and Momentum Investing", *The Journal of Portfolio Management* 40 (2014): 75–92.

15. mba.tuck.dartmouth.edu/pages/faculty/ken.french/data_library.html, Zugriff am 30.12.2015.

16. Eugene F. Fama, „Market Efficiency, Long-Term Returns, and Behavioral Finance", *Journal of Financial Economics* 49 (1998): 283–306.

17. Nicholas Barberis, Andrei Shleifer und Robert Vishny, „A Model of Investor Sentiment", *Journal of Financial Economics* 49 (1998): 307–343.

18. Harrison Hong und Jeremy Stein, „A Unified Theory of Underreaction, Momentum Trading, and Overreaction in Asset Markets", *The Journal of Finance* 54 (1999): 2143–2184.

19. Kent Daniel, David Hirshleifer und Avanidhar Subrahmanyam, „A Theory of Overconfidence, Self-Attribution, and Security Market Under- and Over-Reactions", *The Journal of Finance* 53 (1998): 1839–1885.

20. Es gibt allerdings auch Forschungsarbeiten, die gegen die Theorie von Barberis et al. sprechen. Zum Beispiel Alexander Hillert, Heiko Jacobs und Sebastian Müller, „Media Makes Momentum", *The Review of Financial Studies* 27 (2014): 3467–3501. In Wirklichkeit spielen wahrscheinlich alle diese Theorien eine Rolle bei der Erklärung der unbestreitbaren Belege in Bezug auf das Momentum und das Momentum wird eindeutig durch irgendeine Art von Verhaltenstendenz erzeugt, selbst wenn es nicht die Form der Version annimmt, die in Barberis et al. dargestellt wird.

21. Dale Griffin und Amos Tversky, „The Weighing of Evidence and the Determinants of Confidence", *Cognitive Psychology* 24 (1992): 411–435.

3 // MOMENTUM-INVESTING IST KEIN GROWTH-INVESTING

22. Robert Bloomfield und Jeffrey Hales, „Predicting the Next Step of a Random Walk: Experimental Evidence of Regime-Shifting Beliefs", *Journal of Financial Economics* 65 (2002): 397–414.

23. Cliff Asness, Toby Moskowitz und Lasse Pedersen, „Value and Momentum Everywhere", *The Journal of Finance* 68 (2013): 929–985.

24. Noch interessanter wird die Angelegenheit dadurch, dass in den Jahren 2008 bis 2014 ironischerweise Growth-Investing die beste Performance brachte.

25. Andrea Frazzini, Ronen Israel und Toby Moskowitz, „Trading Costs of Asset Pricing Anomalies", AQR working paper, 2014.

26. Wenn man annimmt, dass sowohl die Value- als auch die Momentum-Prämie zu einem gewissen Teil einem Risiko geschuldet ist, könnten diese Prämien in Zukunft schwanken, wenn sich die Risikopräferenzen ändern.

KAPITEL 4

Warum alle Value-Anleger das Momentum brauchen

„[Das Momentum] kommt auf der ganzen Welt vor – nur nicht in Japan."

— Eugene Fama, 2008 in einem Interview der American Finance Association [1]

„Wir finden, dass das Momentum in Japan in Wirklichkeit ein Erfolg ist."

— Cliff Asness, 2011 im Journal of Portfolio Management [2]

Obwohl es so einfach ist, funktioniert das allgemeine Momentum als eigenständige Anlagestrategie sehr gut, aber manche mögen sagen, es funktioniere nicht überall. Ein Beispiel für das „Versagen" des Momentums sind japanische Aktien ... mehr dazu gleich. Aber der breite Konsens der wissenschaftlichen Forscher, von denen man behaupten kann, dass sie eher zu Ergebnissen neigen, die die Theorie der Markteffizienz (EMH) stützen, besagt, dass die Belege die Auffassung stützen, dass auf dem Momentum basierende Strategien der Aktienauswahl den Markt selbst nach Kontrolle des Risikos schlagen. Kurz gesagt hat das Momentum etwas Besonderes an sich. Sogar Eugene Fama, der für seine unglaubliche empirische Arbeit über die Markteffizienz berühmt ist, deutete an, das Momentum sei die peinlichste Angelegenheit für die

Theorie der Markteffizienz beziehungsweise, wie er es selbst formulierte, das Momentum sei „die bedeutendste Anomalie".[3]

Das Momentum ist ein Mythos

Trotzdem wird der Mythos, das Momentum sei „nicht real", weiterhin allgemein verbreitet. Beispielsweise führte Richard Roll, der selbst ein bedeutender Finanzökonom ist, 2008 bei der American Finance Association ein klassisches Interview mit Eugene Fama, dem König der Finanzökonomen. Roll und Fama führten eine geistreiche Diskussion über die sogenannte Value-Prämie, die mit einem Patt bezüglich der Frage endete, ob die zusätzliche Rendite, die mit billigen Aktien verbunden ist, eine Kompensation für zusätzliches Risiko oder eine Fehlbewertung sei. Dann stellte Professor Roll die Gretchenfrage nach der Momentum-Prämie. Fama erwiderte widerwillig, Momentum-Effekte seien an den Aktienmärkten der Welt weit verbreitet, wies aber gleich darauf hin, es scheine, als seien die japanischen Aktien gegen Momentum-Effekte immun. Roll zahlte es ihm in gleicher Münze heim und spöttelte, vielleicht seien die japanischen Anleger ja „rationaler". Lachend und mit einem Augenzwinkern erklärte Fama, er hoffe, die schlechten Ergebnisse einer auf dem Momentum basierenden Aktienauswahl in Japan seien die Regel, wenn es um Momentum-Ergebnisse gehe, und er hoffe, die Ausnahmen von der Regel seien lediglich das Ergebnis manipulativen Data-Minings.[4]

Asness trennt Fakten von Fiktion

Aber nicht alle waren mit der Plauderei auf hohem Niveau zwischen Roll und Fama zufrieden. Cliff Asness, der Gründer von AQR mit einem Doktortitel in Finanzwissenschaft von der University of Chicago und ehemaliger Student von Fama, hatte kein Interesse daran, sich der EMH-Parteilinie zu fügen. Vielleicht war Asness Zeuge des Gesprächs zwischen Fama und Roll, denn ein paar Jahre später, 2011, veröffentlichte er im *Journal of Portfolio Management* einen Artikel mit dem trotzigen Titel „Momentum in Japan: The Exception that Proves the Rule".

Asness weist in dem Artikel auf einen einfachen, aber raffinierten Punkt im Zusammenhang mit dem Momentum hin. Einerseits scheint das Momentum unwirksam zu sein, wenn man sich eine allgemeine japanische Momentum-Strategie isoliert anschaut. Jedoch weist Asness treffend darauf hin, dass man Strategien im Kontext eines Portfolios beurteilen muss, damit man nicht nur ihren Nutzen als eigenständiges Investment ermitteln, sondern auch ihre potenziellen Vorteile für ein Portfolio durch Diversifizierung verstehen kann. Würde man beispielsweise eine Strategie beurteilen, die darin besteht, regelmäßig Put-Optionen auf den Aktienmarkt mit drei Monaten Laufzeit zu kaufen, dann käme man zu dem Schluss, dass sie eine negative Rendite und massenhaft Volatilität einbringt. Allerdings besagen diese Ergebnisse nicht, dass Put-Optionen ineffizient gepreist seien, jedoch wird diese Schlussfolgerung erst dann klar, wenn man beurteilt, wie Put-Optionen im Zusammenhang eines Portfolios wirken. Durch die Portfoliobrille betrachtet bieten Put-Optionen unglaubliche Diversifizierungsvorteile (also eine Versicherung) und es wird offensichtlich, weshalb Anleger mit Freuden die negative Erwartungsrendite einer Strategie akzeptieren, die darin besteht, Puts zu kaufen.

Anders als Puts bieten auf dem Momentum basierende Strategien der Aktienauswahl zwar keine extremen versicherungsähnlichen Diversifizierungsvorteile, aber Momentum-Strategien können bezüglich der allgemeinen Diversifizierung kräftig zuschlagen. Beispielsweise sind Momentum-Strategien, die nur auf dem Kauf basieren (Long-only-Strategien), nicht perfekt mit dem breiten Kapitalmarkt korreliert und sie sind mit klassischen Value-Strategien nur wenig korreliert. Diese Merkmale führen dazu, dass Momentum-Strategien im Portfoliozusammenhang höchst wünschenswert sind, wenn sie mit Value-Strategien zusammengeführt werden.

Im Sinne dieser Überlegungen zeigt Asness, dass japanische Anleger, denen es darum geht, die risikobereinigte Erwartungsrendite ihrer Portfolios zu maximieren, üblicherweise immer einen erheblichen Betrag ihres Portfolios in eine Momentum-Strategie investieren. Dies ist eine bedeutende Erkenntnis und der Artikel stellt diesen Punkt deutlich dar.

Doch die eine Prämisse des Artikels von Asness ist, dass wir uns anstrengen müssen, zu beweisen, wie sinnvoll das Momentum in Japan sein kann. Wenn man sich ausführlicher mit den Ergebnissen von Asness befasst, erkennt man, dass sich seine Analyse auf japanische Long-/Short-Portfolios bezieht – was nicht die typische Art von Portfolio ist, die langfristig orientierte Anleger zusammenstellen. Diese Long-/Short-Portfolios leiden darunter, dass die Short-Seite des Momentum-Portfolios an der Performance des Long-only-Momentum-Portfolios zehrt. Asness konzentriert sich nicht auf die Long-only-Ergebnisse, aber wir geben seine Analyse in Tabelle 4.1 in erweiterter Form unter Verwendung eher traditioneller Long-only-Portfolios wieder. Wir zeigen die Ergebnisse des japanischen Long-only-Momentum-Portfolios, die sich ergeben, wenn man für die Analyse die Daten von AQR verwendet.[5] Der japanische Index wird durch den MSCI Japan Total Return Index wiedergegeben. Die Renditen reichen vom 1. Januar 1982 bis zum 31. Dezember 2014. Alle Renditen sind Gesamtrenditen einschließlich der Reinvestition von Ausschüttungen (beispielsweise Dividenden). Die Ergebnisse sind vor Abzug von Gebühren angegeben.

Tabelle 4.1 **Die Performance der japanischen Aktienmärkte (1982-2014)**

	Momentum Japan	Japan-Index
CAGR	5,82%	3,81%
Standardabweichung	23,10%	19,37%
Abweichung nach unten	13,57%	12,84%
Sharpe Ratio	0,18	0,08
Sortino Ratio (MAR = 5%)	0,24	0,05
Größter Drawdown	-65,95%	-68,83%
Schlechteste Monatsrendite	-21,88%	-21,06%
Beste Monatsrendite	22,99%	19,97%
Monate mit Gewinn	55,05%	53,54%

4 // WARUM ALLE VALUE-ANLEGER DAS MOMENTUM BRAUCHEN

Ein Long-only-Momentum-Portfolio funktioniert eindeutig, es übertrifft den Index mit großem Abstand. Dieses Ergebnis ist nicht völlig überraschend, denn das Momentum funktioniert in nahezu jedem Kontext, in dem Forscher Zugang zu einem ausreichend großen Datenbestand haben. Wir verstehen zwar, weshalb sich Asness bei seinen Forschungen auf das Long-/Short-Momentum-Portfolio konzentrierte, aber diese Konzentration verwirrt das Anlegerpublikum und vermischt die Fragestellungen. In Wirklichkeit ist es so, dass das allgemeine Long-only-Momentum in Japan funktioniert. Und es stimmt, dass Asness das starke Argument vorbringt, dass die Anleger selbst in seinem Kontext Long-/Short-Momentum-Engagements lieben sollten und das vor allem, wenn sie mit Long-/Short-Value-Engagements verbunden werden.

Im restlichen Kapitel befassen wir uns ausführlicher mit Asness' Idee, Value- und Momentum-Engagements zu kombinieren (mit dem Schwerpunkt auf Long-only-Ergebnissen, nicht Long-/Short-Ergebnissen). Wir glauben, dass uns vernünftige Anleger nach diesem Bombardement mit Fakten zustimmen werden: Den Anlegern bringt das Momentum wirklich etwas und es sieht so aus, dass es Value-Anlegern, also denjenigen Anlegern, die das Momentum mit der geringsten Wahrscheinlichkeit akzeptieren, *wirklich* etwas bringt. Und wie der Titel des Artikels von Asness betont, versetzt eine gründlichere Analyse des Momentums in Japan dem Momentum keinen Dämpfer, sondern hebt lediglich seine Effektivität hervor.

Seinen Horizont durch das Momentum erweitern

Die moderne Portfoliotheorie, die darlegt, wie ein Anleger mathematisch ein Portfolio zusammenstellen kann, das die Erwartungsrendite bei einem gegebenen Risikoniveau maximiert, und der berühmteste Abkömmling dieser Theorie, das Capital Asset Pricing Model (CAPM), wurden von Fischer Black folgendermaßen sehr treffend charakterisiert: „Die [Theorie] ist richtig, bloß funktioniert sie nicht."[6] Das Wohlfühlkonstrukt, das wir unseren Finanzstudenten jedes Jahr beibringen, ist ein großartiges Lerninstrument. Man gebe einfach einen Vektor der Erwartungsrendite und eine Kovarianzmatrix zu einer Gruppe von Vermögenswerten oder Wertpapieren in den Computer ein und voilà – man erhält die sogenannten optimalen Portfoliogewichtungen, die bei einem gegebenen Risikoniveau die Erwartungsrendite maximieren. Wie bei allen Dingen, die man im Nachhinein betrachtet, scheinen die Lehren, die man aus der Modernen Portfoliotheorie ziehen kann, ganz simpel zu sein. Allerdings brachte die zugrunde liegende Analyse, die hinter dieser Theorie steht, Harry Markowitz den Nobelpreis ein für seinen ersten Artikel über die optimale Portfolioauswahl.

Zwar reden manche Wissenschaftler und Praktiker – auch wir – oft geschwollen über die Gründe daher, weshalb man komplexe Theorien der Portfoliooptimierung skeptisch betrachten sollte. Die Kerngedanken, die der Modernen Portfoliotheorie zugrunde liegen, sind aber für den Aufbau erfolgreicher Investmentprogramme von entscheidender Bedeutung. Dazu gehört auch, dass man weiß, wann man gewisse Ideen übernehmen und wann man sie verwerfen sollte. Die Pointe beziehungsweise die Kernaussage der Modernen Portfoliotheorie ist die sogenannte Mittelwert-Varianz-Grenze, die häufig auch als „Efficient Frontier" beziehungsweise Effizienzlinie bezeichnet wird. Die Effizienzlinie nimmt die vorhandenen Zutaten – die Erwartungsrenditen und die Kovarianzmatrizes über die Vermögenswerte – und stellt alle besten erwarteten Kombinationen aus Risiko und Belohnung dar, die ein Anleger durch Verschiebung der Gewichtungen der untersuchten Vermögenswerte erzielen kann. Stellen Sie sich die Effizienzlinie als die besten Rezepte vor, die einem Anleger zur Verfügung stehen, um mit den vorhandenen Zutaten die Rendite zu maximieren und das Risiko zu minimieren.

Um die praktische Umsetzung der Modernen Portfoliotheorie zu veranschaulichen, zeigt Abbildung 4.1 die historischen Renditen und Standardabweichungen von vier Portfolios von 1927 bis 2014 unter Verwendung der Daten von Ken French zu Value- und Momentum-Portfolios.[7] Die Portfolios werden im Folgenden erläutert:

4 // WARUM ALLE VALUE-ANLEGER DAS MOMENTUM BRAUCHEN

- S&P 500 = S&P 500 Total Return Index
- VALUE = Wertgewichtetes Portfolio, oberes B/M-Dezil
- MOM = Wertgewichtetes Portfolio, oberes 2-12-Momentum-Dezil
- LTR = Merrill Lynch 7-10 year Government Bond Index, verbunden mit Daten aus Ibbotsons „Stocks, Bonds, Bills, and Inflation Yearbook"

Wir stellen die Effizienzlinie anhand historischer Werte für die Erwartungsrenditen und die Kovarianzmatrix dar. Die Ergebnisse sind ohne Abzug von Verwaltungsgebühren und Transaktionskosten dargestellt und alle Renditen sind Gesamtrenditen einschließlich Reinvestitionen von Ausschüttungen (beispielsweise Dividenden). Bezüglich Leerverkäufen wenden wir Beschränkungen an, die dazu führen, dass die Gewichtung von Anlagen nicht negativ werden kann. Zu Zwecken der Effizienzlinie lassen wir es zu, dass der Optimierer in den S&P 500 und in Schatzanleihen investiert.

Abbildung 4.1 **Diagramm der Modernen Portfoliotheorie**

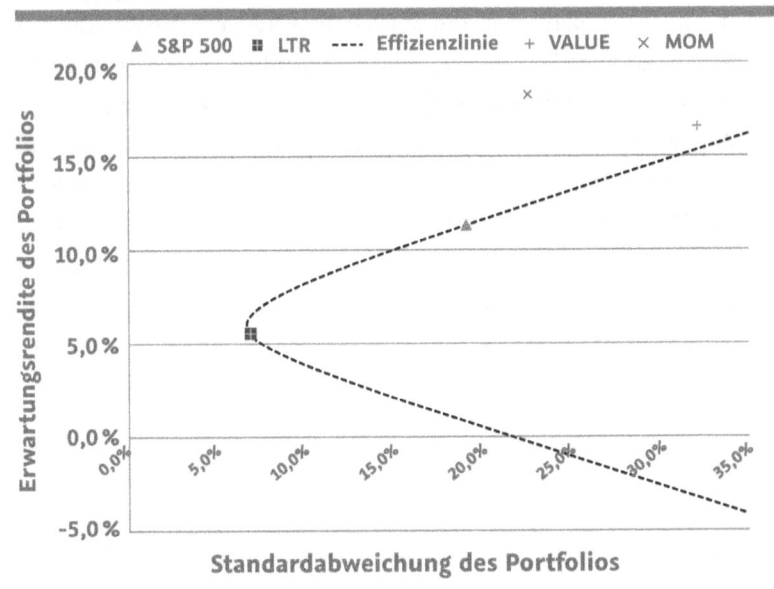

TEIL 1

Über den Zeitraum von 1927 bis 2014 haben US-Aktien (S&P 500) relativ hohe Erwartungsrenditen und Standardabweichungen, während US-amerikanische Value-Aktien (VALUE) und Momentum-Aktien (MOM) hohe Erwartungsrenditen, aber auch eine extrem hohe Volatilität aufweisen. Langfristige Staatsanleihen (LTR) haben die geringste Standardabweichung, aber auch geringere Erwartungsrenditen.

Die Moderne Portfoliotheorie „funktioniert" in dem Sinne, dass ein Anleger Aktien und Anleihen auf intelligente Weise kombinieren und die Vorteile der Diversifizierung ausnutzen kann. Man kann dieses Ergebnis mithilfe der Effizienzlinie (der gestrichelten Linie) veranschaulichen, die eine „Kurve" in dem Bereich zwischen dem Anleiheportfolio und dem S&P 500-Portfolio aufweist. Diese Kurve stellt den Nutzen der Diversifizierung dar, dank deren ein Portfolio bei einer gegebenen Erwartungsrendite eine geringere Standardabweichung erzielen kann.

In einer idealen Welt könnten wir Portfolios finden, die die Effizienzlinie ausweiten und bei einem gegebenen Risikoniveau höhere Erwartungsrenditen erzeugen. Es leuchtet vielleicht nicht unmittelbar ein, aber durch Hinzufügen hochgradig volatiler Anlagen wie Value- und Momentum-Aktien kann man die Effizienzlinie ausweiten, wenn die mit dem hinzugefügten Portfolio verbundene Volatilität in keiner Beziehung zu den anderen bereits im Portfolio enthaltenen Anlagen steht.

Wir erkunden dieses Konzept genauer, indem wir es zulassen, dass der Optimierer der mittleren Varianz die Anlagen nicht nur auf den S&P 500 und Staatsanleihen verteilt, sondern auch auf unsere beiden zusätzlichen Aktienportfolios: Value und Momentum. Tabelle 4.2 zeigt die Eigenschaften der passiven sowie der Value- und der Momentum-Strategie, wenn man sie von 1927 bis 2014 für sich genommen anwendete.

4 // WARUM ALLE VALUE-ANLEGER DAS MOMENTUM BRAUCHEN

Tabelle 4.2 **Historische Ergebnisse der Anlageklassen**

	S&P 500	Value	Mom	LTR
CAGR	9,95 %	12,41 %	16,85 %	5,45 %
Standardabweichung	19,09 %	31,92 %	22,61 %	6,92 %
Abweichung nach unten	14,22 %	21,34 %	16,71 %	4,43 %
Sharpe Ratio	0,41	0,41	0,66	0,31
Sortino Ratio (MAR = 5 %)	0,45	0,54	0,79	0,12
Größter Drawdown	-84,59 %	-91,67 %	-76,95 %	-20,97 %
Schlechteste Monatsrendite	-28,73 %	-43,98 %	-28,52 %	-8,41 %
Beste Monatsrendite	41,65 %	98,65 %	28,88 %	15,23 %
Monate mit Gewinn	61,74 %	60,51 %	63,16 %	63,35 %

Bringen die mit Value und Momentum verbundenen Renditen so viel Nutzen, dass er ihre extreme Volatilität ausgleicht? Als Antwort auf diese Frage zeigt Abbildung 4.2, wie sich die Effizienzlinie verändert, wenn man Momentum und Value hinzunimmt.

Abbildung 4.2 **Die Moderne Portfoliotheorie mit Momentum**

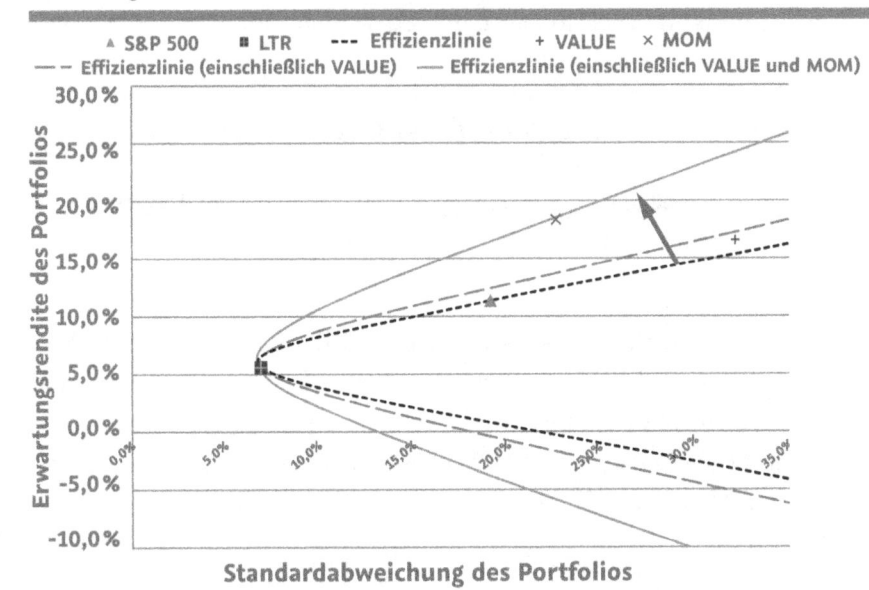

Die Ergebnisse sind überraschend. Wenn wir es zulassen, dass der Optimierer Value-Portfolios nutzt, können wir die Effizienzlinie ausweiten. Bei einem gegebenen Risikoniveau – gemessen an der Standardabweichung auf der x-Achse – bietet ein Portfolio, das auch Value beinhaltet, eine höhere Rendite. Aber wenn wir außerdem noch das Momentum nutzen, wird die Effizienzlinie *stark* ausgeweitet. Beachten Sie auch hier wieder, dass bei einer gegebenen Standardabweichung die Erwartungsrendite von Portfolios, die sowohl Value als auch Momentum enthalten, dramatisch höher ist. Insbesondere empfiehlt der Optimierer in diesem Fall eine Zuteilung von *null* Prozent an den passiven Index, woraus hervorgeht, dass ein Portfolio mit Zugriff auf Staatsanleihen und Long-only-Value- sowie Momentum-Aktien-Engagements alle Vorteile – und noch ein paar mehr – eines Portfolios aufweist, das nur Zugriff auf ein passives Indexportfolio (zum Beispiel den S&P 500) hat. Momentum und Value erweitern die verfügbaren Investmentchancen bei allen Risikoniveaus (gemessen an der Standardabweichung). Dieses Ergebnis legt nahe, dass Anleger unabhängig von ihrer Risikotoleranz die Gegenleistung für das Erwartungsrisiko erhöhen können, indem sie allgemeine Aktienpositionen durch aktive Momentum- und Value-Positionen ersetzen.

Die Vermählung von Value und Momentum

> „[V]alue und Momentum sind sowohl innerhalb der Anlageklassen als auch übergreifend negativ korreliert."
>
> – Asness, Moskowitz und Pedersen [8]

Cliff Asness, Toby Moskowitz und Lasse Pedersen veröffentlichen 2013 einen bemerkenswerten Artikel mit dem passenden Titel „Value and Momentum Everywhere". Ihre Forschung streicht ein interessantes, aber nicht gänzlich unbekanntes Phänomen heraus – nämlich dass es Value- und Momentum-Prämien buchstäblich überall gibt:

- US-Aktien
- Britische Aktien
- Europäische Aktien
- Japanische Aktien
- Devisen
- Festverzinsliche Wertpapiere
- Rohstoffe

Wir aktualisieren die Analyse des ursprünglichen Forschungsartikels mithilfe ihrer Daten und fassen die Ergebnisse in den Tabellen 4.3 und 4.4 zusammen.[9] Wir untersuchen die Ergebnisse von Long-only-Portfolios der vier größten Aktienmärkte – Vereinigte Staaten, Vereinigtes Königreich, Europa und Japan – von 1982 bis einschließlich 2014. An manchen Märkten sind zwar auch Zahlen zu früheren Zeiträumen verfügbar, aber damit wir nicht Äpfel mit Birnen vergleichen, nehmen wir die Analyse über einen Zeitraum vor, zu dem für alle Märkte Zahlen verfügbar sind.

Zuerst werden die Momentum-Ergebnisse in Tabelle 4.3 dargestellt. Als Nächstes werden in Tabelle 4.4 die Value-Ergebnisse dargestellt.

Tabelle 4.3 **Momentum-Performance (1982-2014)**

	US Mom	UK Mom	Europa Mom	Japan Mom
CAGR	13,75%	13,69%	14,88%	5,82%
Standardabweichung	17,14%	19,84%	19,13%	23,10%
Abweichung nach unten	13,02%	14,11%	13,93%	13,57%
Sharpe Ratio	0,60	0,54	0,61	0,18
Sortino Ratio (MAR = 5%)	0,73	0,70	0,77	0,24
Größter Drawdown	-48,31%	-60,71%	-54,92%	-65,95%
Schlechteste Monatsrendite	-23,89%	-27,16%	-18,59%	-21,88%
Beste Monatsrendite	17,65%	16,44%	18,56%	22,99%
Monate mit Gewinn	65,66%	60,35%	64,90%	55,05%

TEIL 1

Tabelle 4.4 **Value-Performance (1982-2014)**

	US Value	UK Value	Europa Value	Japan Value
CAGR	12,79 %	12,59 %	15,09 %	11,11 %
Standardabweichung	15,55 %	20,02 %	19,27 %	21,67 %
Abweichung nach unten	11,88 %	12,87 %	14,06 %	11,91 %
Sharpe Ratio	0,59	0,49	0,62	0,40
Sortino Ratio (MAR = 5 %)	0,70	0,69	0,78	0,66
Größter Drawdown	-49,80 %	-54,65 %	-55,30 %	-41,35 %
Schlechteste Monatsrendite	-18,45 %	-21,02 %	-21,78 %	-15,34 %
Beste Monatsrendite	15,40 %	19,22 %	18,04 %	28,88 %
Monate mit Gewinn	66,16 %	58,08 %	64,65 %	55,05 %

Um einen gewissen Zusammenhang herzustellen: Im selben Zeitraum fuhr der US-Aktienindex (der S&P 500 Total Return Index) ein CAGR von 9,60 Prozent ein und der japanische Aktienindex brachte ein CAGR von 3,81 Prozent ein.[10]

Wenn die Menschen etwas sehen, das sie nicht erklären können, sagen sie: „Da muss etwas im Busch sein." Diese Ergebnisse legen eindeutig nahe, dass in Sachen Value und Momentum ebenfalls etwas im Busch ist. Value taucht an allen Kapitalmärkten auf und das Momentum bringt an allen Märkten eine starke Performance. Wir glauben, dass sich dieses Ergebnis zum Teil durch ein erhöhtes Risiko erklären lässt, aber es ist auch eine Manifestation des Rahmens der nachhaltigen Geldanlage, der zu Beginn des vorliegenden Buches aufgezeigt wurde. Ein Teil der mit Value und Momentum verbundenen Überrenditen ist Marktteilnehmern zuzuschreiben, die von Verhaltenstendenzen betroffen sind, und dies erzeugt Chancen durch Fehlpreisungen. Diese Fehlpreisungschancen bestehen in den Daten weiter, weil die durch diese Strategien erzeugten Anlagechancen durch eine risikolose Arbitrage-Handelstätigkeit nur schwer auszunutzen sind.

Allerdings sind die Belege dafür, dass Value und Momentum bei einer breiten Vielfalt von Vermögenswerten und Zeiträumen funktionieren, nicht ganz neu. Was den Artikel von Asness et al. einzigartig macht und was wir mit unserem Schnellkurs in Moderner Portfoliotheorie im vorigen Abschnitt angedeutet haben, ist die Tatsache, dass sie die bemerkenswerte Performance erforschen, die erzielt wird, wenn man Value und Momentum gemeinsam als System anwendet.

In Tabelle 4.5 sehen wir uns an, weshalb Value und Momentum als System gut funktionieren. Die Korrelationsmatrix weltweiter Portfolios aus Value- und Momentum-Aktien ist bei Long-only-Portfolios niedrig.

Tabelle 4.5 **Korrelation von Value und Momentum**

	US Mom	UK Mom	Europa Mom	Japan Mom
US Value	**71 %**	56 %	57 %	26 %
UK Value	53 %	**79 %**	63 %	33 %
Europa Value	55 %	65 %	**84 %**	41 %
Japan Value	29 %	40 %	41 %	**75 %**

Um hervorzuheben, wie das Value- und das Momentum-System funktioniert, sehen wir uns kombinierte Portfolios an, die zu 50 Prozent in Value und zu 50 Prozent in Momentum investieren, wobei die Allokation monatlich angepasst wird. Die zusammenfassenden Kennzahlen der Value- und Momentum-Portfolios für den Zeitraum von 1982 bis 2014 sind in Tabelle 4.6 dargestellt.

TEIL 1

Tabelle 4.6 **Kombinierte Portfolios Value und Momentum**

	USA	UK	Europa	Japan	Global V/M
CAGR	13,49 %	13,37 %	15,15 %	8,76 %	13,29 %
Standardabweichung	15,14 %	18,86 %	18,43 %	20,95 %	15,08 %
Abweichung nach unten	11,60 %	12,93 %	13,72 %	11,88 %	11,20 %
Sharpe Ratio	0,64	0,54	0,64	0,31	0,63
Sortino Ratio (MAR = 5 %)	0,77	0,73	0,79	0,47	0,78
Größter Drawdown	-48,95 %	-57,66 %	55,04 %	-47,36 %	-49,72 %
Schlechteste Monatsrendite	-20,88 %	-24,09 %	-20,13 %	-18,44 %	-17,75 %
Beste Monatsrendite	13,32 %	16,74 %	15,62 %	25,24 %	11,83 %
Monate mit Gewinn	64,90 %	61,87 %	64,14 %	54,29 %	63,64 %

Die risikobereinigten Kennzahlen sind durch die Bank leicht besser und die globale Value- und Momentum-Strategie (als Global V/M angegeben) bringt Resultate. Aber die zusammenfassenden Kennzahlen erfassen nicht das Ausmaß, in dem man „sich an das Programm halten" könnte. Zum Beispiel steht das Value-Investing auf lange Sicht gut da und es gibt einige Anleger mit der inneren Stärke, sich auch über eine fünfjährige Periode der Underperformance an eine Deep-Value-Strategie zu halten. Für die meisten Anleger ist die Annahme einer derartigen inneren Stärke aber unrealistisch. Das Gleiche gilt für Momentum-Portfolios, die über lange Zeiträume eine Underperformance aufweisen können, die einem den Magen umdreht. Zum Glück kann man Value und Momentum miteinander kombinieren und so die Qualen vermindern, die mit den einzelnen Strategien als eigenständigen Investmentansätzen verbunden sind.

Um die Möglichkeiten einzuschätzen, Value- und Momentum-Portfolios einzusetzen, um die Schmerzen auf dem Weg zu einer langfristigen Erwartungsperformance zu lindern, untersuchen wir die Differenz zwischen der kumulierten Wachstumsrate über fünf Jahre einer spezifischen Strategie im Vergleich zu ihrer passiven Benchmark. Dafür untersuchen wir das kombinierte Portfolio, das Momentum-Portfolio und das Value-Portfolio. Die Ergebnisse sind in den Abbildungen 4.3 bis 4.7 zu sehen.

Werfen wir als Erstes einen Blick auf die Vereinigten Staaten (Abbildung 4.3). Das sind die Ergebnisse der Jahre 1982 bis 2014 mit den Momentum-Portfolios, die in dem Artikel von Asness et al. angegeben werden. Bei Value und Momentum gibt es jeweils Phasen, in denen sie in fünfjährigen Zyklen hinter der Benchmark zurückbleiben. Das kombinierte Portfolio macht zwar Zeiten durch, in denen es über fünf Jahre schlechter läuft, aber auf lange Sicht erarbeitet es sich meistens einen Vorsprung.

Als Nächstes schauen wir uns das Vereinigte Königreich über denselben Zeitraum wie die US-Analyse an (Abbildung 4.4). Manchmal bleiben Value und Momentum über fünf Jahre hinter der Benchmark zurück. Aber das kombinierte Portfolio dämpft das unterwegs erlittene Leiden.

In Abbildung 4.5 sehen wir uns Europa nur von 1999 bis 2014 an, weil zum passiven Index Daten nur eingeschränkt verfügbar sind. Ähnlich wie bei den vorherigen Analysen bescheren die Kombinationen aus Value und Momentum dem Anleger einen gleichmäßigeren Erfolg über 5-Jahres-Zeiträume – besonders in der jüngsten analysierten Periode.

TEIL 1

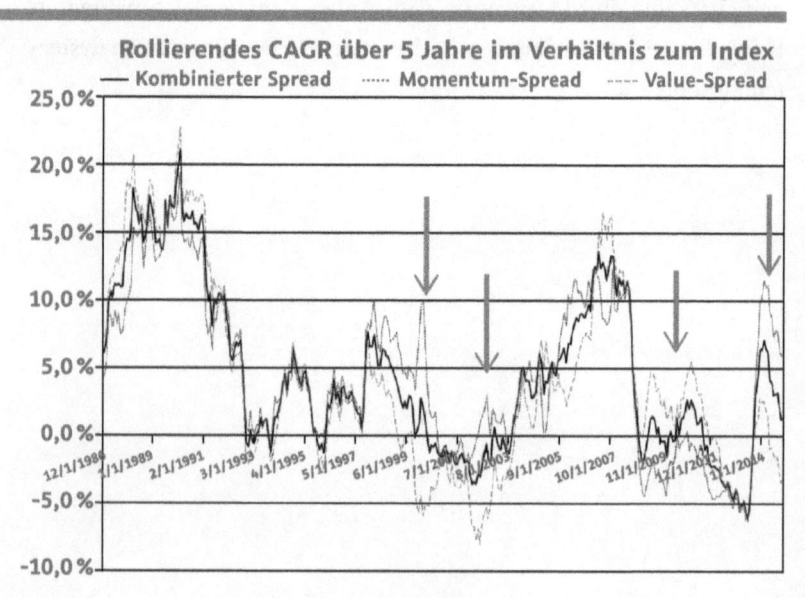

Abbildung 4.3 **Rollierende 5-Jahres-Spreads in den Vereinigten Staaten**

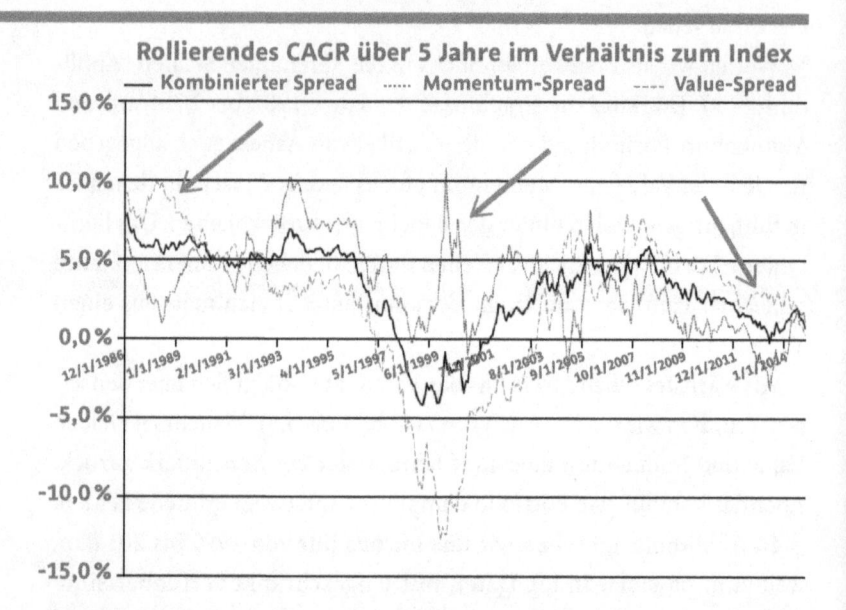

Rollierendes CAGR über 5 Jahre im Verhältnis zum Index
— Kombinierter Spread ····· Momentum-Spread ---- Value-Spread

Abbildung 4.4 **Rollierende 5-Jahres-Spreads im Vereinigten Königreich**

Rollierendes CAGR über 5 Jahre im Verhältnis zum Index
— Kombinierter Spread ····· Momentum-Spread ---- Value-Spread

4 // WARUM ALLE VALUE-ANLEGER DAS MOMENTUM BRAUCHEN

Abbildung 4.5 **Rollierende 5-Jahres-Spreads in Europa**

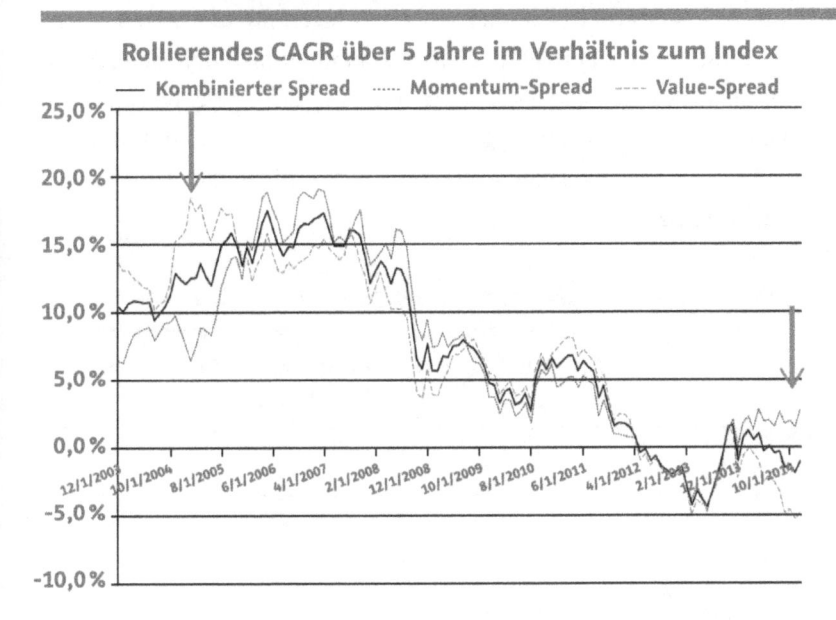

Den Abschluss machen wir mit Japan von 1982 bis 2014 (Abbildung 4.6), wo das Value-Investing regiert und das Momentum-Investing die zweite Geige spielt. Sogar in Japan nutzt das kombinierte Portfolio die natürliche Yin-Yang-Beziehung zwischen Value und Momentum und bildet eine robuste langfristige aktive Allokation.

Schließlich beurteilen wir ein globales Value- und Momentum-Portfolio und vergleichen es mit einem globalen Value-Portfolio, einem globalen Momentum-Portfolio und einem globalen Indexportfolio (Abbildung 4.7). Die Analyse bezieht sich auf die Jahre 1982 bis 2014 und zeigt deutlich, wieso Value und Momentum – die als System funktionieren – aktiven Anlegern eine vernünftige Möglichkeit verschaffen können, passive Benchmarks über längere Zeiträume konsequent zu schlagen.[11]

Die Indizien deuten darauf hin, dass eine gemischte Strategie, die Value und Momentum in einem einzigen Portfolio kombiniert, einen

TEIL 1

ausschließlichen Value-Anleger oder einen ausschließlichen Momentum-Anleger davor bewahren kann, über längere Strecken eine schlechte Performance zu erleiden. Natürlich können nicht alle Schmerzen vermieden werden und als Anleger muss man sich immer bewusst sein, dass man sogar bei einem global diversifizierten Value- und Momentum-Aktienportfolio längere Strecken mit Volatilität und Underperformance aushalten muss.

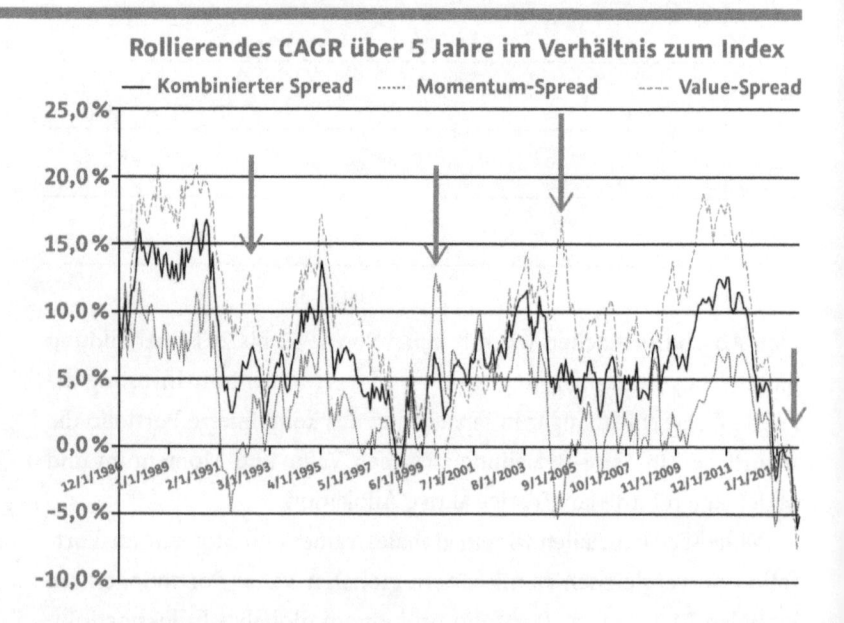

Abbildung 4.6 **Rollierende 5-Jahres-Spreads in Japan**

4 // WARUM ALLE VALUE-ANLEGER DAS MOMENTUM BRAUCHEN

Abbildung 4.7 **Rollierende 5-Jahres-Spreads global**

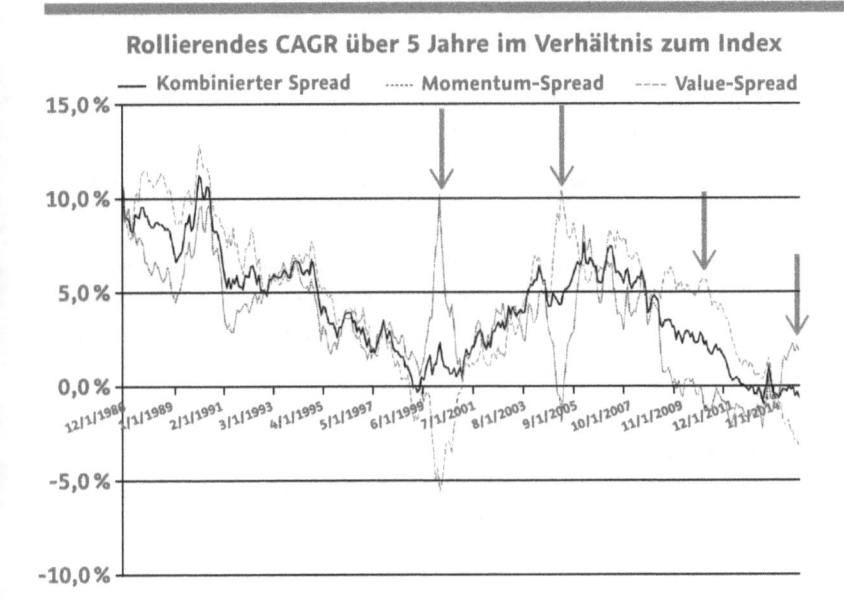

Rollierendes CAGR über 5 Jahre im Verhältnis zum Index
— Kombinierter Spread ····· Momentum-Spread ---- Value-Spread

Fazit

In diesem Kapitel beschreiben wir die Vorteile der Verknüpfung der Value-Religion mit der Momentum-Religion. Jede hat ihre Vorteile, aber die Kombination der beiden Systeme zu einem einheitlichen Portfolio zeigt deutlich die Vorteile von Value und Momentum. Wir haben gezeigt, dass Value und Momentum global gesehen meist kaum korreliert sind und dass die Zusammenstellung eines globalen Value- und Momentum-Portfolios eine mögliche Lösung für langfristig orientierte aktive Anleger ist, die über längere Zeit passive, nach Marktkapitalisierung gewichtete Indizes schlagen wollen. Alle bisherigen Analysen wurden mit allgemeinen Value- und Momentum-Exposures erstellt, die in der akademischen Literatur etabliert und bekannt sind. Im nächsten Teil des Buches werden wir sorgfältig untersuchen, wie man die allgemeine Momentum-Strategie womöglich logisch und empirisch verbessern kann.

TEIL 1

Anmerkungen

1. Interview mit Eugene Fama, American Finance Association, 2008. www.afajof.org/details/video/2870921/Eugene-Fama-Interview.html, Zugriff am 15.02.2016.

2. Cliff Asness, „Momentum in Japan: The Exception that Proves the Rule", *The Journal of Portfolio Management* 37 (2011): 67–75.

3. Eugene F. Fama und Kenneth R. French, „Dissecting Anomalies", *Journal of Financial Economics* 63 (2008): 1653–1678.

4. Einfache Verbesserungen an einer allgemeinen Momentum-Strategie zeigen tatsächlich, dass das Momentum in Japan funktioniert. Siehe beispielsweise Denis Chaves, 2012, „Eureka! A Momentum Strategy that also Works in Japan", SSRN Working paper. papers.ssrn.com/sol3/papers.cfm?abstract_id=1982100, Zugriff am 15.02.2016.

5. „Value and Momentum Everywhere: Portfolios, Monthly", AQR (31. Januar 2016), www.aqr.com/library/data-sets/value-and-momentum-everywhere-portfolios-monthly, Zugriff am 15.02.2016.

6. Fama-Interview.

7. Kenneth French, „Current Research Returns", mba.tuck.dartmouth.edu/pages/faculty/ken.french/data_library.html, Zugriff am 15.02.2016. MOM ist das anhand des 2-12-Momentums erstellte wertgewichtete Portfolio im obersten Dezil; VALUE ist das aufgrund des Buchwert-Kapitalisierungs-Verhältnisses erstellte wertgewichtete Portfolio im obersten Dezil.

8. Cliff Asness, Toby Moskowitz und Lasse Pedersen, „Value and Momentum Everywhere", *The Journal of Finance* 68 (2013): 929–985.

9. „Value and Momentum Everywhere: Portfolios, Monthly".

10. Als passive Benchmark untersuchen wir, soweit nicht anders angegeben, die Zahlen zum MSCI Total Return Index. Unsere Zahlen zum europäischen Index beginnen 1999, deshalb geben wir seine Rendite von 1982 bis 2014 nicht an. Von 1999 bis 2014 brachte das europäische Value-Portfolio ein CAGR von 9,17 Prozent, das europäische Momentum-Portfolio ein CAGR von 8,93 Prozent und der europäische Index ein CAGR von 4,13 Prozent.

11. Das globale Value-Portfolio ist ein gleichgewichtetes Portfolio aus den Value-Portfolios für die Vereinigten Staaten, Großbritannien, Europa und Japan. Das

globale Momentum-Portfolio ist ähnlich aufgebaut. Das globale Value- und Momentum-Portfolio ist ein gleichgewichtetes Portfolio aus dem globalen Value- und dem globalen Momentum-Portfolio.

TEIL 2

DER AUFBAU EINES MOMENTUMBASIERTEN MODELLS DER AKTIENAUSWAHL

Teil 1 erklärte, weshalb das Momentum möglicherweise eine nachhaltige Methode der Aktienauswahl ist. Die besprochenen Ergebnisse nutzen eine allgemeine Momentum-Strategie, die sich auf die Bildung eines Portfolios aus Aktien konzentriert, die laut der Renditen der letzten zwölf Monate (unter Auslassung des letzten, jüngsten Monats) die relativ gesehen stärksten sind. Das allgemeine Momentum funktioniert zwar, aber wie das Etikett vermuten lässt, ist diese Form des Momentums rudimentär. In Teil 2 vergraben wir uns tiefer in die Forschungen über Momentum zur Aktienauswahl und erklären, wie man qualitatives Momentum aufbaut, das eine effektive und effiziente Art ist, die Momentum-Prämie zu kassieren. Kapitel 5, „Grundlagen des Aufbaus einer Momentum-Strategie", skizziert die Grundlagen der Geldanlage anhand des allgemeinen Momentums. Kapitel 6, „Die Maximierung des Momentums: Auf den Weg kommt es an", erklärt, wie man die allgemeine Momentum-Strategie durch die Analyse der Pfadabhängigkeit differenzieren kann. Kapitel 7, „Momentum-Anleger müssen die Jahreszeiten kennen", bespricht die saisonale Komponente des Momentum-Investings. In Kapitel 8, „Quantitatives Momentum schlägt den Markt", führen wir die bisherigen Ergebnisse zusammen, beschreiben detailliert die „Quantitative Momentum"-Strategie und nehmen eine detaillierte Analyse der historischen Ergebnisse vor. Und schließlich untersuchen wir in Kapitel 9, „Das Momentum in der Praxis für sich arbeiten lassen", wie man das Momentum in der Praxis für sich arbeiten lassen kann.

KAPITEL 5

Grundlagen des Aufbaus einer Momentum-Strategie

„Ich behaupte, dass sich
die Finanzmärkte immer irren ..."

– George Soros,
„Die Alchemie der Finanzen"[1]

Teil 1 dieses Buches hinterlässt uns eine zentrale Botschaft: Alle Anleger sollten das Momentum in Betracht ziehen. Und das große Paradoxon daran ist, dass getreue Value-Anleger – diejenigen, die wahrscheinlich mit der geringsten Wahrscheinlichkeit tatsächlich eine Momentum-Methode umsetzen – wohl am meisten Gewinn daraus ziehen dürften, wenn sie ihr Value-Portfolio um eine Momentum-Strategie ergänzen würden. Wahrscheinlich geschieht dies in bester Absicht und ist ein Grund dafür, weshalb die Kombination aus Value und Momentum – in Form eines Systems – einem Portfolio weiterhin erwartete langfristige Vorteile bringen wird: Jede Investmentreligion ist zu streng und übernimmt daher nur langsam Ideen, die nicht mit ihr übereinstimmen. Aber wenn wir annehmen, dass wir über die religiöse Debatte zwischen

Value und Momentum hinweg sind oder zumindest das Maß an Neugier waschechter Value-Anleger erhöht haben, dann ist es jetzt an der Zeit, uns die Hände schmutzig zu machen und eine Momentum-Methode aufzubauen, die sich in der Praxis einsetzen lässt. Wir packen dieses Thema an, indem wir dieses Kapitel in folgende Komponenten unterteilen:

- Wie man das allgemeine Momentum berechnet
- Beschreiben, wie sich unterschiedliche Rückschaufenster auf das Momentum auswirken
- Beschreiben, wie sich die Portfoliokonstruktion auf das Momentum auswirkt

Im Rest des Kapitels wird jeder dieser Schritte detaillierter dargestellt.

Wie man das allgemeine Momentum berechnet

Wie misst man das „Momentum" einer Aktie? Die einfache Methode besteht darin, dass man die Gesamtrendite (einschließlich Dividenden) einer Aktie über einen bestimmten zurückliegenden Zeitraum berechnet (zum Beispiel über die letzten zwölf Monate).

Ein kurzes Beispiel soll dieses Konzept anhand der Gesamtrendite der Apple-Aktie im Jahr 2014 demonstrieren. Wir berechnen hier den kumulierten Ertrag von Apple über die vergangenen zwölf Monate (die „Rückschau"-Periode). Um die kumulierte Rendite der letzten zwölf Monate zu berechnen, nehmen wir die Netto-Ertragsflüsse jedes Monats und machen daraus Bruttorenditen, indem wir 1 addieren. Das heißt, wenn Apples Nettorendite im Januar -10,77 Prozent beträgt, beläuft sich seine Bruttorendite im Januar auf 0,8923 (-0,1077 + 1).

Dann multiplizieren wir die gesamte Reihe der Bruttorenditen (der einzelnen Monate) miteinander und subtrahieren davon 1, um die kumulierte Nettorendite über zwölf Monate zu erhalten. Anhand der Zahlen von Apple im Jahr 2014 berechnen sich die kumulierten Renditen im Dezember (Momentum-Punktzahl, siehe Tabelle 5.1) wie folgt:

5 // GRUNDLAGEN DES AUFBAUS EINER MOMENTUM-STRATEGIE

(0,8923)(1,0575)(1,0200)(1,0994)(1,0787)(1,0277)(1,0287)(1,0775)
(0,9829)(1,0720)(1,1060)(0,9281) -1 = 40,62 %

Das Jahr 2014 war für Apple eindeutig ein gutes Jahr! Als Bezugspunkt: Der breite Markt stieg im Jahr 2014 um 13,46 Prozent. Man könnte die gleiche Übung auch über einen anderen vergangenen Zeitraum machen, zum Beispiel über den vergangenen Monat, dann ergäbe sich eine Gesamtrendite von -7,19 Prozent (also die Rendite über den letzten Monat). Andere Berechnungen könnte man über beliebige Rückschauzeiträume durchführen, die man untersuchen will, zum Beispiel über die letzten drei Monate, 36 Monate oder gar über die letzten fünf Jahre (60 Monate). Man kann diese Berechnung für jede Aktie mit einem Kurs-Gewinn-Fluss durchführen.

Tabelle 5.1 **Das einfache 12-Monats-Momentum am Beispiel Apple**

	Aktienrenditen	1 + Rendite	Momentum
31.1.2014	-10,77 %	0,8923	
28.2.2014	5,75 %	1,0575	
31.3.2014	2,00 %	1,0200	
30.4.2014	9,94 %	1,0994	
30.5.2014	7,87 %	1,0787	
30.6.2014	2,77 %	1,0277	
31.7.2014	2,87 %	1,0287	
29.8.2014	7,75 %	1,0775	
30.9.2014	-1,71 %	0,9829	
31.10.2014	7,20 %	1,0720	
28.11.2014	10,60 %	1,1060	
31.12.2014	-7,19 %	0,9281	40,62 %

Nachdem wir nun wissen, wie man das allgemeine Momentum über einen bestimmten Zeitraum berechnet, können wir uns einige Schlüsselergebnisse ansehen, die mit verschiedenen Rückschaufenstern verbunden sind.

TEIL 2

Drei Arten von Momentum

In diesem Abschnitt befassen wir uns damit, wie die Renditen von den Rückschauperioden beeinflusst werden, die wir zur Berechnung des Momentums verwenden. Akademische Forscher haben dieses Thema schon ausführlich untersucht und wir fassen die hauptsächlichen Ergebnisse, bezogen auf die drei wichtigsten Rückschaufenster, zusammen:

1. Kurzfristiges Momentum (zum Beispiel ein Monat zurück)
2. Langfristiges Momentum (zum Beispiel fünf Jahre oder 60 Monate zurück)
3. Mittelfristiges Momentum (zum Beispiel zwölf Monate zurück)

Wir schließen diesen Abschnitt bewusst mit dem mittelfristigen Momentum ab, denn dies ist das Momentum, auf das wir uns im restlichen Buch konzentrieren wollen.

Das kurzfristige Momentum

Als kurzfristiges Momentum definieren wir jede Momentum-Punktzahl, die über einen Zeitraum von höchstens einem Monat ermittelt wurde. Zwei wissenschaftliche Artikel aus dem Jahr 1990 untersuchen konkret das Thema des kurzfristigen Momentums.

In dem ersten Artikel untersucht Bruce Lehman, wie sich Aktienrenditen bei einer einwöchigen Rückschauperiode in seinem Stichprobenzeitraum von 1962 bis 1986 auf die Renditen der jeweils nächsten Woche auswirken. Sein Paper mit dem Titel „Fads, Martingales, and Market Efficiency"[2] kommt zu dem Ergebnis, dass Portfolios aus Wertpapieren, die in der Vorwoche positive Renditen hatten (Gewinner), typischerweise in der Woche danach negative Renditen verzeichneten (im Schnitt -0,35 bis -0,55 Prozent pro Woche). Aktien mit negativen Renditen in der Vorwoche (Verlierer) hatten typischerweise in der Woche danach positive Renditen (im Schnitt 0,86 bis 1,24 Prozent pro

Woche). Diese *kurzfristige Umkehrung* der Renditen ist schwer mit der Markteffizienzhypothese in Einklang zu bringen.

Ein zweiter, von Narasimhan Jegadeesh verfasster Artikel untersucht Aktienrenditen von Monat zu Monat in der Zeit von 1934 bis 1987. Sein Artikel mit dem Titel „Evidence of Predictable Behavior of Security Returns"[3] kommt zu einer ähnlichen Umkehrung der Renditen: Die Gewinner des letzten Monats sind die Verlierer des nächsten und umgekehrt. Dabei ist dieser Effekt groß und signifikant. Die Gewinner des Vormonats haben eine durchschnittliche künftige Rendite (im Folgemonat) von -1,38 Prozent, während die Verlierer vom Vormonat eine durchschnittliche künftige Rendite (im nächsten Monat) von 1,11 Prozent haben. Die Differenz von 2,49 Prozent zwischen den beiden Portfolios ist schwer mit der Markteffizienzhypothese in Einklang zu bringen.

Anhand von Daten, die von Ken French[4] stammen, der Professor in Dartmouth ist, untersuchen wir Monatsrenditen vom 1. Januar 1927 bis zum 31. Dezember 2014, und zwar bezogen auf ein Portfolio der kurzfristigen Verlierer (unteres Dezil der kurzfristigen Renditen, wertgewichtete Renditen), ein Portfolio der kurzfristigen Gewinner (oberes Dezil der kurzfristigen Renditen, wertgewichtete Renditen), den S&P Total Return Index und die risikolose Rendite (90-tägige US-Schatzwechsel). Die kurzfristige frühere Performance wird für den Vormonat ermittelt. Die Ergebnisse sind in Tabelle 5.2 zu sehen. Alle Renditen sind Gesamtrenditen und beinhalten die Reinvestition von Ausschüttungen (zum Beispiel Dividenden). Die Ergebnisse sind vor Gebühren angegeben.

TEIL 2

Tabelle 5.2 **Renditen kurzfristiger Momentum-Portfolios (1927-2014)**

	Kurzfristige Verlierer	Kurzfristige Gewinner	S&P 500	Risikolos
CAGR	13,46 %	3,21 %	9,95 %	3,46 %
Standardabweichung	29,60 %	24,18 %	19,09 %	0,88 %
Abweichung nach unten	20,36 %	16,83 %	14,22 %	0,48 %
Sharpe Ratio	0,46	0,11	0,41	0,00
Sortino Ratio (MAR = 5 %)	0,59	0,06	0,45	-3,34
Größter Drawdown	-81,48 %	-94,31 %	-84,59 %	-0,09 %
Schlechteste Monatsrendite	-32,66 %	-31,27 %	-28,73 %	-0,06 %
Beste Monatsrendite	55,85 %	63,65 %	41,65 %	1,35 %
Monate mit Gewinn	60,13 %	56,06 %	61,74 %	98,01 %

Die Zahlen bestätigen die Theorie: Die kurzfristige Umkehrung ist über einen langen Abschnitt der Geschichte gesund und munter! Sehen wir uns die Ergebnisse in Tabelle 5.2 an, so fällt die *Umkehrung* der Renditen von Monat zu Monat auf – die Renditen des monatlich angepassten Aktienportfolios mit den *schlechtesten* Renditen aus dem Vormonat (kurzfristige Verlierer) generieren von 1927 bis 2014 ein CAGR von 13,46 Prozent, während die Renditen des monatlich angepassten Portfolios aus Aktien mit den *besten* Renditen vom letzten Monat (kurzfristige Gewinner) magere 3,21 Prozent einbringen. Die Renditen der Gewinner vom letzten Monat liegen sogar unter der risikolosen Rendite. Abbildung 5.1 stellt die Outperformance des Portfolios der kurzfristigen Verlierer im Verhältnis zum Portfolio der kurzfristigen Gewinner grafisch dar.

5 // GRUNDLAGEN DES AUFBAUS EINER MOMENTUM-STRATEGIE

Abbildung 5.1 **Die Renditen eines auf kurzfristiges Momentum ausgerichteten Portfolios**

Der Wert von 100 investierten Dollar (logarithmische Skala)
— Kurzfristige Verlierer   — Kurzfristige Gewinner   ⋯ S&P 500   -- Risikolos

Aber das sind noch nicht alle Belege: Zusätzlich zu diesen beiden früheren Artikeln gehen neuere Forschungen komplexeren und nuancierteren Versionen der gleichen Idee nach.[5] Die entscheidende Botschaft ist die gleiche: Kurzfristige Gewinner sind in der kurzfristigen Zukunft Verlierer und kurzfristige Verlierer sind in der kurzfristigen Zukunft Gewinner. Insgesamt können wir, wenn wir das Momentum über einen kurzen Zeithorizont ermitteln, mit einer Umkehrung der kurzfristigen künftigen Renditen rechnen.

Das langfristige Momentum

Eine andere Art, das Momentum zu messen, ist die Verwendung eines viel längeren vergangenen Zeitraums, um die Performance einzuschätzen. Werner De Bondt und Richard Thaler erforschen dieses Konzept in ihrem Artikel mit dem Titel „Does the Stock Market Overreact?"[6] Das Paper untersucht die künftigen Renditen früherer langfristiger Gewinner und früherer langfristiger Verlierer, wobei die Gewinner und

Verlierer anhand von Rückschauzeiträumen von drei bis fünf Jahren bemessen werden. Ihre ersten Tests reichen von 1933 bis 1980 und sie verfolgen die Performance der früheren Gewinner- und Verlierer-Portfolios, die sich bei einer Rückschau über 36 Monate bilden. Die Ergebnisse zeigen, dass die „Verlierer" die „Gewinner" in den drei Jahren danach um 24,6 Prozent übertreffen. Das ist eine bemerkenswerte Performance-Spanne.

Eine ähnliche Analyse wird durchgeführt, wenn man die Gewinner und Verlierer über die letzten fünf Jahre ermittelt. Wenn man die künftigen Renditen untersucht, übertreffen die früheren Verlierer die früheren Gewinner in den fünf Folgejahren um 31,9 Prozent. Es ist eindeutig, dass frühere Verlierer (wenn man ein Maß für das langfristige Momentum verwendet) frühere Gewinner übertreffen.

Unter Nutzung derselben Datenbank, die wir verwendet haben, um die kurzfristige Umkehrung zu untersuchen, untersuchten wir die Renditen des Portfolios der langfristigen Verlierer (unteres Dezil der Renditen, wertgewichtete Renditen), des S&P 500 Total Return Index und der risikolosen Rendite (90-tägige Schatzwechsel) vom 1. Januar 1931 bis zum 31. Dezember 2014. Die langfristige frühere Performance wird über die vergangenen fünf Jahre (60 Monate) ermittelt und das Anfangsdatum ändert sich von 1927 auf 1931, weil natürlich die Zahlen zu den Renditen einzelner Aktien über fünf Jahre benötigt werden. Die Ergebnisse werden in Tabelle 5.3 gezeigt. Alle Renditen sind Gesamtrenditen und beinhalten die Reinvestition von Ausschüttungen (zum Beispiel Dividenden). Die Ergebnisse sind vor Gebühren angegeben.

5 // GRUNDLAGEN DES AUFBAUS EINER MOMENTUM-STRATEGIE

Tabelle 5.3 **Renditen langfristiger Momentum-Portfolios (1931-2014)**

	Langfristige Verlierer	Langfristige Gewinner	S&P 500	Risikolos
CAGR	14,30 %	8,59 %	10,13 %	3,46 %
Standardabweichung	30,37 %	21,95 %	18,92 %	0,90 %
Abweichung nach unten	17,98 %	16,23 %	13,91 %	0,47 %
Sharpe Ratio	0,47	0,33	0,43	0,00
Sortino Ratio (MAR = 5 %)	0,70	0,35	0,46	3,35
Größter Drawdown	-71,24 %	-72,80 %	-74,48 %	-0,09 %
Schlechteste Monatsrendite	-40,77 %	-34,10 %	-28,73 %	-0,06 %
Beste Monatsrendite	91,98 %	30,74 %	41,65 %	1,35 %
Monate mit Gewinn	58,04 %	58,83 %	61,71 %	97,92 %

Sehen wir uns die Ergebnisse in Tabelle 5.3 an, stellen wir eine *Umkehrung* der langfristigen Renditen fest – die Renditen des monatlich angepassten Portfolios aus den Aktien mit den *schlechtesten* Renditen über die letzten fünf Jahre bringen von 1931 bis 2014 ein CAGR von 14,30 Prozent, während die Renditen des monatlich angepassten Portfolios aus Aktien mit den *besten* Renditen über die vergangenen fünf Jahre ein CAGR von 8,59 Prozent einbringen. Abbildung 5.2 stellt die Outperformance des Portfolios der langfristigen Verlierer im Verhältnis zum Portfolio der langfristigen Gewinner grafisch dar.

TEIL 2

Abbildung 5.2 **Renditen des langfristigen Momentum-Portfolios**

Der Wert von 100 investierten Dollar (logarithmische Skala)
— Langfristige Gewinner — Langfristige Verlierer ⋯⋯ S&P 500 ‑ ‑ Risikolos

Die Literatur und unsere aktualisierten Ergebnisse zeigen, dass langfristiges Momentum ähnlich wie kurzfristiges Momentum zu einer Umkehrung der künftigen Renditen führt. Warum diese langfristige Umkehrung stattfindet, ist ein Rätsel und die Gelehrten streiten sich, ob die Ursache Verhaltenstendenzen sind, zusätzliches Risiko oder Markttreibungen (zum Beispiel die Kapitalertragsteuer).[7] Als Nächstes untersuchen wir das mittelfristige Momentum, also diejenige Form des Momentums, die in die Zukunft hinein tendiert und sich nicht umkehrt.

Das mittelfristige Momentum

Um das mittelfristige Momentum zu untersuchen, bilden wir Portfolios, die auf einer Rückschau von sechs bis zwölf Monaten basieren. Die Ergebnisse unterscheiden sich vom kurzfristigen (also einem Monat Rückschau) und vom langfristigen (also 60 Monate Rückschau) Momentum, bei denen sich die Renditen umkehren. Beim mittelfristigen Momentum gewinnen die Gewinner weiterhin und die Verlierer verlieren weiterhin. Der berühmteste Artikel zu diesem Thema ist von Narasimhan Jegadeesh

5 // GRUNDLAGEN DES AUFBAUS EINER MOMENTUM-STRATEGIE

und Sheridan Titman: „Returns to Buying Winners and Selling Losers: Implications for Stock Market Efficiency" aus dem Jahr 1993.[8] Anders gesagt: Wenn eine Aktie in der Vergangenheit relativ gut gelaufen ist, wird sie auch in Zukunft gut laufen.

Die Autoren führen vor, dass eine *Momentum-Strategie* (frühere „Gewinner" kaufen und frühere „Verlierer" verkaufen) über einen mittelfristigen Zeithorizont (drei bis zwölf Monate) eine gute Performance bringt. Sie überprüfen diesen Effekt, indem sie J-monatige/K-monatige Strategien konstruieren: die Auswahl von Aktien anhand der früheren Gesamtrendite über J Monate, wobei die Position über K Monate gehalten wird (J = 3, 6, 9, 12; K = 3, 6, 9, 12).

Ihr wichtigstes Ergebnis ist, dass eine *Fortschreibung* der Renditen stattfindet, wenn man das mittelfristige Momentum verwendet. Die beste Strategie (in ihrem Artikel) besteht darin, die Aktien anhand der Performance über zwölf Monate auszuwählen und die Position drei Monate lang zu halten. Die durchschnittliche monatliche Renditedifferenz zwischen den früheren Gewinnern und den früheren Verlierern beläuft sich über diese nächsten drei Monate auf 1,31 Prozent beziehungsweise aufs Jahr gerechnet fast 16 Prozent. Dabei stellen sie aber auch fest, dass die mit dem mittelfristigen Momentum verbundenen Überrenditen nicht langlebig sind. Zum Beispiel löst sich die Momentum-Prämie bei Portfolios auf, die die gleichen Aktien ab dem Datum der Portfoliozusammenstellung länger als zwölf Monate halten. Diese Ergebnisse deuten darauf hin, dass Momentum-Portfolios, die anhand mittelfristiger Rückschauperioden berechnet werden und als langfristige Buy-and-hold-Portfolios gehalten werden, einer langfristigen Umkehrung unterliegen, was den oben besprochenen Ergebnissen ähnelt. Jegadeesh und Titman schreiben, der Effekt des mittelfristigen Momentums könnte vielleicht dann auftreten, wenn der Markt auf Informationen über die kurzfristigen Aussichten (zum Beispiel Ergebnismeldungen) von Unternehmen unterreagiert, aber irgendwann auf Informationen über die langfristigen Aussichten überreagiert.

TEIL 2

Mit den Daten, die wir schon verwendet haben, um die Umkehrungen beim kurzfristigen und beim langfristigen Momentum zu untersuchen, untersuchen wir auch die Renditen des Portfolios der mittelfristigen Gewinner (oberes Dezil der mittelfristigen Renditen, wertgewichtete Renditen), des S&P 500 Total Return Index und der risikolosen Rendite (90-tägige Schatzanleihen) vom 1. Januar 1927 bis zum 31. Dezember 2014. Die mittelfristige frühere Performance wird über das Vorjahr unter Auslassung der Rendite des letzten Monats ermittelt. Wenn wir also ein Portfolio bilden, das zum Schlusskurs des 31. Dezember 2015 gehandelt wird, dann berechnen wir die Gesamtrendite vom Handelsschluss am 31. Dezember 2014 bis zum Handelsschluss am 30. November 2015, ignorieren also die Renditen vom Dezember 2015 (wegen der Umkehrung des kurzfristigen Momentums). Die Ergebnisse sind in Tabelle 5.4 zu sehen. Alle Renditen sind Gesamtrenditen und beinhalten die Reinvestition von Ausschüttungen (zum Beispiel Dividenden). Die Ergebnisse sind vor Gebühren angegeben.

Tabelle 5.4 **Renditen mittelfristiger Momentum-Portfolios (1927-2014)**

	Mittelfristige Gewinner	Mittelfristige Verlierer	S&P 500	Risikolos
CAGR	16,86 %	-1,48 %	9,95 %	3,46 %
Standardabweichung	22,61 %	33,92 %	19,09 %	0,88 %
Abweichung nach unten	16,71 %	21,97 %	14,22 %	0,48 %
Sharpe Ratio	0,66	0,02	0,41	0,00
Sortino Ratio (MAR = 5 %)	0,79	-0,05	0,45	-3,34
Größter Drawdown	-76,95 %	-96,95 %	-84,59 %	-0,09 %
Schlechteste Monatsrendite	-28,52 %	-42,26 %	-28,73 %	-0,06 %
Beste Monatsrendite	28,88 %	93,98 %	41,65 %	1,35 %
Monate mit Gewinn	63,16 %	51,42 %	61,74 %	98,01 %

5 // GRUNDLAGEN DES AUFBAUS EINER MOMENTUM-STRATEGIE

Die für Tabelle 5.4 berechneten Ergebnisse sind starke Indizien für eine *Fortsetzung* der mittelfristigen Renditen – die monatlich angepassten Portfolios aus den Aktien mit den *besten* Renditen im Vorjahr (unter Auslassung des letzten Monats) werfen von 1927 bis 2014 ein CAGR von 16,86 Prozent ab. Im Unterschied dazu liefern die Renditen des Portfolios aus den Aktien mit den *schlechtesten* Renditen im Vorjahr (unter Auslassung des letzten Monats) ein CAGR von -1,48 Prozent. Die Renditen der Verlierer vom Vorjahr (unter Auslassung des letzten Monats) sind also nicht nur niedriger als die Renditen der risikolosen Rendite, sondern sogar negativ. Abbildung 5.3 stellt die Outperformance des Portfolios der mittelfristigen Gewinner im Verhältnis zum Portfolio der mittelfristigen Verlierer grafisch dar.

Abbildung 5.3 **Renditen des mittelfristigen Momentum-Portfolios**

Unsere Ergebnisse zeigen, dass Portfolios, die anhand des mittelfristigen Momentums gebildet wurden, eine *Fortsetzung* der Renditen aufweisen. Firmen, die in der mittelfristigen Vergangenheit gut gelaufen sind, werden auch in Zukunft gut laufen, während Firmen, die schlecht gelaufen sind, weiterhin eine schlechte Performance aufweisen werden. Aber wie bereits besprochen funktioniert dieser „Fortsetzungs"-Effekt nicht, wenn wir Aktien mit mittelfristigem Momentum einfach kaufen und halten. Wir müssen das Portfolio so gestalten, dass die Häufigkeit des Rebalancings die anormalen Renditen mitnehmen kann, die mit diesem Ansatz verbunden sind. Im nächsten Abschnitt untersuchen wir, wie sich die Portfoliokonstruktion, beispielsweise die Häufigkeit des Rebalancings und die Größe des Portfolios, auf mittelfristige Momentum-Strategien auswirkt.

Wieso es auf die Portfoliokonstruktion ankommt

Die Ergebnisse des innovativen Artikels von Jegadeesh und Titman zeigen, wie wichtig die Portfoliokonstruktion im Kontext der Momentum-Anomalie ist. Die Autoren erkennen, dass sich die Halteperiode oder die Häufigkeit des Gewichtungsausgleichs dramatisch auf die Performance eines Momentum-Portfolios auswirkt. Als Faustregel unter Ausklammerung der Transaktionskosten kann man sagen: Je häufiger ein Portfolio angepasst wird, umso besser seine Performance. In diesem Abschnitt bohren wir nach, wie genau sich die Portfoliokonstruktion auf das mittelfristige Momentum auswirkt. Das mittelfristige Momentum bildet im gesamten restlichen Buch den Schwerpunkt unserer Analyse, weil diese Form des Momentums nach Ansicht von Forschern die anormalste und faszinierendste ist.

Bauen wir also das Experiment auf, mit dem wir beurteilen, wie sich die Portfoliokonstruktion auf die Performance auswirkt. Wir untersuchen die 500 größten Unternehmen bezogen auf alle Monate von 1927 bis 2014. Wir berechnen die Monats-Momentum-Variable als kumulierte Rendite über die vergangenen zwölf Monate unter Auslassung des letzten Monats. Diese spezifische Berechnungsmethode für das mittelfristige Momentum ist der gleiche Ansatz, den Ken French benutzte, die Datenquelle, die wir vorher verwendet haben. Der letzte Monat wird bei unserer Berechnung des mittelfristigen Momentums ausgelassen, damit

5 // GRUNDLAGEN DES AUFBAUS EINER MOMENTUM-STRATEGIE

wir den zuvor nachgewiesenen Effekt der kurzfristigen Umkehrung berücksichtigen. Würden wir den jüngsten Monat in die Momentum-Messzahl einbeziehen, würden wir das Rauschen der Messzahl erhöhen und die Vorteile des Signals verringern.

Wir blicken auf unser Beispiel mit dem Momentum von Apple zurück (Tabelle 5.1) und konstruieren unsere Momentum-Variable (unter Auslassung des letzten Monats) wie folgt:

$$(0{,}8923)(1{,}0575)(1{,}0200)(1{,}0994)(1{,}0787)(1{,}0277)(1{,}0287)(1{,}0775)$$
$$(0{,}9829)(1{,}0720)(1{,}1060) - 1 = 51{,}51\,\%$$

Der entscheidende Unterschied zwischen dieser Berechnung und der in Tabelle 5.1 dargestellten ist, dass wir die Rendite des letzten Monats ignorieren (in diesem Beispiel die Dezember-Renditen). Es sollte darauf hingewiesen werden, dass die Einbeziehung der Rendite des letzten Monats – die sowohl aus empirischer als auch aus theoretischer Sicht vernünftiger ist – die Ergebnisse nicht signifikant verändert. Man könnte bei allen Momentum-Berechnungen den jüngsten Monat einbeziehen und ähnliche Ergebnisse generieren. Ungeachtet dessen konzentrieren wir uns im Rest des Buches auf Momentum-Berechnungen, die die Rendite des letzten Monats ignorieren, wenn wir das mittelfristige Momentum berechnen.

Bei den nun folgenden Tests lassen wir es zu, dass sich die Portfoliokonstruktion in zwei Dimensionen verändert. Zunächst untersuchen wir die Renditen, indem wir die Anzahl der im Portfolio enthaltenen Firmen verändern. Wir variieren die Portfoliogröße von 50 bis 300 Aktien. Als Zweites untersuchen wir die Renditen, indem wir die Halteperioden nach der Portfoliobildung verändern. Wir variieren die Halteperioden von einem Monat bis zwölf Monate.

Wir wählen für jeden Monat die Anzahl N der Firmen auf den obersten Momentum-Rängen aus. Dabei kann N 50, 100, 150, 200, 250 oder 300 sein. Diese Firmen werden T Monate im Portfolio gehalten. Die Halteperiode (Anzahl der Monate) T variiert von 1 bis 12.

TEIL 2

Portfolios mit Halteperioden von mehr als einem Monat werden in Form überlappender Portfolios gebildet. Das lässt sich anhand eines Beispiels mit dreimonatiger Halteperiode erklären. Am 31. Dezember 2014 setzen wir ein Drittel unseres Kapitals ein, um Aktien mit hohem Momentum zu kaufen. Diese Aktien bleiben bis zum 31. März 2015 im Portfolio. Am 31. Januar 2015 setzen wir ein weiteres Drittel unseres Kapitals ein, um Aktien mit hohem Momentum zu kaufen. Diese Aktien bleiben bis zum 30. April 2015 im Portfolio. Am 28. Februar 2015 setzen wir ein weiteres Drittel unseres Kapitals für den Kauf von Aktien mit hohem Momentum ein. Diese Aktien bleiben bis zum 31. Mai 2015 im Portfolio. Dieser Prozess wiederholt sich jeden Monat. Somit besteht der Ertrag des Portfolios vom 28. Februar 2015 bis zum 31. Mai 2015 aus den Erträgen der Aktien im Portfolio, das ursprünglich am 31. Dezember 2014, am 31. Januar 2015 und am 28. Februar 2015 gebildet wurde. Überlappende Portfolios werden gebildet, um die saisonalen Effekte möglichst klein zu halten. Wenn nicht anders angegeben, verwenden wir im Zuge der gesamten Analyse im restlichen Buch bei Halteperioden, die länger als einen Monat sind, überlappende Portfolios. Und ähnlich wie bei der Robustheit der Ergebnisse, wenn wir beschließen, bei der Berechnung von Momentum-Kennzahlen den letzten Monat zu berücksichtigen oder nicht, verschiebt die Verwendung der ausgefeilteren Methode des überlappenden Portfolios die Ergebnisse im Vergleich zu einem üblicheren „Buy and rebalance"-Portfolios nicht signifikant in die eine oder andere Richtung.

Unsere Analyse läuft vom 1. Januar 1927 bis zum 31. Dezember 2014. Alle Ergebnisse sind vor Gebühren angegeben. Alle Renditen sind Gesamtrenditen und beinhalten die Reinvestition von Ausschüttungen (zum Beispiel Dividenden). Tabelle 5.5 zeigt das CAGR der nach Wert gewichteten Portfolios. Mit *Gewichtung nach Wert* meinen wir, dass die Gewichtung jeder Aktie im Portfolio von der Größe des Unternehmens abhängt. Die Wertgewichtung gibt größeren Aktien ein höheres und kleineren Aktien ein geringeres Gewicht. Dazu muss jedoch gesagt werden, dass

5 // GRUNDLAGEN DES AUFBAUS EINER MOMENTUM-STRATEGIE

wir unsere Ergebnisse auf die 500 größten US-amerikanischen Aktien konzentrieren, um die Effekte zu minimieren, die sehr niedrig kapitalisierte Aktien (Micro Caps) auf die Portfolios hätten.

Tabelle 5.5 **Renditen von Momentum-Portfolios: Verschiedene Halteperioden und Anzahlen der im Portfolio enthaltenen Firmen (1927-2015)**

	Portfolio mit 50 Aktien	Portfolio mit 100 Aktien	Portfolio mit 150 Aktien	Portfolio mit 200 Aktien	Portfolio mit 250 Aktien	Portfolio mit 300 Aktien	Universum (500 Firmen)
1 Monat Haltezeit	17,02%	14,40%	13,55%	12,69%	12,07%	11,50%	9,77%
2 Monate Haltezeit	16,05%	14,17%	13,23%	12,59%	11,98%	11,43%	9,77%
3 Monate Haltezeit	15,15%	13,81%	12,93%	12,25%	11,74%	11,23%	9,77%
4 Monate Haltezeit	14,54%	13,53%	12,78%	12,11%	11,63%	11,21%	9,77%
5 Monate Haltezeit	14,37%	13,31%	12,62%	12,04%	11,57%	11,17%	9,77%
6 Monate Haltezeit	13,93%	13,05%	12,37%	11,88%	11,46%	11,10%	9,77%
7 Monate Haltezeit	13,68%	12,80%	12,11%	11,66%	11,33%	10,99%	9,77%
8 Monate Haltezeit	13,38%	12,58%	11,89%	11,48%	11,19%	10,90%	9,77%
9 Monate Haltezeit	12,94%	12,24%	11,60%	11,23%	11,01%	10,77%	9,77%
10 Monate Haltezeit	12,62%	11,93%	11,37%	11,03%	10,85%	10,66%	9,77%
11 Monate Haltezeit	12,21%	11,61%	11,12%	10,81%	10,68%	10,52%	9,77%
12 Monate Haltezeit	11,78%	11,27%	10,83%	10,58%	10,48%	10,36%	9,77%

Dabei zeichnet sich ein eindeutiger Trend ab: Wenn man weniger Aktien hält und sie häufiger neu gewichtet, führt das zu höheren kumulierten jährlichen Wachstumsraten (CAGRs). Das ideale Portfolio ist also hochgradig konzentriert (zum Beispiel 50 Aktien) und seine Gewichtung wird monatlich angepasst (zum Beispiel einen Monat Halteperiode). Natürlich muss man dabei die Handelskosten berücksichtigen, die möglicherweise die Renditen stark beeinträchtigen. Um die Frage der Handelskosten anzugehen, können wir ein konzentriertes Momentum-Portfolio (zum

TEIL 2

Beispiel 50 Aktien) untersuchen, das quartalsweise statt monatlich angepasst wird – wir könnten also ein Portfolio bilden, das nur viermal statt zwölfmal im Jahr handelt (überlappende Portfolios sind beim Handeln im richtigen Leben nicht nötig). Dieses konzentrierte Portfolio mit seltenerem Rebalancing hat von 1927 bis 2014 ein CAGR von 15,15 Prozent. Es lässt also einen erheblichen Teil der Rendite liegen, geht aber mit viel weniger Handelstätigkeit einher. Je nach Transaktionskosten (die später besprochen werden) könnte man den Vorteil der höheren Erwartungsrenditen, die mit dem monatlichen Rebalancing verbunden sind, gegen die niedrigeren Transaktionskosten des quartalsweise angepassten Portfolios verrechnen.

Da keine detaillierten Angaben über Handelskosten vorliegen, ist unklar, wer gewinnt – das monatliche oder das vierteljährliche Rebalancing. Wenn wir aber irgendeines dieser Portfolios mit der Bruttoperformance eines halbjährlich angepassten diversifizierten Portfolios vergleichen, das 200 Aktien enthält, wird das Rennen zwischen den Portfoliokonstruktionen schon eindeutiger. Das CAGR dieses selten angepassten, durch Diversifizierung geschwächten Portfolios beträgt nur 11,88 Prozent. Die Differenz zwischen diesem Portfoliokonstrukt und den anderen, stärker konzentrierten und häufiger angepassten Portfolios beträgt mehr als drei Prozent jährlich. Wenn eine Momentum-Strategie jährlich die Gewichtung anpasst und stark verwässerte Portfolios hält (zum Beispiel 300 Aktien), dann ist die relative Performance noch schlechter.

Wenn wir davon ausgehen, dass die „All-in"-Rebalancing-Kosten bei diesen Momentum-Strategien 0,50 Prozent pro Rebalancing betragen, sinkt das CAGR des aus 50 Aktien bestehenden vierteljährlich angepassten Portfolios von 15,15 auf 13,15 Prozent (vier Trades à 0,50 Prozent). In ähnlicher Weise sinkt das CAGR des aus 200 Aktien bestehenden halbjährlich angepassten Portfolios von 11,88 auf 10,88 Prozent (zwei Trades à 0,50 Prozent). Das stärker konzentrierte und häufiger angepasste Portfolio hat also immer noch einen Vorsprung von 2,27 Prozent.

Die Einbeziehung der Transaktionskosten in der obigen Analyse ist einfach gehalten und soll nur darauf hinweisen, dass man die Häufigkeit des Rebalancings und die Konzentration des Portfolios auch im Hinblick auf die voraussichtlichen Handelskosten betrachten muss. Eine ausführlichere Diskussion dieses Themas bietet ein Paper von Lesmond, Schill und Zhou aus dem Jahr 2004, das anhand von Ad-hoc-Annahmen bezüglich der Handelskosten behauptet, Momentum-Gewinne seien illusorisch.[9] Korajczyk und Sadka untersuchen dieses Thema ebenfalls, berücksichtigen allerdings die Kosten der Auswirkungen auf den Markt. Sie schätzen, dass Momentum-Strategien eine begrenzte Kapazität von geschätzten circa fünf Milliarden Dollar haben.[10] Allerdings veröffentlichten Andrea Frazzini, Ron Israel und Toby Moskowitz als Antwort auf diesen und andere Artikel Forschungsmaterial, das mehr als eine Billion Dollar an Live-Trading-Daten der großen institutionellen Vermögensverwaltung AQR nutzt.[11] Frazzini et al. kommen zu dem Ergebnis, dass Momentum-Gewinne gegenüber Transaktionen robust sind und dass die bei früheren Forschungen geschätzten Transaktionskosten möglicherweise zehnmal so hoch waren wie die tatsächlichen Transaktionskosten. Auf die Analyse der Transaktionskosten von Frazzini et al. folgte 2015 ein Artikel von Fisher, Shah und Titman, der die mit Momentum-Strategien einhergehenden Handelskosten anhand geschätzter Geld-Brief-Spannen von 2000 bis 2013 beurteilt.[12] Ihre Schlussfolgerungen besagen, dass ihre „Schätzungen der Handelskosten ... im Allgemeinen viel höher als die in Frazzini, Israel und Moskowitz angegebenen und etwas niedriger als die in Lesmond, Schill und Zhou sowie Korajczyk und Sadka angegebenen" sind. Kurz gesagt wird die Debatte um die Transaktionskosten hitzig geführt, aber die Forschungen scheinen einstimmig zu besagen, dass abzüglich der Transaktionskosten ein Momentum existiert, dass es sich jedoch nur begrenzt skalieren lässt.

Es besteht eindeutig eine Beziehung zwischen der Anzahl der Firmen, der Halteperiode und den Renditen. Die Ergebnisse sind fast identisch, wenn man die Portfolios gleichmäßig gewichtet (höhere CAGRs, ähnliches

Muster). Und natürlich sind die Transaktionskosten immer ein wichtiges Element, das man berücksichtigen muss, wenn man eine aktive Strategie umsetzt. Auf jeden Fall sollte man zwei wichtige Dinge mitnehmen:

- **Häufigkeit des Rebalancings:** Bei gleicher Anzahl der Firmen gilt: Je kürzer die Haltedauer, also je häufiger die Portfoliogewichtung angepasst wird, umso höher das CAGR.
- **„Diworsification" vermeiden:** Bei gleicher Halteperiode ist das CAGR umso größer, je weniger Firmen das Portfolio enthält.

Für eine große Vermögensverwaltung, die mehrere Milliarden Dollar managt, sind die obigen Ergebnisse keine Inspiration, denn allein schon die Größenordnung verbietet es dem Manager, die effektiveren Momentum-Strategien zu verfolgen, die einen höheren Umschlag erfordern. Aus dem gleichen Grund ist die Anforderung, dass die Gewichtung des Momentums häufig angepasst und in konzentrierten Portfolios gehalten werden muss, eine tolle Nachricht, wenn man sie durch den Rahmen der nachhaltigen aktiven Geldanlage betrachtet. Diese Eigenschaften machen die Arbitrage für große Kapital-Pools kostspielig, wodurch sie den häufiger angepassten Versionen der Momentum-Anomalie eine längere Lebenserwartung sichern.

Fazit

Dieses Kapitel erklärt, wie man eine allgemeine Maßzahl für das Momentum berechnet. Zunächst beschreiben wir die drei Typen der am häufigsten untersuchten Momentum-Strategien: das Momentum der kurzfristigen Rückschau, das Momentum der mittelfristigen Rückschau und das Momentum der langfristigen Rückschau. Die Portfolios des kurzfristigen und des langfristigen Momentums bringen Umkehrungen der Rendite hervor. Aber Portfolios, die anhand von Momentum-Berechnungen gebildet werden, die auf einer mittelfristigen Rückschau beruhen, bringen eine Fortsetzung der Renditen hervor. Diese Form des

5 // GRUNDLAGEN DES AUFBAUS EINER MOMENTUM-STRATEGIE

Momentums ist als Anlagemethode am verlockendsten und robustesten. Und schließlich heben wir hervor, dass die Portfoliokonstruktion eine große Rolle dabei spielt, die Effektivität eines mittelfristigen Momentum-Portfolios zu ermitteln. Wir stellen fest, dass Momentum-Portfolios in vernünftigem Maß konzentriert sein sollten und dass ihre Gewichtung häufig angepasst werden muss, um ihre Effektivität zu maximieren. In den nächsten Kapiteln beschreiben wir Möglichkeiten, wie sich das Maß für das allgemeine mittelfristige Momentum verbessern lässt.

Anmerkungen

1 George Soros, *The Alchemy of Finance* (Hoboken, NJ: John Wiley & Sons, 2003), S. 5.

2. Bruce N. Lehmann, „Fads, Martingales, and Market Efficiency", *The Quarterly Journal of Economics* 105 (1990): 1–28.

3. Narasimhan Jegadeesh, „Evidence of Predictable Behavior of Security Returns", *The Journal of Finance* 45 (1990): 881–898.

4. mba.tuck.dartmouth.edu/pages/faculty/ken.french/data_library.html, Zugriff am 22.02.2016.

5. Zhi Da, Qianqui Liu und Ernst Schaumburg, „A Closer Look at the Short-Term Return Reversal", *Management Science* 60 (2014): 658–674.

6 Werner F. M. De Bondt und Richard Thaler, „Does the Stock Market Overreact?", *The Journal of Finance* 40 (1985): 793–805.

7. Thomas George und Chuan-Yang Hwang, „Long-Term Return Reversals: Overreaction or Taxes?", *The Journal of Finance* 62 (2007): 2865–2896.

8. Narasimhan Jegadeesh und Sheridan Titman, „Returns to Buying Winners and Selling Losers: Implications for Stock Market Efficiency", *The Journal of Finance* 48 (1993): 65–91.

9. David A. Lesmond, Michael J. Schill und Chunsheng Zhou, „The Illusory Nature of Momentum Profits", *Journal of Financial Economics* 71 (2004): 349–380.

10. Robert Korajczyk und Ronnie Sadka, „Are Momentum Profits Robust to Trading Costs?", *The Journal of Finance* 59 (2004): 1039–1082.

TEIL 2

11. Andrea Frazzini, Ronen Israel und Tobias J. Moskowitz, „Trading Costs of Asset Pricing Anomalies", Working Paper, 2015.
12. Gregg Fisher, Ronnie Shah und Sheridan Titman, „Combining Value and Momentum", *Journal of Investment Management* 14 (2016): 33–48.

KAPITEL 6

Die Maximierung des Momentums: Auf den Weg kommt es an

„... während sich der Ertrag in der Bildungsphase nach und nach über viele Tage ansammelt, ist der Informationsfluss stetig."[1]
– Z. Da et al., *The Review of Financial Studies*

Kapitel 5 hat gezeigt, dass Aktien mit starken mittelfristigen Momentum-Signalen, die allgemein aus den kumulierten Renditen der vorangegangenen zwölf Monate (unter Auslassung des jüngsten Monats) berechnet wurden, eine starke Fortsetzung der Renditen aufweisen. Belege dafür sind über alle Zeiträume und Assetklassen vorhanden. Angesichts dieser empirischen Tatsache drängt sich eine Frage geradezu auf: Ist etwas Besseres möglich als der allgemeine mittelfristige Momentum-Indikator? Es kann schwierig sein, sich einen Weg zu überlegen, um dieses Ziel zu erreichen, vor allem wenn das Risiko der Optimierung und des Data-Minings hoch ist. Wissenschaftler untersuchen diese Frage jedoch schon lange und haben Lösungen entwickelt, die den Algorithmus des allgemeinen Momentums verbessern und gleichzeitig zeigen, inwiefern die Verbesserung zu den theoretischen, auf dem Verhalten basierenden Grundlagen der Existenz des Momentums in Beziehung steht. Anders gesagt sind Verbesserungen des Momentums auf Belegen basierende Verbesserungen, die durch die Linse des nachhaltigen aktiven Rahmens entwickelt wurden, und nicht durch amoklaufendes Data-Mining.

Mehr als ein Jahr lang haben wir jede einschlägige Forschungsarbeit über Momentum-Strategien der Aktienauswahl geprüft, die wir finden konnten, und sind dabei zu dem grundsätzlichen Schluss gekommen, dass eine der zentralen Möglichkeiten der Verbesserung einer allgemeinen Momentum-Strategie darin besteht, sich auf die Eigenschaften einer Momentum-Aktie im zeitlichen Verlauf zu konzentrieren. Mit anderen Worten: Man muss auf den Weg blicken, auf dem eine Momentum-Aktie sich tatsächlich als Momentum-Aktie qualifiziert hat (in Anhang A finden Sie Informationen über einige der besten konkurrierenden Ideen, die wir untersucht haben, und unsere Analyse).

Ein Beispiel soll verdeutlichen, wie wichtig die Pfadabhängigkeit einer Momentum-Aktie ist. Nehmen Sie die sogenannte Internetblase, die Ende der 1990er-Jahre anschwoll und dann im Jahr 2000 platzte. Damals gab es viele Firmen mit absurd hohen allgemeinen Momentum-Signalen, weil die Anleger nicht widerstehen konnten, Internet-Aktien zu astronomischen Bewertungen zu kaufen. Wir haben uns dafür entschieden, zwei Aktien zu untersuchen, die am 31. März 2000 ein hohes Momentum hatten (das war gegen Ende der Blase).

Das erste Unternehmen, das wir auswählten, war die Biotech-Firma Alliance Pharmaceutical Corp. Dieses Unternehmen hoffte, dem Markt ein neues Produkt namens Oxygent zu bescheren, das die Sauerstoffversorgung von Gewebe bei Operationen unterstützen sollte. Das zweite Unternehmen, das wir untersuchten, war International Rectifier Corp, das 1947 gegründet worden war und Energiemanagement-Halbleiter herstellte. Am 31. März 2000 waren beide Aktien als Aktien mit hohem Momentum eingestuft.

6 // DIE MAXIMIERUNG DES MOMENTUMS: AUF DEN WEG KOMMT ES AN

Abbildung 6.1 stellt die gesamten kumulierten Erträge der vorangegangenen zwölf Monate vor dem 31. März 2000 dar. Dabei sind zwei Punkte zu beachten: erstens die senkrechte Linie am 29. Februar 2000. Für die Berechnung des mittelfristigen Momentums verwenden wir nur die Zahlen bis zum 29. Februar 2000, weil bei Berechnungen des allgemeinen Momentums der letzte vergangene Monat weggelassen wird. Am 29. Februar 2000 war Alliance Pharmaceutical gegenüber dem Vorjahr um 554 Prozent gestiegen, während International Rectifier Corp um 498 Prozent gestiegen war. Beide Aktien stellten den schlimmsten Albtraum eines Value-Anlegers dar, aber den Traum eines Momentum-Anlegers.

Abbildung 6.1 **Frühere Performance von Alliance und International Rectifier**

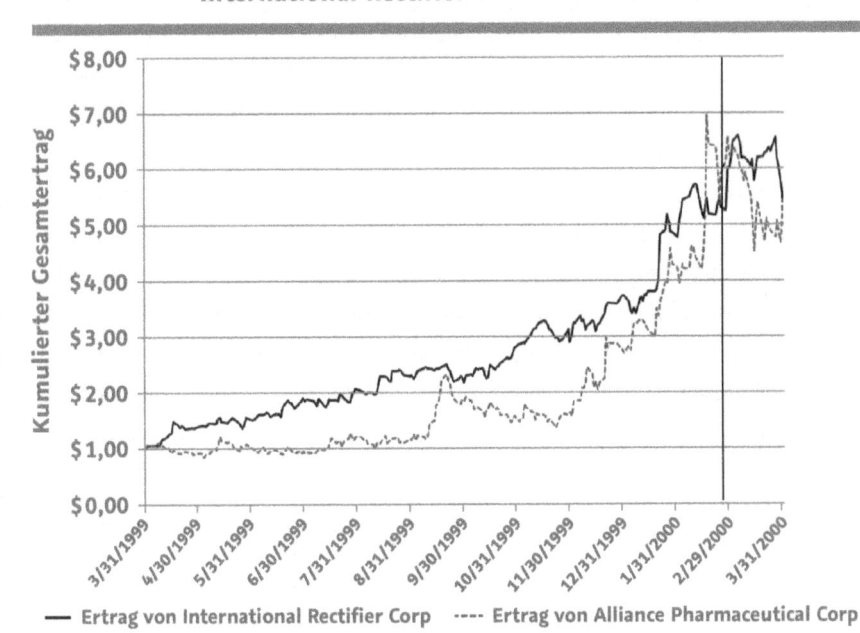

TEIL 2

Der zweite Punkt ist, dass die beiden Aktiencharts unterschiedliche Wege nehmen. Wenn wir uns die Charts genau ansehen, erkennen wir, dass International Rectifier einen gleichmäßigeren Weg zum hohen Momentum nimmt, während der von Alliance Pharmaceutical Corp eingeschlagene sprunghafter ist. Wenn wir unseren spontanen Blick auf die Charts ausblenden, können wir diese Beobachtung objektiv quantifizieren. Angenommen, beide Aktien erreichen etwa das gleiche Momentum, dann besteht eine Möglichkeit, den Unterschied zwischen der sprunghaften und der gleichmäßigen Entwicklung zu messen, darin, das prozentuale Verhältnis zwischen Tagen mit positivem Ertrag und Tagen mit negativem Ertrag zu berechnen. Von Firmen mit gleichmäßigerem Momentum würden wir dabei einen höheren Anteil an Tagen mit positivem Ertrag und einen geringeren Anteil an Tagen mit negativem Ertrag erwarten. Diese Erwartung sehen wir in der aktuellen Situation bestätigt: Über ein Jahr gesehen hatte Alliance Pharmaceutical an 49 Prozent der Handelstage eine positive Rendite und an 43 Prozent der Tage eine negative, während International Rectifier Corp an 55 Prozent der Handelstage eine positive und an 40 Prozent der Handelstage eine negative Rendite hatte (insgesamt ergibt die Summe der Tage keine 100 Prozent, weil es auch Tage ohne Kursbewegung gab).

In der oben skizzierten Situation sehen wir sowohl optisch als auch quantitativ, dass der Einnahmenstrom von International Rectifier gleichmäßiger war. Aber ist die anschließende Performance der Aktie mit dem „glatteren" hohen Momentum höher als die der Aktie mit dem sprunghaften hohen Momentum? Die Ergebnisse dieses handverlesenen Beispiels sehen wir in Abbildung 6.2.

Abbildung 6.2 **Die künftige Performance von Alliance und von International Rectifier**

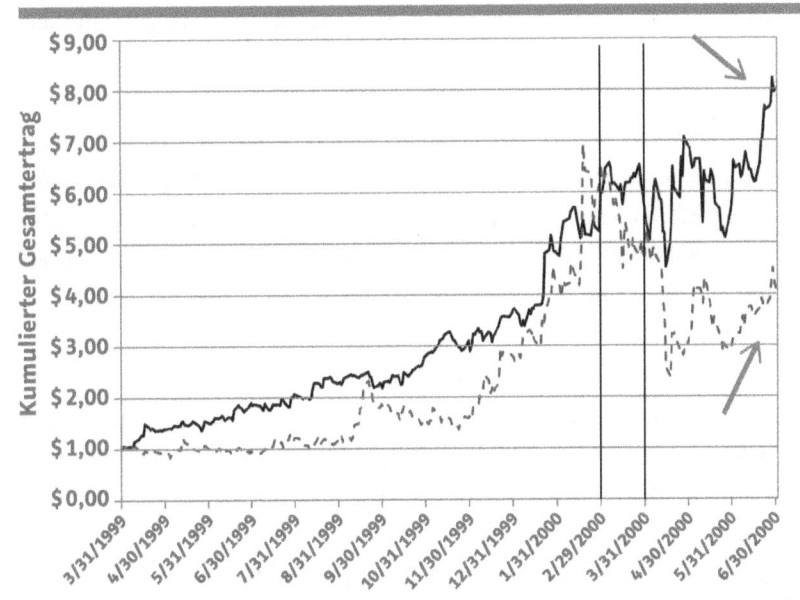

— Ertrag von International Rectifier Corp ---- Ertrag von Alliance Pharmaceutical Corp

Abbildung 6.2 dokumentiert die späteren 3-Monats-Erträge der beiden Unternehmen. International Rectifier Corp legte 46,9 Prozent zu und outperformte damit Alliance Pharmaceutical, das in den drei Monaten danach 24,7 Prozent verlor. Natürlich haben wir dieses spezielle Beispiel herausgepickt, um hervorzuheben, dass Aktien mit gleichmäßigem hohen Momentum tendenziell besser performen als Aktien mit „holprigem" hohen Momentum. Wir hoffen, dass wir den Leser bis zum Ende des Kapitels davon überzeugt haben werden, dass die Pfadabhängigkeit des Momentums zählt. Dieser Aspekt des zeitlichen Verlaufs des Momentums erfasst wichtige Informationen über das Verhalten der Marktteilnehmer, das sich systematisch ausbeuten lässt, um eine allgemeine Momentum-Strategie zu verbessern. Um zu verstehen, warum das so ist, untersuchen wir die Performance von „lotterieähnlichen" Aktien, deren Rendite-Eigenschaften denen von sprunghaften Aktien mit hohem Momentum ähneln und die der speziellen Nachfrage seitens vieler Marktteilnehmer nach „lottoartigen" Auszahlungen entgegenkommen.

Die Performance von Lotto-Aktien

Jeder liebt Glücksspiele, vor allem wenn kaum Gewinnchancen bestehen. Und nicht nur Rentner sitzen gerne rauchend vor dem Spielautomaten und schütten Rum und Cola in sich rein – nein, liebe Leute. Wir selbst haben bei Glücksspielen in Las Vegas und Atlantic City schon Geld verloren – dabei sollten wir es doch eigentlich besser wissen!

Was ist da los?

Nick Barberis befasst sich in seinem Theorie-Paper „A Model of Casino Gambling" konkret mit der Frage, weshalb die Menschen in Casinos gehen und wie sie sich dort verhalten.[2] Die Grundannahme, die hinter Barberis' Theorie steht, blendet die bekannten erwarteten Nutzenvorteile des Glücksspiels (dass es „Spaß macht") aus und geht davon aus, dass etwas Zusätzliches im Spiel ist: Menschen leiden unter der Unfähigkeit, ihre Erfolgschancen bei Ereignissen von geringer Wahrscheinlichkeit richtig abzuwägen. Anders gesagt überschätzen Menschen auf vorhersehbare Weise ihre Chancen, im Lotto zu gewinnen.

Aber wenn wir aus dem Casino heraustreten und den Katzensprung hinüber zur Börse tun, ändert sich das menschliche Verhalten nicht. „Maxing Out: Stocks as Lotteries and the Cross-Section of Expected Returns" von Turan G. Bali, Nusret Cakici und Robert F. Whitelaw untersucht die Performance lotterieähnlicher Aktien.[3] Ihre zentrale Hypothese besagt, dass Anleger für lotterieähnliche Glücksspiele irrational viel bezahlen, dass sie ihre Chancen für höher halten, als sie in Wirklichkeit sind, und dass Aktien mit lottoartigen Eigenschaften darum risikobereinigt underperformen.

Um diese Hypothese zu überprüfen, stufen Bali et al. zunächst eine Gruppe von Aktien dann als „Lotto"-Aktien ein, wenn diese Aktien in der jüngeren Vergangenheit extreme Marktbewegungen hatten. Dem liegt die Annahme zugrunde, dass Anleger Aktien mit extremen Renditen in der jüngeren Vergangenheit als „Lotto-Aktien" identifizieren und deren Preise über ihren fundamentalen Wert hinaus in die Höhe treiben. Das konkrete Maß, das sich die Autoren ansehen, um eine Lotto-Aktie zu erkennen, ist die Sortierung der Aktien nach der maximalen Tagesrendite im Laufe des vorangegangenen Monats („MAX").

Ein Beispiel kann Licht in die Art bringen, wie die Autoren eine Aktie als eine mit lotterieähnlichen Eigenschaften einstufen. Tun wir so, als hätten wir den 31. Januar 2017 und als bestünde unser Aktienuniversum aus zwei Aktien, Fast Money Inc. und Boring Money Inc. (Tickersymbole FAST und SLOW). Am 1. Februar stellen wir ein Long-short-Portfolio zusammen, das die Tatsache ausnutzt, dass die Anleger für Lotterien zu viel bezahlen. Wir finden heraus, dass FAST im Vormonat eine maximale Tagesrendite von 50 Prozent hatte, SLOW hingegen nur von einem Prozent. Deshalb wird unser Portfolio am 1. Februar FAST (Lotto-Aktie) shorten und SLOW (keine Lotto-Aktie) kaufen.

Tabelle 6.1 bietet eine Übersicht über die Ergebnisse aus dem Artikel und gibt die durchschnittlichen Monatsrenditen von zehn Portfolios an, die nach ihrer MAX-Einstufung sortiert sind, also anhand der maximalen Tagesrendite im vergangenen Monat. Das oberste Dezil („10") stellt die Lotto-Aktien dar, das untere („1") die „langweiligen" Aktien.

TEIL 2

Tabelle 6.1 **Ergebnisse von Lotterie-Aktien**

	Durchschnittliche Monatsrendite (VW Portfolio)	4-Faktoren-Alpha (VW Portfolio)	Durchschnittlicher MAX
Langweilig (1)	1,01 %	0,05	1,30
2	1,00 %	0,00	2,47
3	1,00 %	0,04	3,26
4	1,11 %	0,16	4,06
5	1,02 %	0,09	4,93
6	1,16 %	0,15	5,97
7	1,00 %	0,03	7,27
8	0,86 %	-0,21	9,07
9	0,52 %	-0,49	12,09
Lotterie (10)	-0,02 %	-1,13	23,60
Long/Short (1-10)	1,03 %	1,18	

Nicht schlecht! Ein Portfolio, das langweilige Aktien kauft und Lotto-Aktien shortet, bringt eine Brutto-Monatsrendite von 1,03 Prozent ein, das sind rund zwölf Prozent Jahresrendite. Überdies beträgt das 4-Faktoren-Alpha (das das Markt-Exposure sowie die bekannten Renditetreiber Größe, Value und Momentum kontrolliert) 1,18 Prozent im Monat beziehungsweise 14,4 Prozent im Jahr. Die Umsetzungskosten haben wir bei diesen Ergebnissen nicht berücksichtigt, weil das am Argument vorbeigeht. Wir versuchen ja nicht, diese Strategie als praktischen Ansatz für die Zusammenstellung eines Portfolios zu empfehlen, sondern wollen damit nur hervorheben, dass die Marktteilnehmer anscheinend Aktien mit lottoähnlichen Eigenschaften falsch bewerten.

Die Lotterieneigung leistet vielleicht auch einen Erklärungsbeitrag zu der sogenannten *Beta-Anomalie*. Wissenschaftliche Forschungen haben nachgewiesen, dass Aktien mit niedrigem Beta tendenziell Aktien mit hohem Beta outperformen.[4] Dieses Ergebnis ist deshalb bemerkenswert und gilt als anormal, weil eine zentrale Voraussage theoretischer Bewertungsmodelle für Wertpapiere darin besteht, dass Aktien, die einem höheren Marktrisiko (also einem höheren Beta) ausgesetzt sind, höhere Erwartungsrenditen haben sollten als Aktien mit geringerem Marktrisiko (also einem niedrigeren Beta). Ein Working Paper von Bali et al.[5] geht der Beziehung zwischen Beta und Lotterienachfrage nach. Konkret versuchen die Autoren zu verstehen, wie die Vorliebe der Anleger für Lotterien die Beta-Anomalie womöglich erklären könnte. Wir fassen einige Daten aus der Schrift von Bali et al. zusammen und stellen die Ergebnisse in Tabelle 6.2 vor.

Tabelle 6.2 **Durchschnittliche Monatsrenditen, Aktien nach Beta und „Lotterierang" sortiert**

	Unteres Beta-Dezil	Oberes Beta-Dezil
Langweilig (1)	0,35 %	1,04 %
2	0,75 %	0,86 %
3	0,73 %	0,82 %
4	0,85 %	0,77 %
5	0,95 %	0,69 %
6	0,97 %	0,46 %
7	1,03 %	0,15 %
8	0,91 %	0,06 %
9	0,46 %	-0,31 %
Lotterie (10)	-0,01 %	-1,07 %
Long/Short (1-10)	-0,36 %	-2,11 %
Long/Short Alpha (4-Faktoren)	-0,83 %	-2,14 %

Tabelle 6.2 stellt die Ergebnisse dar, die mit Portfolios verbunden sind, welche die Aktien anhand des Betas in zehn Dezile unterteilen, und sortiert die Portfolios anhand ihrer „Lotterie"-Einstufung. Wir zeigen die Ergebnisse für das oberste und das unterste Beta-Dezil zu Darstellungszwecken. Im Durchschnitt performen Aktien mit hohem Beta schlechter als Aktien mit niedrigem Beta, was die sogenannte „low-beta anomaly"

widerspiegelt. Aber dieses Durchschnittsergebnis ist über die Lotterie-Rangfolge inkonsistent. Langweilige Aktien mit niedrigem Beta bringen weniger ein als langweilige Aktien mit hohem Beta. Das passt zu der Finanztheorie, die nahelegt, Aktien mit hohem Beta seien riskanter als Aktien mit niedrigem Beta und sollten deshalb höhere Erwartungsrenditen einbringen. Die wahren anormalen Ergebnisse, die mit dem Low-Beta-Effekt verbunden sind, werden von Aktien mit Lotterie-Eigenschaften befeuert. Besonders stark wirkt die Lotterie-Eigenschaft bei Aktien mit hohem Beta. Beispielsweise besteht in dem Dezil mit hohem Beta eine monoton abnehmende Beziehung zu den Durchschnittsrenditen, wenn der „Lotterie"-Rang zunimmt. Die Autoren erkunden dieses Thema noch weiter und führen Tests durch, um festzustellen, ob die Lotterienachfrage erklären kann, weshalb sich Aktien mit hohem Beta im Verhältnis zu Aktien mit niedrigem Beta so schlecht entwickeln. Was sie herausfinden, ist nicht allzu überraschend, wenn man bedenkt, was wir über den menschlichen Verstand wissen: Die mit Aktien mit hohem Beta verbundenen Lotterie-Eigenschaften sind ein entscheidender Faktor der schlechten Performance dieser Aktien. (Die Lotterieneigung erklärt auch in hohem Maße die Low-Beta-Anomalie, aber das ist eine Diskussion für ein andermal.)

Doch nun zurück zu den Momentum-Strategien und zu der Frage, weshalb die Forschung über lotterieartige Aktien so wichtig ist. Aufgrund der Nachweise, die in dem Originalartikel „Maxing Out" besprochen werden, hat es den Anschein, dass Anleger besser bedient sind, wenn sie Aktien mit Lotto-Eigenschaften meiden. Wir sollten dieses Wissen in unseren Algorithmus einbeziehen, wenn wir entscheiden, welche Aktien mit hohem Momentum wir kaufen wollen.[6] Und fast schon konstruktionsbedingt sind Aktien mit hohem Momentum und gleichmäßigeren Momentum-Verläufen weniger anfällig für Fehlpreisungen aufgrund der Lotterieneigung als Aktien mit sprunghafteren Verläufen.

Wir sollten auch diejenigen Forschungsarbeiten berücksichtigen, die Lotto-Aktien zu Aktien mit hohem Beta in Beziehung setzen. Wie bereits besprochen, ist es eine gute Idee, Aktien vom Lotterietyp zu meiden, aber was ist mit dem Konzept, auch Aktien mit hohem Beta zu meiden? Um diese Frage anzugehen, brauchen wir erst eine kurze Auffrischung, was das Beta angeht. Das Beta ist einfach ein Maß für die Volatilität beziehungsweise das systemische Risiko. Und konstruktionsbedingt haben Aktien mit hohem Momentum und glatteren Kursverläufen im Allgemeinen niedrigere Betas, während Aktien mit hohem Momentum und holprigeren Kursverläufen im Allgemeinen höhere Betas haben. Indem wir uns auf Momentum-Aktien mit glatteren Kursverläufen konzentrieren, vermeiden wir daher zu einem gewissen Grad ein Element der Lotterieneigung, das viele hochfliegende allgemeine Momentum-Aktien beeinträchtigt.

Was bleibt unterm Strich? Die Lotterieneigung spielt eine Rolle bei Fehlpreisungen am Markt. Aktien, die als Lotterien wahrgenommen werden, neigen zu schlechter Performance, weil die Anleger sie über ihren fundamentalen Wert hinaus in die Höhe geboten haben. Man kann die Lotterietendenz anhand mehrerer Näherungs-Kennzahlen messen. Wir haben die MAX-Berechnung und das Beta besprochen und beide Kennzahlen sind hilfreich, um Aktien zu identifizieren, die man meiden sollte. Sicherlich könnte man noch viele andere Permutationen hernehmen und zu ähnlichen Ergebnissen kommen. Aber wenn wir einen Schritt zurücktreten und an das große Ganze denken, besteht das, was wir zu tun versuchen, in Wirklichkeit darin, den Charakter des Kursverlaufs einer Aktie zu erkennen, um daraus Informationen über das Verhalten von Marktteilnehmern abzuleiten. Im nächsten Abschnitt werden wir sehen, dass der Weg zu Momentum-Gewinnen ... der Weg ist.

Der Weg zu Momentum-Gewinnen

Denken Sie an die Geschichte vom Frosch, der ins Wasser geworfen wird. Wirft man den Frosch in einen Topf mit kochendem Wasser, wird er – wenig überraschend – sofort herausspringen. Wenn aber der Frosch in einen Topf mit Wasser gesetzt wird, das Zimmertemperatur hat, und man dieses Wasser nach und nach bis zum Siedepunkt erhitzt, wird der

Frosch so lange im Wasser sitzen bleiben, bis er durchgegart ist. Zumindest für den hypothetischen Frosch kommt es, was das Endergebnis angeht, eindeutig auf den Verlauf der Temperaturänderung an. Interessanterweise sind Forschungen zu dem Ergebnis gekommen, dass die Reaktion des Frosches auf allmähliche Änderungen der Wassertemperatur analog der Reaktion von Anlegern auf allmähliche Änderungen von Aktienkursen ist. Wenn beispielsweise eine Aktie sofort um 100 Prozent zulegt (also wenn man den Frosch in einen Topf mit kochendem Wasser wirft), weckt die starke Kursreaktion sofort die Aufmerksamkeit der Anleger und der neue Aktienkurs wird normalerweise ungefähr den angemessenen Wert widerspiegeln. Wenn sich aber eine Aktie allmählich hocharbeitet und einen Ertrag von 100 Prozent erzielt (wenn also das Wasser mit der Zeit langsam heißer wird), schenken die Anleger der allmählichen Aktienkursbewegung weniger Aufmerksamkeit und das Papier wird wahrscheinlich unter seinem fundamentalen Wert bewertet. Psychologisch ausgedrückt leiden sowohl der Frosch als auch die menschlichen Anleger unter „begrenzter Aufmerksamkeit", was schlicht die Vorstellung widerspiegelt, dass unsere kognitiven Ressourcen begrenzt sind und sich unsere Gehirne auf die Verarbeitung derjenigen Informationen fokussieren, die zu einem gegebenen Zeitpunkt am relevantesten sind. Die Entscheidung, was „am relevantesten" ist, entpuppt sich dabei als schwierige Frage. Jedoch haben psychologische Forschungen ergeben, dass dramatische Veränderungen einer Umgebung im Vergleich zu kleinen Änderungen bei sonst gleichbleibenden Bedingungen mehr kognitive Ressourcen auf sich ziehen.[7]

Im Jahr 2014 untersuchten Zhi Da, Umit Gurun und Mitch Warachka[8] die begrenzte Aufmerksamkeit von Anlegern gegenüber der Verbreitung häppchenweise bekannt werdender Informationen. Die Autoren stellen die Hypothese auf, dass es eine Beziehung zu der Momentum-Anomalie geben könnte. Sie beschreiben ihren Vergleich mit dem Frosch in der Pfanne folgendermaßen:

> *„Eine Serie gradueller Veränderungen zieht weniger Aufmerksamkeit auf sich als seltene dramatische Veränderungen. Deshalb reagieren Anleger auf kontinuierliche Informationen zu schwach."*

Ihre Schlussfolgerungen nach einer Batterie empirischer Analysen sind faszinierend: Momentum-Strategien, die sich auf die Pfadabhängigkeit des Momentums konzentrieren, rufen einen viel stärkeren Momentum-Effekt hervor. Anders gesagt sprechen die Indizien sehr für die Hypothese vom Frosch in der Pfanne und stützen auf breiter Front die theoretischen verhaltensbezogenen Argumente, die in dem Artikel von Barberis et al. aus dem Jahr 1998 skizziert wurden und die nahelegen, dass die Momentum-Anomalie durch eine Unterreaktion auf positive Nachrichten bedingt ist.[9]

Da, Gurun und Warachka konstruieren eine Näherung für die Diskretheit von Informationen (ID = Information Discreteness), welche die relative Häufigkeit kleiner Signale angibt. Eine hohe ID bedeutet eher diskrete Informationen und eine niedrige ID kennzeichnet kontinuierliche Informationen. Bei früheren Gewinnern mit hoher früherer Rendite bedeutet ein hoher Prozentsatz an positiven Erträgen (% positiv > % negativ), dass eine hohe Anzahl kleiner positiver Erträge vorliegt. Das exakte Maß lässt sich durch folgende Gleichung beschreiben:

$$ID = sign(frühere\ Rendite) * [\%\ negativ - \%\ positiv]$$

Um ihre Hypothese zu überprüfen, führen Da et al. mit ihren Portfolios nacheinander zwei Sortiervorgänge durch: zuerst anhand der Renditen in der 12-monatigen Bildungsperiode beziehungsweise dessen, was wir in den bisherigen Kapiteln als „allgemeines Momentum" bezeichnet haben und was in Jegadeesh und Titman ausführlicher beschrieben wird.[10] Dann sortieren sie die Aktien innerhalb dieser Momentum-Portfolios entsprechend ihrer Variable für die Diskretheit der Informationen im Stichprobenzeitraum von 1927 bis 2007. Die relevantesten Ergebnisse aus dem Artikel stellen wir in Tabelle 6.3 dar. Dabei geht es um die Erträge von Portfolios, die long auf Aktien mit hohem Momentum und short auf Aktien mit niedrigem Momentum stehen, bei 6-monatiger Halteperiode, wobei das Maß für die Diskretheit der Informationen variiert wird.

Tabelle 6.3 **Frosch-in-der Pfanne-Ergebnisse für Long-short-Momentum-Portfolios**

	Rendite	3-Faktoren-Alpha
Diskret	-2,07 %	-2,01 %
2	0,64 %	3,53 %
3	3,12 %	5,05 %
4	4,36 %	6,71 %
Kontinuierlich	5,94 %	8,77 %
Kontinuierlich-Diskret	8,01 %	10,78 %

Die Ergebnisse sind erstaunlich. Über eine Haltezeit von sechs Monaten sinken Long-short-Momentum-Portfolios monoton von 5,94 Prozent bei Aktien mit kontinuierlichen Informationen bis auf minus 2,07 Prozent bei Aktien mit diskreten Informationen. Das 3-Faktoren-Alpha der Long-short-Portfolios sinkt von 8,77 Prozent bei Portfolios mit kontinuierlichen Informationen bis auf minus 2,01 Prozent bei Portfolios mit diskreten Informationen – eine Spanne von 10,78 Prozent (annualisiert mehr als 20 Prozent) bei hoch signifikantem t-stat.

Aus der Analyse in Kapitel 5 wissen wir, dass sich ein häufiger Ausgleich der Gewichtung (Rebalancing) bei Momentum-Strategien in einer besseren Performance niederschlägt. Die Autoren gehen dieser Frage in ihrem Artikel nach. Abbildung 6.3 zeigt die monatlichen Alpha-Schätzungen für die Long-short-Momentum-Portfolios (sowohl für kontinuierliche als auch für diskrete Informationen) von einem bis zehn Monaten nach der Bildung des Portfolios. Die Ergebnisse stehen in Einklang mit der Hypothese vom Frosch in der Pfanne – das kontinuierliche Momentum scheint für den Großteil des Momentum-Effekts verantwortlich zu sein. Dazu zwei entscheidende Punkte:

1. **Höhere Gewinne:** Long-short-Momentum-Portfolios mit kontinuierlichen Informationen haben höhere 3-Faktoren-Alphas als Long-short-Momentum-Portfolios mit diskreten Informationen.
2. **Längere Beständigkeit:** Long-short-Momentum-Gewinne nach kontinuierlichen Informationen halten länger an (die Halteperiode kann unter beschränktem Abklingen verlängert werden), während Long-short-Gewinne nach diskreten Informationen weniger anhaltend und vergänglicher sind.

Abbildung 6.3 **Alphas von Frosch-in-der-Pfanne-Portfolios**

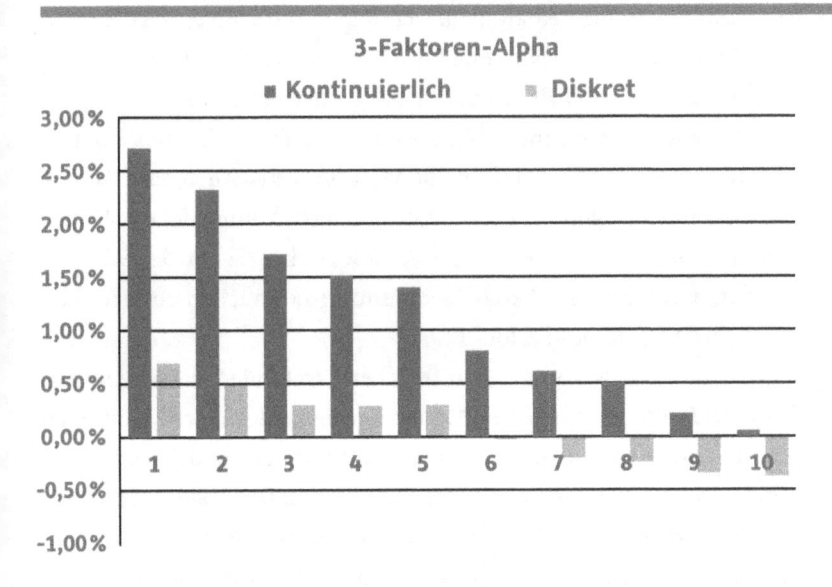

3-Faktoren-Alpha

■ Kontinuierlich   ■ Diskret

Es ist bemerkenswert: Indem man einfach den Charakter des Weges quantifiziert, auf dem der Status des hohen Momentums erreicht wird, kann man die Momentum-Anomalie enorm verbessern und sie auf die Ausnutzung der begrenzten Aufmerksamkeit fokussieren. Zwar wird diese Schlussfolgerung in dem Artikel über den Frosch in der Pfanne nicht erwähnt, aber wir sind außerdem überzeugt, dass der Performance-Bonus von Momentum-Algorithmen, die sich auf den Pfad fokussieren, auf einer indirekten Ausnutzung der Verhaltenstendenz beruht, die mit der Lotteriepräferenz von Marktteilnehmern (wie im vorigen Abschnitt besprochen) zusammenhängt.

Zwar dokumentieren die Autoren akribisch, warum die begrenzte Aufmerksamkeit eine entscheidende Erkenntnis für das Verständnis der Momentum-Anomalie sein könnte, aber sie sind nicht die einzigen Autoren, die dieses Konzept empirisch erforschen. Zum Beispiel dokumentiert ein Artikel von Hong, Lim und Stein aus dem Jahr 2000[11], dass Momentum-Gewinne bei Aktien, über die nur wenige Analysten berichten, und bei kleineren Aktien höher sind. Die Autoren argumentieren, dass die geringe Analystenbeachtung und die Eigenschaften von Small-Cap-Aktien als Näherung für Aktien fungieren, die weniger Aufmerksamkeit auf sich ziehen und daher vorhersehbar höhere Momentum-Gewinne verzeichnen. Der Dispositionseffekt oder die Neigung, zu lange an Aktien festzuhalten, die Verluste verzeichnen, und Aktien, die Gewinne bringen, zu schnell zu verkaufen, könnte bei der Unterreaktion ebenfalls eine Rolle spielen. Diese Theorie wurde 1985 von Shefrin und Statman[12] beschrieben und in zahlreichen empirischen Artikeln überprüft und erforscht.[13, 14]

Zudem haben wir bei eigenen Tests herausgefunden, dass die Aufteilung von Portfolios mit hohem Momentum anhand anderer Kennzahlen für die Aufmerksamkeit, beispielsweise anhand des Handelsvolumens[15] (mehr Handelsvolumen dürfte für mehr Aufmerksamkeit sorgen), zu ähnlichen Ergebnissen führt. Als Nächstes untersuchen wir, was herauskommt, wenn wir das Maß für die Diskretheit von Informationen auf unser Aktienuniversum anwenden.

Die Ergebnisse

In Kapitel 5 haben wir hervorgehoben, dass die allgemeinen Momentum-Prämien mit der Zeit abnehmen, sodass ein häufigeres Rebalancing notwendig wird (zum Beispiel übertreffen monatlich angepasste Portfolios jährlich angepasste Portfolios). Aber mehr Rebalancing erhöht die Reibungsverluste. Als Kompromiss untersuchen wir in diesem Teil, was sich bei vierteljährlich angepassten Portfolios ergibt. Wir konzentrieren unsere Analyse auf überlappende vierteljährlich angepasste Portfolios, wie in Kapitel 5 beschrieben. Wir untersuchen nur mittel und hoch kapitalisierte Unternehmen.[16] Die Portfolios werden durch gleichmäßige Gewichtung der Firmen zusammengestellt und die Renditen laufen vom 1. Januar 1927 bis zum 31. Dezember 2014.[17]

In Tabelle 6.4 sortieren wir die Aktien nach ihren kumulierten Renditen über die letzten zwölf Monate (unter Auslassung des letzten Monats) und kaufen einen wertgewichteten Aktienkorb aus dem obersten Dezil („Allgemeines Momentum" in Spalte 3). Dann teilen wir das Portfolio der Aktien mit hohem allgemeinen Momentum in hochwertiges Momentum (Spalte 1) und minderwertiges Momentum (Spalte 2) auf. Das Maß für die „Qualität" des Momentums ist hierbei das Maß für die Diskretheit der Informationen oder das Maß des Frosches in der Pfanne, das bereits in dem Artikel von Da, Gurun und Warachka beschrieben wurde. Firmen mit hochwertigerem Momentum sind solche mit kontinuierlichen Informationen, während Firmen mit minderwertigem Momentum solche mit diskreten Informationen sind – um das absolut klarzustellen: Das Aktienportfolio in Spalte 3 wird anhand unserer Kennzahl für die Diskretheit der Informationen in zwei Hälften aufgeteilt, um so die Portfolios in den Spalten 1 und 2 zu erstellen. Die Renditen in Tabelle 6.4 sind vor Gebühren angegeben.

Tabelle 6.4 **Qualität der Jahresergebnisse von Momentum-Portfolios**

	Hochwertiges Momentum	Minderwertiges Momentum	Allgemeines Momentum	S&P 500
CAGR	17,14%	13,02%	15,56%	9,95%
Standardabweichung	23,45%	25,16%	23,61%	19,09%
Abweichung nach unten	16,98%	18,71%	17,42%	14,22%
Sharpe Ratio	0,65	0,48	0,59	0,41
Sortino Ratio (MAR = 5%)	0,81	0,56	0,71	0,45
Größter Drawdown	-74,60%	-77,44%	-73,90%	-84,59%
Schlechteste Monatsrendite	-29,23%	-34,71%	-30,00%	-28,73%
Beste Monatsrendite	30,63%	37,15%	33,88%	41,65%
Monate mit Gewinn	62,50%	61,08%	61,84%	61,74%

Unter unseren eigenen Laborbedingungen reproduzieren wir so vom Charakter her die Ergebnisse des Artikels von Da, Gurun und Warachka: Unter den Aktien mit hohem Momentum weisen diejenigen mit Momentum von höherer Qualität beziehungsweise „glatterem" Momentum (gemessen an den kontinuierlichen Informationen) eine *sehr* hohe relative Performance auf. Im Gegensatz dazu übertreffen Aktien mit minderwertigem beziehungsweise sprunghaftem Momentum zwar immer noch den Markt, weisen aber eine schwächere Performance auf. Diese Ergebnisse deuten darauf hin, dass der Effekt des allgemeinen Momentums von hochwertigem Momentum vorangetrieben und von minderwertigem Momentum verwässert wird. Die Spanne zwischen Momentum hoher und niedriger Qualität ist groß: Über einen Zeitraum von vielen Jahrzehnten (1927 bis 2014) beträgt die Spanne zwischen dem Portfolio mit hochwertigem (Spalte 1) und dem mit minderwertigem Momentum (Spalte 2) über vier Prozent jährlich! Diese Spanne wird in Abbildung 6.4 optisch sichtbar. Außerdem hat das Portfolio mit hochwertigem Momentum auch bessere risikobereinigte Renditen (Sharpe

Ratio und Sortino Ratio) sowie geringere Drawdowns. Zwar übertreffen alle Momentum-Strategien den S&P 500 (vor Gebühren), aber wir nehmen hier vor allem mit, dass eine effektive Momentum-Strategie den Weg berücksichtigen muss, auf dem die Aktien ihr Momentum bekommen.

Abbildung 6.4 **Die Qualität der Renditen von Momentum-Portfolios**

Der Wert von 100 investierten Dollar (logarithmische Skala)
— Hochwertiges Momentum — Minderwertiges Momentum — Allgemeines Momentum -- S&P 500

Fazit

Das Kapitel begann mit einem einfachen Beispiel für die Performance zweier Aktien, die während der Internetblase ein hohes „allgemeines" Momentum hatten. In unserer Anekdote stellten wir fest, dass die Firma mit einem glatteren Pfad hin zum Status des hohen Momentums in der Zukunft eine bessere Performance brachte als die Aktie mit hohem, aber sprunghaftem Momentum. Dann gingen wir zwei Gründen nach, wieso diese Anekdote vielleicht einen eher systematischen Effekt am Markt widerspiegeln könnte. Zunächst untersuchten wir, dass die Anleger irrationalerweise lotterieartige Aktien mit sprunghaften historischen Kursverläufen bevorzugen. Die Belege deuten darauf hin, dass man solche Aktien meiden sollte, weil sie tendenziell überteuert sind. Als Zweites untersuchten wir die Hypothese der begrenzten Aufmerksamkeit, illustriert am Frosch in der Pfanne, die die Autoren Da et al. präsentieren. Diese deutet darauf hin, dass die Anleger auf kontinuierliche Informationen unterreagieren. Um ihre Hypothese zu bestätigen, liefern die Autoren Belege dafür, dass Aktien mit hohem Momentum und glatterem Preisverlauf die Aktien mit volatileren Wegen zum hohen Momentum outperformten. Unsere unabhängige Analyse der Forschung von Da et al. bestätigt ihre Ergebnisse. Die Schlussfolgerung aus dieser Analyse ist, dass der Pfad, auf dem das Momentum erreicht wird, über die Effektivität der Strategie entscheidet – glattere Verläufe sind gegenüber volatileren Verläufen vorzuziehen. Das Ergebnis, dass das Identifizieren von hochwertigem Momentum dabei helfen kann, gute Aktien mit hohem Momentum von schlechten Aktien mit hohem Momentum zu unterscheiden, lässt sich mit der Verhaltenspsychologie erklären:

- Fehlpreisungen im Zusammenhang mit lotterieartigen Aktien meiden.
- Die begrenzte Aufmerksamkeit ausnutzen, die zu systematischen Unterreaktionen führt.

Anmerkungen

1. Zhi Da, Umit G. Gurun und Mitch Warachka, „Frog in the Pan: Continuous Information and Momentum", *The Review of Financial Studies* 27 (2014): 2171–2218.
2. Nicholas Barberis, „A Model of Casino Gambling", *Management Science* 58 (2012): 35–51.
3. Turan G. Bali, Nustret Cakici und Robert F. Whitelaw, „Maxing Out: Stocks as Lotteries and the Cross-Section of Expected Returns", *Journal of Financial Economics* 99 (2011): 427–446.
4. Andrea Frazzini und Lasse Heje Pedersen, „Betting Against Beta", *Journal of Financial Economics* 111 (2014): 1–25.

5. Turan G. Bali, Stephen Brown, Scott Murray und Yi Tang, „Betting Against Beta or Demand for Lottery?", Working paper, 2016.

6. Heiko Jacobs, Tobias Regele und Martin Weber, „Expected Skewness and Momentum", Working paper, 2015.

7. Francesca Gina und Max H. Bazerman, „When Misconduct Goes Unnoticed: The Acceptability of Gradual Erosion in Others' Ethical Behavior", *Journal of Experimental Social Psychology* 45 (2009): 708–719.

8. Da, Gurun, Warachka.

9. Nicholas Barberis, Andrei Shleifer und Robert Vishny, „A Model of Investor Sentiment", *Journal of Financial Economics* 49 (1998): 307–343.

10. Narasimhan Jegadeesh und Sheridan Titman, „Return to Buying Winners and Selling Losers: Implications for Stock Market Efficiency", *The Journal of Finance* 48 (1993): 65–91.

11. Harrison Hong, Terence Lim und Jeremy C. Stein, „Bad News Travels Slowly: Size, Analyst Coverage, and the Profitability of Momentum Strategies", *The Journal of Finance* 55 (2000): 265–295.

12. Hersh Shefrin und Meir Statman, „The Disposition to Sell Winners Too Early and Ride Losers Too Long: Theory and Evidence", *The Journal of Finance* 40 (1985): 777–790.

13. Justin Birru, „Confusion of Confusions: A Test of the Disposition Effect and Momentum", *The Review of Financial Studies* 28 (2015): 1849–1873.

14. Andrea Frazzini, „The Disposition Effect and Underreaction to News", *The Journal of Finance* 61 (2006): 2017–2046.

15. Charles M. C. Lee und Bhaskaran Swaminathan, „Price Momentum and Trading Volume", *The Journal of Finance* 55 (2000): 2017–2069.

16. Zur Ermittlung der Einstufung als Mid Cap oder Large Cap verwendeten wir das 40. Perzentil der Marktkapitalisierung anhand der Stichprobe der an der NYSE notierten Firmen.

17. Gleichgewichtete Portfolios liefern noch stärkere Schlussfolgerungen.

KAPITEL 7

Momentum-Anleger müssen die Jahreszeiten kennen

*„... Die Aspekte von Planeten und
die Sonnenfleckenaktivität haben eine
signifikante Vorhersagekraft für
die Renditen von Anomalien."*

– Robert Novy-Marx,
Journal of Financial Economics[1]

Die im Kontext der Aktienmarktforschung breit definierte Saisonalität bezieht sich auf die Idee, anhand des Kalenders Timing-Signale zu erhalten. Wenn Sie irgendeinen Finanzsender einschalten, ist es typisch, dass Sie eine Diskussion über Saisonalität hören. Eines der populärsten Konzepte ist „Sell in May and go away", das besagt, dass Anleger vor Juni in Cash gehen und im November wieder an die Börse zurückkehren sollten. Aber ein Artikel von Novy-Marx aus dem Jahr 2014 mit dem Titel „Predicting Anomaly Performance with Politics, the Weather, Global Warming, Sunspots, and the Stars"[2] hebt einen wichtigen Punkt hervor: Man muss gegenüber Behauptungen saisonaler Art skeptisch sein. Zudem gehen Cherry Zhang und Ben Jacobsen Daten aus über 300 Jahren der britischen Börsengeschichte durch und kommen zu dem Schluss, dass man dokumentierte jahreszeitliche Effekte mit Skepsis begegnen sollte.³ Dessen unbenommen zeigt ein aktueller Artikel von Matti Keloharju, Juhani Linnainmaa und Peter Nyberg, der die neuesten Daten und Forschungsmethoden verwendet, dass Saisonalitäten des Aktienmarkts bei fast allen Anlageklassen existieren, dass sie im Laufe der Zeit erstaunlich beständig sind und dass sie äußerst groß sind.⁴ Prinzipiell leuchtet die Saisonalität ein: Es ist plausibel, dass institutionelle und verhaltensbedingte Anreize das Angebot von und die Nachfrage nach Aktien steuern können, sodass robuste saisonale Effekte entstehen. Wir betrachten in diesem Kapitel die Effekte des sogenannten Window Dressings und der steuerlichen Anreize.

Aber warum sprechen wir überhaupt über Saisonalität und ihre Beziehung zum Momentum-Investing? Das wollen wir Ihnen erklären: Vor fünf Jahren begannen wir mit der Arbeit an etwas, was wir als „einzigartige" Idee betrachteten und das die Saisonalität zum Momentum-Investing in Beziehung setzte. Unsere Hypothese besagte, dass Window Dressing und steuerlich bedingte Verlustverkäufe („Tax-Loss Selling") genutzt werden könnten, um die Vorteile einer traditionellen Momentum-Strategie zu maximieren, die die Saisonalität nicht berücksichtigt. Wir führten eine ganze Batterie empirischer Überprüfungen durch und fassten alle unsere Daten zusammen. Die Ergebnisse waren atemberaubend. Noch aufregender war die Tatsache, dass unsere Idee noch nie in einer wissenschaftlichen Finanzzeitschrift ersten Ranges veröffentlicht wurde. Dieses Attribut ist normalerweise *The Journal of Finance*, dem *Journal of Financial Economics* und der *Review of Financial Studies* vorbehalten. Natürlich gingen wir als Last-Minute-Check auch noch diejenigen Zeitschriften durch, die von Wissenschaftlern als „nicht seriös" betrachtet werden und die auch als Praktiker-Zeitschriften bezeichnet werden (zum Beispiel das *Financial Analysts Journal* und *The Journal of Portfolio Management*). Es stellte sich heraus, dass wir gut daran getan hatten, diese Zeitschriften durchzugehen. Richard Sias hatte unsere Ergebnisse bereits in einer Ausgabe des *Financial Analysts Journal* aus dem Jahr 2007 veröffentlicht.[5] Zunächst reagierten wir darauf enttäuscht, denn als wissenschaftliche Forscher hatten wir gehofft, wir könnten eine neue Idee publizieren, aber gleichzeitig freuten wir uns auch, weil unsere unabhängige Analyse der Saisonalität im Kontext des Momentums bestätigt wurde und bereits von einer unabhängigen Partei entdeckt worden war. Kurz gesagt war Sias bereits an die Rampe getreten, bevor wir so weit waren. Natürlich gefällt uns seine Idee, aber um die Ergebnisse von Sias' Artikel wirklich zu verstehen, müssen wir uns intensiv mit einigen Anreizen des Marktes befassen. Zunächst analysieren wir die Motive, die hinter dem Window Dressing und dem Tax-Loss Selling stehen, danach gehen wir in den späteren Abschnitten der Frage nach, weshalb sie für das Momentum-Investing von Bedeutung sind.

Window Dressing

Im Einzelhandel bezeichnet „Window Dressing" die Praxis, Waren in einem Schaufenster so zu arrangieren, dass sie so attraktiv wie möglich erscheinen. Es funktioniert, weil es Menschen in den Laden lockt, selbst wenn die Ware nicht so gut ist, wie sie im Schaufenster aussieht. In der Finanzdienstleistungsbranche ziehen die Fondsmanager aus dem gleichen Prinzip Nutzen.

Das Konzept des Window Dressings geht buchstäblich auf die Anfänge der formalen ökonomischen Forschung zurück. Für Leser, die mit dem Begriff nicht vertraut sind: In der Ökonomie bezeichnet Window Dressing ein Verhalten, das Finanzprofis an den Tag legen, um weniger ausgefuchste Kunden in die Irre zu führen und auf ihre Launen einzugehen. Die *American Economic Review*, die als eine der ältesten und renommiertesten wissenschaftlich-ökonomischen Zeitschriften gilt, wurde 1911 gegründet. Und in der Erstausgabe erwähnte Edwin Kemmerer[6], ein etablierter Wirtschaftsprofessor und Berater ausländischer Regierungen, den Begriff „Window Dressing", um den New Yorker Geldmarkt gegen Jahresende zu beschreiben.

TEIL 2

Und so funktioniert das Window Dressing in der Praxis: Die Fondsmanager wissen, dass sie ihre Positionen in vierteljährlichen Berichten angeben müssen, die an ihre Kunden versandt werden. Manager mit schlechter Performance wollen aber auf keinen Fall, dass ihre Kunden die Verliereraktien sehen, die schlechter gelaufen sind als der Markt. Mit anderen Worten: Sie wollen nicht, dass die Anleger in ihrem „Schaufenster", das sie sich ansehen, Verliereraktien erblicken. Um ein solches Szenario zu umgehen, verkaufen die Manager kurz vor Erstellung des Berichts ihre Verliereraktien und kaufen alle Aktien, die in der jüngsten Vergangenheit Kursgewinne verzeichnet haben, sodass sie in dem Bericht – der mit dem Schaufenster oder „Window" eines Geschäfts vergleichbar ist – gut dastehen. Voilà! Schon sieht das Schaufenster viel verlockender aus.

Natürlich hilft Window Dressing nicht gegen schlechte Performance und ausgefuchste Kunden lassen sich durch diese Taktik nicht austricksen. Der Fondsmanager hofft aber, dass er durch das Window Dressing wenigstens den *Anschein* erweckt, er habe etwas Schlaues getan, und dass ihm die Kunden weniger Fragen stellen, wenn sie ihre Berichte bekommen. Sehen Sie sich zum Beispiel die folgenden beiden Szenarien zwischen einem Kunden und einem Fondsmanager im Jahr 2002 nach dem Platzen der Internetblase an:

- **Szenario 1:** „Was? Sie liegen zehn Prozent hinter dem Markt. Und Sie hatten Pets.com gekauft, die massiv gefallen ist? Warum haben Sie diese schreckliche Aktie? Sie müssen wirklich ein Idiot sein!"
- **Szenario 2:** „Was? Sie liegen zehn Prozent hinter dem Markt. Aber es sieht so aus, als hätten Sie Berkshire Hathaway – das ist eine solide Value-Aktie, die gut gelaufen ist. Wahrscheinlich hatten Sie eine Pechsträhne, aber anscheinend sind Sie ein guter Fondsmanager."

7 // MOMENTUM-ANLEGER MÜSSEN DIE JAHRESZEITEN KENNEN

Wahrscheinlich würde sich der Manager viel lieber der Reaktion in Szenario 2 stellen als derjenigen in Szenario 1.

Natürlich hört sich dieses Szenario nach einer tollen Geschichte an, aber wodurch ist belegt, dass raffinierte Investmentfondsmanager *wirklich* Window Dressing betreiben? Manche Autoren meinen, Window Dressing habe nur anekdotischen Wert und spiegele nicht die Wirklichkeit wider. Zum Beispiel finden Gang Hu, David McLean, Jeff Pontiff und Qinghai Wang kaum Belege für Window Dressing seitens institutioneller Investoren.[7] Andere sind anderer Meinung. Nehmen Sie den Artikel „Unobserved Actions of Mutual Funds" von Marcin Kacperczyk, Clemens Sialm und Lu Zheng.[8] Sie erstellen ein Werkzeug für die Untersuchung der Window-Dressing-Hypothese, indem sie eine Kennzahl für die *Ertragslücke* entwickeln. Die Kennzahl für die Ertragslücke gibt den Unterschied zwischen den realisierten Erträgen des Investmentfonds und den Erträgen des Buy-and-hold-Portfolios an, das zum Schluss im Quartalsbericht offengelegt wird. Ziel der Kennzahl für die Ertragslücke sind – wie im Titel so treffend bezeichnet – nicht wahrgenommene Aktionen des Fondsmanagers. Die Daten deuten darauf hin, dass manche nicht wahrgenommenen Aktionen Werte schaffen können (zum Beispiel das Stockpicking-Geschick des Managers), während andere nicht wahrgenommene Aktionen Werte vernichten können (zum Beispiel Window-Dressing-Taktiken). Und die Schaffung und Vernichtung von Werten scheint bei allen Fonds im Laufe der Zeit beständig stattzufinden. Leider ist die Ertragslücke ein relativ grobes Maß und da in diesem Umfeld zu viele Variablen kontrolliert werden müssen, ist ein besseres Experiment erforderlich, um das Window Dressing exakt auszumachen.

David Solomon, Eugene Soltes und Denis Sosyura[9] identifizieren eine bessere Methode für die Untersuchung von Window-Dressing-Effekten. Konkret untersuchen sie, wie sich das Scheinwerferlicht der Medien auf die Mittelflüsse der Fonds und auf das Window Dressing auswirkt. Ihr wichtigstes Ergebnis ist dieses: „Die Anleger belohnen Fonds, die Aktien mit hohen vergangenen Renditen halten, dies aber

TEIL 2

nur dann, wenn über diese Aktien in jüngster Zeit in den Medien berichtet wurde." Also ziehen Fonds, die Aktien von im Fokus stehenden Gewinnern halten, mehr Mittelzuflüsse an als ähnliche Fonds, die nicht so sehr im Fokus stehende Gewinner halten. Jeder Investmentfondsmanager, der mit dieser Information gewappnet ist, hat wirtschaftliche Anreize, Window Dressing zu betreiben – die Daten zeigen, dass es zu einem größeren verwalteten Vermögen führt!

Window Dressing ist eine irritierende Praxis und man möchte hoffen, dass es nicht allzu verbreitet ist. Aber eine Studie aus dem Jahr 2004 von Jia He, Lilian Ng und Qinghai Wang untersucht das Window-Dressing-Verhalten einer Vielzahl von Institutionen.[10] Ihre Ergebnisse stützen die Hypothese des Window Dressings – Institutionen, die als externe Vermögensverwalter agieren (zum Beispiel Banken, Lebensversicherungen, Investmentfonds und Anlageberater), betreiben in ihren Portfolios mit größerer Wahrscheinlichkeit Window Dressing als Institutionen, die als interne Vermögensverwalter agieren (zum Beispiel Pensionsfonds, Colleges, Universitäten und Stiftungen). Wir möchten ja nicht darauf herumreiten, aber ein jüngerer Artikel aus dem Jahr 2014 von Vikas Agarwal, Gerald Gay und Leng Ling[11] kommt zu folgendem Schluss: „Window Dressing ist bei Managern verbreitet, die weniger geschickt sind und schlecht performen ... wir kommen zu dem Ergebnis, dass Window Dressing Werte vernichtet und im Durchschnitt mit einer geringeren künftigen Performance einhergeht."

Die kollektiven Nachweise und die Anreize für die Fondsmanager deuten darauf hin, dass Window Dressing wahrscheinlich Teil der Investmentfondslandschaft ist. Studien zeigen, dass dieses Window Dressing zu einem größeren verwalteten Vermögen führen kann, und dies erklärt, weshalb sich Investmentfondsmanager an dieser Aktivität beteiligen. Wir werden noch erkunden, weshalb Window Dressing für das Momentum-Investing von Bedeutung sein könnte, aber zunächst wenden wir unsere Aufmerksamkeit der Forschung über steuerlich motivierten Aktienhandel zu.

Steuerlich motivierter Aktienhandel

Sidney B. Wachtel veröffentlichte 1942 einen Artikel, in dem er besprach, wie steuerliche Überlegungen zur Saisonalität von Aktienrenditen von Dezember auf Januar führen können.[12] Michael S. Rozeff und William R. Kinney, Jr. publizierten 1976 eine umfassendere empirische Untersuchung Wachtels anfänglicher Ideen.[13] Rozeff und Kinney untersuchten Aktienrenditen von 1904 bis 1974. Ihr hauptsächliches Ergebnis hat bis heute Bestand – der Januar-Effekt oder Jahreswechsel-Effekt an den Aktienmärkten. Der Jahreswechsel-Effekt ist die empirische Beobachtung, dass die Aktienkurse im Laufe des Monats Januar steigen und dass dieser Anstieg statistisch größer ist als in den anderen Monaten des Jahres. Der steuerlich bedingte Verkaufsdruck zum Jahresende leuchtet unmittelbar ein – man kann mit einem negativen Nachfrageschock seitens steuerpflichtiger Personen rechnen, die zum Jahresende Verluste verbuchen wollen, und dass sich das im neuen Jahr umkehrt. Zwar ist die „Steuerhypothese" intuitiv verführerisch, aber Untersuchungen im Anschluss an Wachtel und Rozeff/Kinney argumentieren, dass der Effekt komplex und seit Anfang der 1990er-Jahre so gut wie verschwunden sei.[14]

Zu den frühen Skeptikern gegenüber der steuerlich bedingten Saisonalität zählen Richard Roll[15], Don Keim[16] und Marc Reinganum[17], die alle im Jahr 1983 Artikel veröffentlicht haben. Ihre Arbeiten fanden allesamt heraus, dass die höheren Renditen im Januar vor allem bei kleineren Firmen anzutreffen sind und somit womöglich nicht so allgemein verbreitet sind wie zuvor angenommen. Neuere Studien indes, die beide im Jahr 2004 veröffentlicht wurden, nutzen intelligentere empirische Methoden, um eine robuste Beziehung zwischen Steuern und dem Jahreswechsel-Effekt herauszudestillieren. Bei diesen Arbeiten handelt es sich um einen Artikel von Honghui Chen und Vijay Singal[18] sowie um einen von Mark Grinblatt und Tobias J. Moskowitz.[19]

Aber welche Anleger befeuern das Tax-Loss Selling? Jay Ritter ging dieser Frage etwas intensiver nach und untersuchte die Kauf- und Verkaufstätigkeit von Privatanlegern gegen Jahresende.[20] Als er das Verhältnis zwischen den Käufen und den Verkäufen seitens der Privatanleger ermittelte, fand er heraus, dass die Privatanleger gegen Jahresende mehr verkaufen und zum Jahresanfang mehr kaufen – dass also bei Privatanlegern, die tendenziell kleinere Aktien halten, ein saisonales Muster existiert. James Poterba und Scott Weisbenner[21] entdeckten ebenfalls, dass die steuerlich bedingten Verkäufe von Privatanlegern und nicht von Institutionen ausgehen. Dieses Ergebnis leuchtet ein, weil viele institutionelle Investoren keine Steuern bezahlen und deshalb ihre Kauf- und Verkaufsentscheidungen treffen, ohne sich um steuerliche Folgen zu kümmern (wäre das nicht schön?). In ähnlicher Weise untersuchten Richard Sias und Laura Starks 1997[22] Aktienrenditen zum Jahreswechsel. Sie fanden heraus, dass die Renditen von Aktien, an denen höheres Interesse seitens Privatanlegern besteht, Ende Dezember gegenüber Aktien mit höherem institutionellen Interesse underperformen und Anfang Januar outperformen. Es scheint also, dass steuerlich bedingte Verkäufe (durch Privatanleger, nicht durch Institutionen) hinter der Saisonalität der Renditen gewisser Aktien stehen.

Aber nicht alle Forschungen kommen zu dem Ergebnis, dass Tax-Loss Selling den Jahreswechsel-Effekt verursacht. Beispielsweise untersuchten im Jahr 1983 Philip Brown, Donald Keim, Allan Kleidon und Terry Marsh[23] die Renditen an den australischen Aktienmärkten. Australien hatte damals ähnliche Steuergesetze wie die Vereinigten Staaten, aber ein Steuerjahr von Juli bis Juni. Sie kamen zwar zu dem Ergebnis, dass die Renditen australischer Aktien eine vorhersehbare Auswirkung auf die Renditen im Juli hatten, aber den gleichen Januar-Effekt wie den an den US-Märkten nachgewiesenen entdeckten sie auch. Die Ergebnisse der Autoren trüben die Wasser der Kausalbeziehung zwischen steuerlich bedingten Verkäufen und dem Jahreswechsel-Effekt und deuten darauf hin, dass noch etwas anderes im Gange ist, das den Jahreswechsel-Effekt erklärt. Insgesamt deuten die Forschungen jedoch darauf hin, dass wahrscheinlich ein Zusammenhang zwischen steuerlichen Anreizen und den saisonalen Aktienrenditen am Jahresende besteht, dass aber die Forscher die exakte Beziehung noch nicht vollständig verstehen.

Großartige Theorien:
Aber warum kümmern wir uns darum?

Die im Vorigen skizzierten Effekte des Window Dressings und der steuerbedingten Saisonalität sind interessante akademische Übungen. Nun versuchen wir zu verstehen, wie diese Anreize zu saisonalen Effekten führen könnten, die Momentum-Strategien verbessern können. Wie bereits besprochen, haben institutionelle Anleger Window-Dressing-Anreize, vor Quartalsende Gewinner zu kaufen und Verlierer zu verkaufen. Dieses Verhalten bringt uns zu unserer ersten Hypothese:

> ▶ **Hypothese 1:** In den letzten Monaten von Quartalen sind die Momentum-Gewinne am höchsten, denn das Window Dressing kann zu institutionellen Mittelzuflüssen in Aktien mit hohem Momentum und zu Mittelabflüssen aus Aktien mit niedrigem Momentum führen.

Eine weitere auf die Saisonalität und auf das Momentum bezogene Hypothese besagt, dass steuerpflichtige Anleger zum Jahresende hin gerne Verlierer verkaufen und Gewinner laufen lassen, um ihre Steuerbelastung zu reduzieren. Dies führt uns zu unserer zweiten Hypothese:

> ▶ **Hypothese 2:** Steuerliche Anreize führen zu starken Momentum-Gewinnen im Dezember, weil Gewinner wahrscheinlich nicht unter Verkaufsdruck leiden, Verlierer hingegen schon. Aber diese steuerbedingten Mittelflüsse kehren sich zum Jahresanfang um.

Wenn wir die Hypothese zum Window Dressing mit derjenigen zur Steuerminimierung kombinieren, sollten wir hohe Momentum-Gewinne in den Monaten zum Ende eines Quartals (März, Juni, September und Dezember) und besonders hohe Profite in dem Monat zum Jahresende (Dezember) sehen. Außerdem sollten wir schwache Momentum-Gewinne im

TEIL 2

Januar sehen, wenn die Steueranreize der Vormonate abflauen und die Nachfrage nach Verlierer- und Gewinneraktien sich wieder auf normale Niveaus umkehrt (zum Beispiel dass Verliereraktien einen positiven Nachfrageschock verspüren und Gewinneraktien einen negativen Nachfrageschock).

Richard Sias testet alle oben skizzierten Konzepte. Dabei findet er starke Belege, die die Auffassung stützen, dass das Momentum eine hochgradig saisonale Anomalie ist.[24] Um die Momentum-Gewinne einzuschätzen, bildet Sias Long-short-Portfolios, die long auf das oberste Dezil der Aktien mit der stärksten vergangenen 6-Monats-Halteperiode und short auf das Dezil der Aktien mit den schwächsten vergangenen 6-Monats-Renditen stehen. Abbildung 7.1 zeigt die Ergebnisse seines Long-short-Portfolios.

Abbildung 7.1 **Momentum-Saisonalität von 1984-2004**

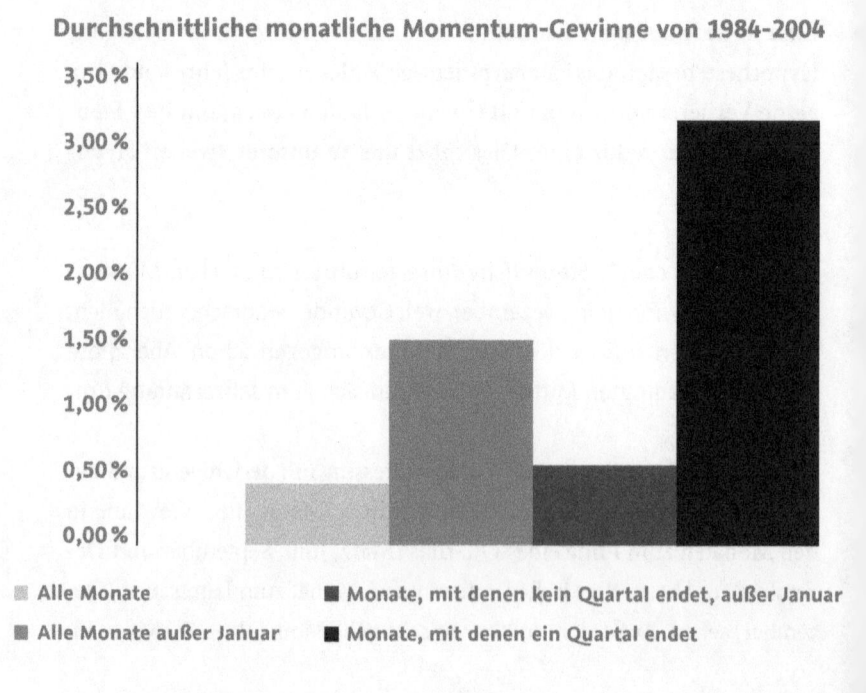

Durchschnittliche monatliche Momentum-Gewinne von 1984-2004

- Alle Monate
- Alle Monate außer Januar
- Monate, mit denen kein Quartal endet, außer Januar
- Monate, mit denen ein Quartal endet

7 // MOMENTUM-ANLEGER MÜSSEN DIE JAHRESZEITEN KENNEN

Über alle Monate betrachtet beläuft sich der durchschnittliche Monatsgewinn von 1984 bis 2004 auf 0,45 Prozent, auf das Jahr gerechnet also 5,4 Prozent. Wenn man den Januar weglässt, wirft das Portfolio 1,50 Prozent im Monat oder circa 18 Prozent im Jahr ab. Es kommt also eindeutig auf den Januar an, aber auch auf die Monate, mit denen Quartale enden. Die Momentum-Gewinne in den Monaten, mit denen Quartale enden, belaufen sich auf durchschnittlich 3,10 Prozent je Monat, während die Monate, mit denen keine Quartale enden (außer Januar), bei 0,59 Prozent stehen – eine Differenz um das Fünffache! Und dieses Muster war bei Aktien mit einem hohen Anteil an institutionellem Handel (bei dem die Window-Dressing-Anreize am größten sind) stärker ausgeprägt, besonders stark im Dezember (wenn die steuerlichen Anreize am größten sind). Diese Indizien sind erhellend: Jeder, der sich eine Momentum-Strategie überlegt, sollte saisonale Aspekte in seinen Algorithmus aufnehmen. Die Ergebnisse der Long-short-Momentum-Portfolios in Abbildung 7.1 passen zu den Hypothesen des Window Dressings und der Steuerminimierung – gegen Ende eines Quartals betreiben die Manager in ihren Portfolios Window Dressing, sodass Gewinneraktien gut laufen (weil sie gekauft werden), während Verliereraktien schlecht laufen (weil sie verkauft werden), und der Dezember bringt von allen Monaten die größten Momentum-Renditen – 5,52 Prozent (worin sich das Window Dressing und der steuerliche Druck niederschlagen).

Die Belege deuten also darauf hin, dass die Saisonalität bei momentumbasierten Strategien der Aktienauswahl eine bedeutende Rolle spielt. Den abschließenden Kommentar zu diesem Thema überlassen wir Sias, der es am besten ausdrückt: „Anleger, die das Ertrags-Momentum ausnutzen wollen, sollten ihre Bemühungen auf die Monate konzentrieren, mit denen Quartale enden." Im nächsten Abschnitt werden wir den Rat von Sias aufgreifen und untersuchen, wie man die Saisonalität ausnutzen kann, um ein besseres System der Aktienauswahl anhand des Momentums aufzubauen.

TEIL 2

Momentum-Saisonalität: Die Ergebnisse

Wir beginnen diesen Abschnitt damit, dass wir die Ergebnisse, die Sias in seinem Artikel von 2007 publizierte, replizieren und erweitern. Wir untersuchen alle Aktien mittlerer und hoher Kapitalisierung von Januar 1927 bis Dezember 2014. Wir untersuchen die wertgewichteten Renditen von quartalsweise angepassten Momentum-Portfolios mit ähnlichen Methoden wie in den Kapiteln 5 und 6. Die durchschnittlichen Monatsrenditen der Portfolios mit hohem und niedrigem Momentum (Dezile) sind in Tabelle 7.1 dargestellt.

Tabelle 7.1 **Durchschnittliche Renditen nach Monaten**

	Niedriges Momentum	Hohes Momentum	Spanne (Hoch – Niedrig)
Januar	2,91 %	1,19 %	-1,72 %
Februar	-0,24 %	1,65 %	1,89 %
März	0,13 %	1,86 %	1,73 %
April	1,33 %	1,85 %	0,53 %
Mai	0,09 %	0,82 %	0,73 %
Juni	0,01 %	1,56 %	1,55 %
Juli	1,77 %	1,21 %	-0,56 %
August	1,96 %	1,34 %	-0,62 %
September	-1,63 %	-0,20 %	1,44 %
Oktober	-0,54 %	0,75 %	1,28 %
November	0,67 %	2,39 %	1,71 %
Dezember	0,19 %	2,95 %	2,76 %

Aus unserer Analyse nehmen wir etwas Ähnliches mit wie aus dem Originalartikel von Sias. Wenn man die Spalte „Differenz" betrachtet, ist der Januar ein sehr „negativer" Monat für das Momentum, weil das niedrige Momentum das hohe Momentum outperformt. Im Allgemeinen haben Monate, mit denen Quartale enden, die höchsten Renditen, wenn man die Portfolios mit niedrigem und hohem Momentum miteinander vergleicht. Der März bringt einen positiven Momentum-Gewinn, aber die Outperformance im Vergleich zu anderen Monaten im gleichen Quartal ist im Verhältnis zu Juni, September und Dezember gedämpft. Doch wie Sias in seinem Originalartikel schreibt, stützt das März-Ergebnis die Window-Dressing-Hypothese, weil die Institutionen bis zu späteren Zeitpunkten im Kalenderjahr nur einen geringen Anreiz zum Window Dressing haben.

Leichter können wir die Differenz zwischen den durchschnittlichen Monatsrenditen des hohen und den durchschnittlichen Monatsrenditen des niedrigen Momentums in Abbildung 7.2 sichtbar machen. Die Ergebnisse sind denjenigen von Sias quantitativ und direkt ähnlich.

Abbildung 7.2 **Momentum-Spread von 1974 bis 2014**

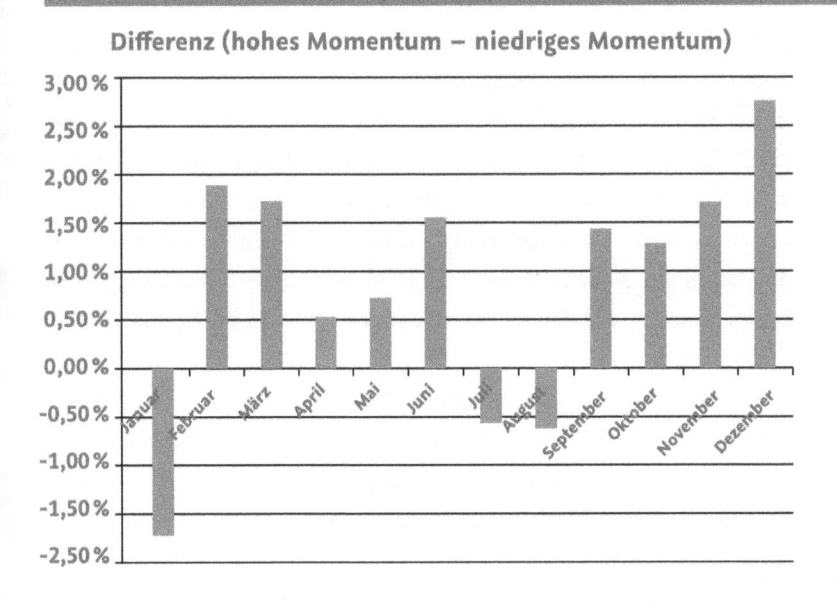

Differenz (hohes Momentum – niedriges Momentum)

Unsere Replikation und erweiterte Analyse der Ergebnisse von Sias flößen uns Vertrauen in die Robustheit der Original-Ergebnisse ein (wir führen unsere Tests an internationalen Daten durch und kommen zu ähnlichen Schlüssen). Jetzt müssen wir noch herausfinden, wie wir dieses Wissen für eine Momentum-Strategie ausnutzen können. Auf der einen Seite wissen wir, dass der Januar ein sehr „negativer" Monat für das Momentum ist und gemieden werden sollte, aber wollen wir wirklich Ende Dezember alle unsere Aktien mit hohem Momentum verkaufen, vor Januar alle Aktien mit niedrigem Momentum kaufen und dann vor Februar die Anpassung zurück in das hohe Momentum vornehmen? Theoretisch wäre diese Aktivität sinnvoll, aber in der Praxis wäre sie aufgrund der Liquidität des Marktes und der Reibungsverluste wahrscheinlich problematisch.

Unsere eigene Analyse der Reibungsverluste und der Marktliquidität deutet darauf hin, dass es in einem Portfolio vernünftiger Größe unrealistisch ist, die Momentum-Effekte von Dezember auf Januar auszunutzen. Deshalb geben wir diese Idee zwar auf, aber wir können die Saisonalität des Momentums trotzdem ausnutzen. Wir können unser System so gestalten, dass es sowohl aus dem Window Dressing zum Quartalsende als auch aus den steuerlichen Anreizen zum Jahresende Vorteil zieht. Aber wie nutzen wir dieses Wissen aus? Da die Momentum-Gewinne in Monaten, mit denen Quartale enden, am höchsten sind, und da dies wahrscheinlich an Managern liegt, die in ihren Portfolios Window Dressing betreiben, stellen wir die Hypothese auf, dass ein Rebalancing vor diesen Monaten, mit denen Quartale enden, wohl die höchsten Renditen abwerfen wird.

Wir überprüfen unsere Hypothese, dass ein intelligentes Rebalancing, das die Effekte der Saisonalität ausnutzt, eine Momentum-Strategie verbessern kann. Erinnern Sie sich, dass wir in den Kapiteln 5 und 6 die Ergebnisse von Momentum-Portfolios anhand von überlappenden Portfolios mit drei Monaten Halteperiode untersucht haben. Wir erinnern den Leser daran, dass überlappende Portfolios folgendermaßen funktionieren: Am 31. Dezember 2014 stehen wir am Monatsende. Wir berechnen eine Kennzahl für das allgemeine Momentum und setzen ein Drittel unseres Kapitals für den Kauf von Aktien mit hohem

Momentum ein. Diese Aktien bleiben bis zum 31. März 2015 im Portfolio. Am 31. Januar 2015, also einen Monat später, setzen wir ein weiteres Drittel unseres Kapitals ein, um anhand der Momentum-Einstufungen zum 31. Januar 2015 Aktien mit hohem Momentum zu kaufen. Diese Aktien bleiben bis zum 30. April 2015 im Portfolio. Am 28. Februar 2015, also wieder einen Monat später, setzen wir ein weiteres Drittel unseres Kapitals für den Kauf von Aktien mit hohem Momentum ein. Diese Aktien bleiben bis zum 31. Mai 2015 im Portfolio. Dieser Prozess wiederholt sich jeden Monat und erzeugt den Effekt des überlappenden Portfolios. Und die Renditen des überlappenden Portfolios stellen eine Mischung aus den zugrunde liegenden Portfolios dar, die mit dem überlappenden Portfolio gemanagt werden, was die saisonalen Effekte minimiert.

Natürlich ist bei einem Test auf Saisonalität und Momentum die Erstellung überlappender Portfolios – die ja gerade gebildet werden, um Saisoneffekte zu minimieren – nicht die korrekte Vorgehensweise. Wenn wir bewusst versuchen, aus saisonalen Effekten Vorteil zu ziehen, können wir quartalsweise nicht überlappende Portfolios untersuchen, die vor Monaten erstellt werden, mit denen Quartale enden. Diese Art der Portfoliozusammenstellung leuchtet vielen Menschen außerhalb der akademischen Forschung mehr ein und ist in der Lage, die quartalsbedingten Momentum-Effekte auszunutzen. Konkret gehen wir davon aus, dass wir mit dem nicht überlappenden saisonalen Momentum-Portfolio am Ende der Monate Februar, Mai, August und November handeln, um die bekannten Momentum-Profite zu nutzen, die mit den Monaten März, Juni, September und Dezember verbunden sind. Dieses nicht überlappende Portfolio halten wir drei Monate lang, sodass pro Jahr vier Rebalancings erfolgen. Wir vergleichen die Performance dieses Portfolios mit der anderer nicht überlappender Portfolios, die nicht vor den Monaten angepasst werden, mit denen Quartale enden. Unsere Hypothese lautet, dass das nicht überlappende quartalsweise angepasste Portfolio, das die saisonalen Momentum-Vorteile nutzt, eine höhere Performance bringt als die anderen Portfoliokonstruktionen, die die Saisonalität ignorieren.

Wie schon bei früheren Tests untersuchen wir nur Aktien mit mittlerer und hoher Kapitalisierung und bilden die Portfolios durch Wertgewichtung der Unternehmen. Die Analyse reicht vom 1. März 1927 bis zum 31. Dezember 2014.[25] Wir halten uns an den Prozess aus Kapitel 5, der darin besteht, (1) die Aktien anhand ihrer kumulierten früheren 12-Monats-Renditen zu sortieren (unter Auslassung des letzten Monats) und (2) das oberste Dezil anhand der früheren Renditen zu untersuchen.

In Tabelle 7.2 untersuchen wir die Ergebnisse der oben skizzierten Strategie, wobei wir den Rebalancing-Abstand variieren und folgende vier Portfolios verwenden:

- **Intelligentes Rebalancing**: Das cleverste saisonal angepasste Portfolio. Dieses Portfolio wird zu Handelsschluss im Februar, Mai, August und November angepasst.
- **Durchschnittliches Rebalancing**: Dieses Portfolio wird zum Handelsschluss im Januar, April, Juli und Oktober angepasst.
- **Dummes Rebalancing**: Das bezüglich der Saisonalität unklügste Portfolio. Dieses Portfolio wird zum Handelsschluss im Dezember, März, Juni und September angepasst.
- **Ignorantes Rebalancing**: Das Portfolio, das die Saisonalität ignoriert. Es ist ein überlappendes Portfolio, das jeden Monat angepasst und für drei Monate gehalten wird.

Alle unten gezeigten Portfoliorenditen sind wertgewichtet. Tabelle 7.2 zeigt die Ergebnisse.

Tabelle 7.2 **Saisonalität der Jahresergebnisse von Momentum-Portfolios**

	Intelligentes Rebalancing	Durchschnittliches Rebalancing	Dummes Rebalancing	Ignorantes Rebalancing
CAGR	15,97 %	15,65 %	15,06 %	15,49 %
Standardabweichung	23,99 %	23,96 %	23,90 %	23,62 %
Abweichung nach unten	17,93 %	17,56 %	17,70 %	17,43 %
Sharpe Ratio	0,60	0,59	0,57	0,59
Sortino Ratio (MAR = 5 %)	0,72	0,71	0,68	0,71
Größter Drawdown	-74,19 %	-73,35 %	-77,43 %	-73,90 %
Schlechteste Monatsrendite	-30,09 %	-31,01 %	-30,45 %	-30,00 %
Beste Monatsrendite	32,35 %	39,53 %	31,15 %	33,88 %
Monate mit Gewinn	62,71 %	62,14 %	62,14 %	61,86 %

Die Ergebnisse in Tabelle 7.2 bestätigen unsere Hypothese, dass sich die Momentum-Saisonalität durch intelligenteres Rebalancing teilweise ausbeuten lässt. Wenn wir uns die Ergebnisse eines gleichgewichteten Portfolios anschauen (nicht gezeigt), werden die Effekte vergrößert. Das intelligent angepasste Portfolio nutzt die Effekte sowohl des Window Dressings als auch der steuerlichen Anreize aus, die Momentum-Gewinne verursachen, und daher bringt es unter allen Portfoliokonstruktionen die beste Performance. Das Portfolio mit der schlechtesten Performance ist das Portfolio, das aus Sicht der Momentum-Saisonalität die Gewichtungen systematisch zu den schlechtesten Zeitpunkten anpasst. Das ignorant angepasste Portfolio und das durchschnittlich angepasste Portfolio bringen Ergebnisse, die zwischen denen des klug und des dumm angepassten Portfolios liegen. Die Lehre, die man daraus ziehen kann, ist einfach: Beim Aufbau von Momentum-Systemen sollte man auf die Saisonalität achten.

TEIL 2

Fazit

In diesem Kapitel gehen wir zwei institutionellen Verhaltensweisen nach, die möglicherweise am Aktienmarkt saisonale Effekte hervorrufen: Window Dressing und Steuerminimierung. Danach stellen wir Forschungen vor, die diese beiden Anreize mit der Profitabilität des Momentums in Verbindung bringen. Und schließlich führen wir unsere eigene Analyse der Saisonalität und der Momentum-Gewinne durch. Wir schließen mit einer Analyse unterschiedlicher Rebalancing-Methoden und ihrer Auswirkungen auf die Profitabilität allgemeiner Momentum-Strategien. Daraus nehmen wir vor allem mit, dass man als Anleger die Saisonalität von Momentum-Gewinnen ausnutzen kann, indem man ein Rebalancing-Programm entwickelt, das darauf ausgerichtet ist, die Performance zu maximieren.

Anmerkungen

1. Robert Novy-Marx, „Predicting Anomaly Performance with Politics, the Weather, Global Warming, Sunspots, and the Stars", *Journal of Financial Economics* 112 (2014): 137–146.

2. Ibid.

3. Cherry Zhang und Ben Jacobsen, „Are Monthly Seasonals Real? A Three Century Perspective", *Review of Finance* 17 (2013): 1743–1785.

4. Matti Keloharju, Juhani Linnainmaa und Peter Nyberg, „Return Seasonalities", *The Journal of Finance* 71 (2016): 1557–1590.

5. Richard Sias, „Causes and Seasonality of Momentum Profits", *Financial Analysts Journal* 63 (2007): 48–54.

6. Edwin W. Kemmerer, „Seasonal Variations in the New York Money Market", *American Economic Review* 1 (1911): 33–49.

7. Gang Hu, David McLean, Jeff Pontiff und Qinghai Wang, „The Year-End Trading Activities of Institutional Investors: Evidence from Daily Trades", *The Review of Financial Studies* 27 (2014): 1593–1614.

8. Marcin Kacperczyk, Clemens Sialm und Lu Zheng, „Unobserved Actions of Mutual Funds", *The Review of Financial Studies* 21 (2008): 2379–2416.

9. David H. Solomon, Eugene Soltes und Denis Sosyura ",,Winners in the Spotlight: Media Coverage of Fund Holdings as a Driver of Flows", *Journal of Financial Economics* 113 (2014): 53–72.

10. Jia He, Lilian Ng und Qinghai Wang, "Quarterly Trading Patterns of Financial Institutions", *The Journal of Business* 77 (2004): 493–509.

11. Vikas Agarwal, Gerald Gay und Leng Ling, "Window Dressing in Mutual Funds", *The Review of Financial Studies* 27 (2014): 3133–3170.

12. Sidney B. Wachtel, "Certain Observations on Seasonal Movements in Stock Prices", *The Journal of Business of the University of Chicago* 15 (1942): 184–193.

13. Michael S. Rozeff und William R. Kinney, Jr., "Capital Market Seasonality: The Case of Stock Returns", *Journal of Financial Economics* 3 (1976): 379–402.

14. Andrew Szakmary und Dean Kiefer, "The Disappearing January/Turn of the Year Effect: Evidence form Stock Index Futures and Cash Markets", *Journal of Futures Markets* 24 (2004): 755–784.

15. Richard Roll, "Vas Ist Das?", *The Journal of Portfolio Management* 9 (1983): 18–28.

16. Donald B. Keim, "Size-related Anomalies and Stock Return Seasonality", *Journal of Financial Economics* 12 (1983): 13–32.

17. Marc Reinganum, "The Anomalous Stock Market Behavior of Small Firms in January", *Journal of Financial Economics* 12 (1983): 89–104.

18. Honghui Chen und Vijay Singal, "All Things Considered, Taxes Drive the January Effect", *The Journal of Financial Research* 27 (2004): 351–372.

19. Mark Grinblatt und Tobias J. Moskowitz, "Predicting Stock Price Movements from Past Returns: The Role of Consistency and Tax-Loss Selling", *Journal of Financial Economics* 71 (2004): 541–579.

20. Jay R. Ritter, "The Buying and Selling Behavior of Individual Investors at the Turn of the Year", *The Journal of Finance* 43 (1988): 701–717.

21. James Poterba und Scott Weisbenner, "Capital Gains Tax Rules, Tax-Loss Trading, and Turn-of-the-Year Returns", *The Journal of Finance* 56 (2001): 353–368.

22. Richard Sias und Laura Starks, "Institutions and Individuals at the Turn-of-the-Year", *The Journal of Finance* 52 (1997): 1543–1562.

TEIL 2

23. Philip Brown, Donald Keim, Allan Kleidon und Terry Marsh, 1983, „Stock Return Seasonalities and the Tax-Loss Selling Hypothesis", *Journal of Financial Economics* 12 (2001): 105–127.

24. Richard Sias, 48–54.

25. Um das Portfolio mit intelligentem Rebalancing zu vereinfachen, lassen wir Januar und Februar 1927 weg, sodass sich das Anfangsdatum vom 1. Januar 1927 auf den 1. März 1927 verschiebt.

KAPITEL 8

Quantitatives Momentum schlägt den Markt

„„,... *wir halten uns sklavisch an das Modell. Man tut, was immer es sagt, egal für wie schlau oder dumm man es hält.*"

— Jim Simons, Renaissance Technologies[1]

Die Komponenten und das Wissen, das man braucht, um das System des quantitativen Momentums zu verstehen, werden in den Kapiteln 5 bis 7 dargestellt. In Kapitel 5 skizzieren wir den allgemeinen Relative-Stärke-Momentum-Indikator, der üblicherweise bei wissenschaftlichen Forschungen verwendet wird. Das allgemeine Momentum ist ein Ausgangspunkt für das System des quantitativen Momentums. Wir berechnen das Maß für das allgemeine Momentum als Gesamtrendite (einschließlich Dividenden) einer Aktie über eine bestimmte Rückschauperiode (zum Beispiel über die letzten zwölf Monate) und überspringen dabei den letzten Monat. Wir berechnen dieses Maß für alle Aktien in unserem Anlageuniversum.

Der nächste Aspekt des Systems des quantitativen Momentums bezieht sich auf die Differenzierung zwischen Aktien mit allgemeinem

TEIL 2

Momentum. Wenn Sie sich erinnern: In Kapitel 6 sprechen wir über Belege für zwei Aspekte des Anlegerverhaltens: (1) eine Vorliebe für lotterieartige Anlagen und (2) die begrenzte Aufmerksamkeit. Zuerst führen wir die Nachweise dafür vor, dass das Halten von Aktien mit großen kurzfristigen Performance-„Zacken" im Allgemeinen underperformt. Diese Underperformance resultiert aus Fehlpreisungen, die durch einseitig orientierte Anleger entstehen, die für lotterieähnliche Eigenschaften von Aktien zu viel bezahlen. Als Nächstes untersuchen wir das sogenannte Frosch-in-der-Pfanne-Momentum (FIP = Frog in the Pan), das den Weg hin zu einer Aktie mit hohem Momentum zu quantifizieren versucht. Die Berechnung dieses Maßes erfolgt folgendermaßen:

FIP = sign(frühere Rendite) * [% negativ − % positiv]

Das FIP-Maß betrachtet die vergangenen 252 Handelstage aller Aktien mit hohem Momentum und verrechnet den Anteil der Handelstage mit negativen Erträgen gegen den Anteil der Handelstage mit positiven Erträgen. Diese beiden Berechnungskomponenten werden voneinander abgezogen und mit dem Vorzeichen des allgemeinen Momentum-Signals multipliziert (also mit der Gesamtrendite über zwölf Monate unter Auslassung des ersten Monats). Nehmen wir zum Beispiel an, die Aktie ABC hat ein berechnetes allgemeines Momentum von 50 Prozent. Wenn 35 Prozent der vergangenen 252 Handelstage negativ sind, 1 Prozent der Handelstage stagnierend und 64 Prozent positiv, dann ergibt sich das FIP von ABC wie folgt: +1 * [0,35 − 0,64] = −0,29. Je negativer das FIP, umso besser. Der FIP-Algorithmus teilt die Aktien mit hohem Momentum in solche mit eher kontinuierlichen Preisverläufen (also glatt, mit einer langsamen Verbreitung gradueller Informationselemente) und solche mit eher diskreten Preisverläufen (also sprunghaft, mit sofortigen Informationselementen) auf. Der FIP-Algorithmus schlägt zwei Fliegen mit einer Klappe, denn er minimiert das Exposure auf lotterieartige Aktieneigenschaften und konzentriert sich auf diejenigen Aktien mit hohem Momentum, die mit der höchsten Wahrscheinlichkeit dem hauptsächlichen Grund unterliegen, aus dem Momentum-Aktien eine Outperformance aufweisen: Die Anleger reagieren auf positive Nachrichten systematisch zu schwach.

Und schließlich gehen wir in Kapitel 7 der Saisonalität und ihrer Beziehung zu Momentum-Strategien nach. Die zentrale Erkenntnis aus diesem Kapitel ist, dass Window Dressing und steuerliche Anreize wahrscheinlich eine Rolle bei der zeitlichen Dynamik der Profitabilität von Momentum-Strategien spielen. Wir besprechen, wie schwierig es aufgrund realer Bedenken im Zusammenhang mit Reibungsverlusten und des komplexen Handels ist, diese Belege für Saisonalität auszunutzen. Aber wir zeigen auch auf, dass man diese Informationen indirekt nutzbar machen kann, indem man das Wissen um die Saisonalität in das Rebalancing-Programm einer Momentum-Strategie einbezieht. Unsere Forschungen zeigen, dass die zeitliche Abstimmung des Rebalancings von Momentum-Strategien – so, dass die Strategie vor den Vertretern des Window Dressings und vor den steuerlich motivierten Anlegern handelt – einen positiven Beitrag zur erwarteten Performance leistet.

Letztlich destillierten wir unseren Momentum-Prozess auf fünf aufeinanderfolgende Schritte herunter (dargestellt in Abbildung 8.1):

1. **Das Anlageuniversum identifizieren:** Unser Universum besteht normalerweise aus mittel bis hoch kapitalisierten börsennotierten US-amerikanischen Aktien.
2. **Allgemeines Momentum-Screening:** Wir sortieren die Aktien in unserem Universum nach ihren Renditen der letzten zwölf Monate unter Auslassung des letzten Monats.
3. **Screening nach der Qualität des Momentums:** Wir kontrollieren Aktien mit hohem Momentum auf die „Qualität" ihres Momentums, die wir mithilfe des FIP-Algorithmus bestimmen.
4. **Screening nach der Saisonalität des Momentums:** Wir nutzen saisonale Aspekte aus, die sich auf das Momentum-Investing

anwenden lassen, und diese bestimmen das Timing unseres Rebalancings. Wir gleichen das Portfolio vierteljährlich vor den Monaten aus, mit denen Quartale enden.
5. **Mit Überzeugung investieren:** Wir streben an, in ein konzentriertes Portfolio aus Aktien mit dem hochwertigsten Momentum zu investieren. Diese Form der Geldanlage erfordert ein diszipliniertes Engagement sowie die Bereitschaft, von den üblichen Benchmarks abzurücken.

Abbildung 8.1 **Der Prozess des quantitativen Momentums**

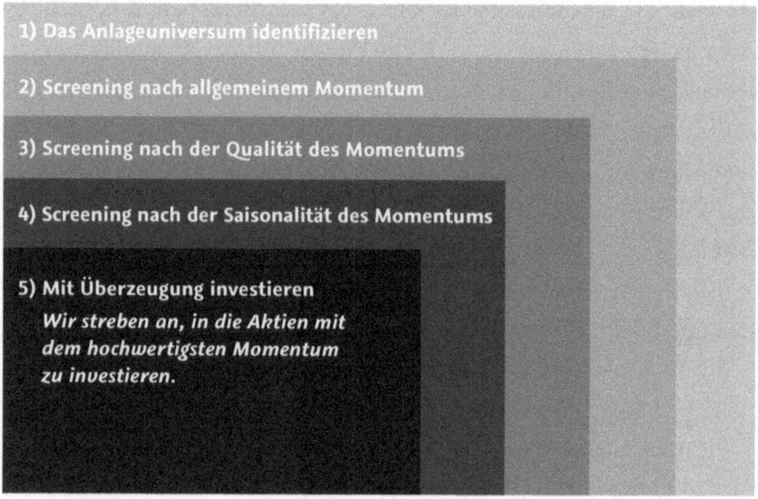

1) Das Anlageuniversum identifizieren
2) Screening nach allgemeinem Momentum
3) Screening nach der Qualität des Momentums
4) Screening nach der Saisonalität des Momentums
5) Mit Überzeugung investieren
   Wir streben an, in die Aktien mit dem hochwertigsten Momentum zu investieren.

Ein hypothetisches Szenario der Portfoliokonstruktion könnte wie folgt funktionieren: Man ziehe ein Universum von 1.000 Aktien in Betracht, das in Schritt 1 identifiziert wurde. In Schritt 2 berechnen wir allgemeine Momentum-Punktzahlen für alle 1.000 Wertpapiere und identifizieren die obersten zehn Prozent beziehungsweise die 100 Aktien mit dem höchsten allgemeinen Momentum. Im dritten Schritt berechnen wir den FIP-Score der im zweiten Schritt identifizierten 100 Firmen mit dem höchsten Momentum und sortieren diese 100 Aktien nach FIP, wobei niedriger besser ist. Wir ermitteln die obere Hälfte beziehungsweise die 50 Aktien, deren hohes Momentum am glattesten ist. In Schritt 4 legen wir das Musterportfolio fest und führen unser Rebalancing Ende Februar, Ende Mai, Ende August und Ende November durch, um saisonale Effekte auszunutzen. Schließlich setzen wir in Schritt 5 die Strategie mit rund 50 Aktien im Portfolio mit einer gleichgewichteten Konstruktion um (um die aktienspezifischen Risiken zu minimieren) und machen uns auf große Schwankungen der relativen Performance sowie auf den Segen (und Fluch) langer Zeiten relativer Outperformance (und Underperformance) gefasst.

Transaktionskosten

Die Transaktionskosten werden üblicherweise als Hauptgrund dafür angeführt, weshalb das Momentum-Investing eine verfehlte Investmentpraxis sei, die hypothetischen, ketzerischen und technisch orientierten Day-Trading-Analytikern vorbehalten bleibe, denen es an Hirn mangele. Einige wissenschaftliche Forschungen zum Thema Momentum-Gewinne nach Abzug von Transaktionskosten haben wir in Kapitel 5 besprochen. Und während in der wissenschaftlichen Forschung Übereinstimmung herrscht, dass die Transaktionskosten für Momentum-Strategien ebenso von Bedeutung sind wie für alle anderen aktiven Anlagestrategien, ist der Mythos, Momentum-Strategien seien zu kostspielig, um sie auszubeuten, wahrscheinlich zu stark. Dieser „Mythos" wird oft von denjenigen gepredigt, die (1) die Forschungen zu dem Thema nicht kennen und (2) noch nie Erfahrungen mit dem Handel von Momentum-Strategien in der Praxis gemacht haben. Cliff Asness et al. packen das Thema in ihrem Paper mit dem passenden Titel „Fact, Fiction, and Momentum Investing" frontal an. Asness schreibt kurz und knapp: „Man braucht nicht viel zu rechnen, um zu begreifen, dass das Momentum die Handelskosten locker überlebt."[2] Wir ermuntern interessierte Leser, die Analysen der Momentum-Transaktionskosten zu erkunden und zu vergleichen, die in Frazzini, Israel und Moskowitz[3] vorgelegt werden. Sie analysieren Daten zu realisierten Transaktionskosten von AQR Capital über einen längeren Zeitraum. Und Lesmond, Schill und Zhou beurteilen die Handelskosten anhand einer Analyse täglichen Handels und Intraday-Handels in Form einer akademischen Übung, die nicht berücksichtigt, dass professionelle Anleger viel niedrigere Handelskosten haben und Strategien zur Minimierung der Rebalancing-Kosten umsetzen.[4] Natürlich wäre es auch töricht, die Forschungen von Asness zu weit fortzuschreiben. Der gesunde Menschenverstand sagt einem, dass man nicht ungestraft Milliarden und Abermilliarden Dollar in Momentum-Strategien stecken kann. Wenn im Laufe der Zeit mehr diszipliniertes Kapital in Momentum-Strategien investiert wird, ohne dass die Transaktionskosten entsprechend sinken, kann der Nettovorteil einer Momentum-Strategie dadurch gedämpft werden.

Wenn wir den Algorithmus für das quantitative Momentum testen, müssen wir gleich am Anfang der Investment-Simulation festlegen, wie wir die Transaktionskosten bei unseren Backtests berücksichtigen. Der Einfachheit halber beziehen wir eine Verwaltungsgebühr von einem Prozent ein – unter der Annahme, dass die meisten Anleger einen Profi engagieren müssten, um eine robuste Momentum-Strategie umzusetzen – und Rebalancing-Kosten von 0,20 Prozent. Diese 0,20 Prozent fallen bei einem vierteljährlichen Rebalancing viermal im Jahr an, woraus sich jährliche Handelskosten von 0,80 Prozent ergeben. Insgesamt summieren sich die Verwaltungsgebühr und die Handelskosten auf 1,80 Prozent im Jahr und diesen Wert verwenden wir, falls nicht anders angegeben, bei allen Analysen, die wir in diesem Kapitel vorstellen.

Bevor nun der Leser reflexartig sagt, die Gebühren müssten viel höher oder viel niedriger sein, sollte er bedenken, dass wir bereits wissen, dass diese Schätzung wahrscheinlich nicht zutrifft und dass die tatsächlichen Kosten extrem unterschiedlich ausfallen. In der Praxis haben unterschiedliche Anleger unterschiedliche Kostenstrukturen, unterschiedliche steuerliche Situationen sowie unterschiedliche Trading- und Ausführungsfähigkeiten. In der einen Gruppe von Anlegern können die Kosten um einen Grad oder um eine Größenordnung höher oder niedriger ausfallen als bei der anderen. Wir stellen nur deshalb eine einfache Kostenschätzung an, um die Tatsache zu berücksichtigen, *dass* sich die Kosten auf das Endergebnis auswirken. In unserem eigenen Live-Trading anhand der Strategie des quantitativen Momentums fallen viel niedrigere als die angenommenen Kosten an, aber historisch wären die Handelskosten viel höher gewesen als angenommen. Wir hoffen, dass unsere Schätzung in der goldenen Mitte liegt – nicht zu hoch und nicht zu niedrig, womöglich gerade richtig. Wir behaupten nicht, dass wir die perfekten Antworten haben, und wir fordern alle Anleger auf, die zu erwartenden Kosten für den Betrieb dieser Systeme abzuschätzen und die Ergebnisse entsprechend anzupassen.

Die Parameter des Universums

Um sicherzustellen, dass andere Forscher genug Informationen haben, um unsere Ergebnisse zu replizieren und unabhängig zu verifizieren, stellen wir in Tabelle 8.1 die Details des von uns erforschten Aktienuniversums und die Annahmen dar, die wir treffen, um unsere Analyse durchzuführen. Unser Universum ist liquide und investierbar und dafür ist in jedem Rebalancing-Zeitraum eine Mindest-Marktkapitalisierung erforderlich, die größer als der 40-Prozent-Messpunkt der Marktkapitalisierung an der NYSE zum Zeitpunkt des Portfolioausgleichs ist. Unsere Analyse läuft vom 1. März 1927 bis zum 31. Dezember 2014[5] und unsere Daten stammen aus dem Goldstandard für wissenschaftliche Forschungen, die Ertragsdaten betreffen: CRSP (The Center for Research in Security Prices).

TEIL 2

Tabelle 8.1 **Parameter für die Auswahl des Aktienuniversums**

Punkt	Beschreibung des Punkts
Marktkapitalisierung	40%-Messpunkt an der NYSE
Börsen	NYSE/AMEX/NASDAQ
Eingeschlossene Arten von Wertpapieren	Stammaktien
Ausgeschlossene Branchen	Keine
Renditedaten	Preise um Dividenden, Splits und Kapitalmaßnahmen bereinigt
Delisting-Algorithmus	„Delisting Returns and their Effect on Accounting-Based Market Anomalies" von William Beaver, Maureen McNichols und Richard Price[6]
Portfoliogewichtung	Gewichtung nach Marktkapitalisierung (VW = Value-Weight)

Die Analyse des quantitativen Momentums

Wir tauchen tief in die historische Performance des Systems des quantitativen Momentums ein. Unsere Analyse ist folgendermaßen organisiert:

- ▶ Übersichtskennzahlen
- ▶ Belohnungsanalyse
- ▶ Risikoanalyse
- ▶ Analyse der Robustheit

Übersichtskennzahlen

Tabelle 8.2 stellt die statistischen Standardanalysen der Performance der Strategie des quantitativen Momentums sowie ihres Risikoprofils dar und vergleicht die Kennzahlen mit denen der Strategie des allgemeinen Momentums (keine Saisonalität, kein FIP) und des Standard & Poor's 500 Total Return Index (S&P 500 TR Index). Die in Tabelle 8.2 angegebenen Renditen verstehen sich bei beiden Momentum-Strategien nach Abzug von 1,80 Prozent Gebühren, beim S&P 500 ohne Abzug von

Gebühren. Wir geben dem passiven Index somit einen unrealistischen Kostenvorteil (kostenlos), um zu gewährleisten, dass wir bei unserer Beurteilung der Ergebnisse konservativ bleiben. Alle Ergebnisse sind wertgewichtet (manchmal auch als Gewichtung nach Marktkapitalisierung bezeichnet), um sie konsistent zu halten. Ein alternatives Gewichtungssystem ist die gleichmäßige Gewichtung der Portfoliopositionen. Die gleichgewichtete Alternative ist in zweierlei Hinsicht vorteilhaft:

1. **Diversifizierung** – Man teilt jeder Aktie das gleiche Kapital zu, sodass keine einzelne Aktie im Portfolio ein großes Gewicht hat.
2. **Small-Cap-Effekt** – Im Durchschnitt waren die Renditen kleinerer Aktien in der Vergangenheit höher, was für unser Portfolio höhere Erwartungsrenditen bedeutet.

Tabelle 8.2 **Performance des wertgewichteten quantitativen Momentums (1927-2014)**

	Quantitatives Momentum (netto)	Allgemeines Momentum (netto)	S&P 500 Index
CAGR	15,80 %	13,45 %	9,92 %
Standardabweichung	23,89 %	23,62 %	19,11 %
Abweichung nach unten	17,56 %	17,44 %	14,22 %
Sharpe Ratio	0,60	0,51	0,41
Sortino Ratio (MAR = 5 %)	0,72	0,60	0,44
Größter Drawdown	-76,97 %	-75,81 %	-84,59 %
Schlechteste Monatsrendite	-31,91 %	-30,15 %	-28,73 %
Beste Monatsrendite	31,70 %	33,73 %	41,65 %
Profitable Monate	63,00 %	61,39 %	61,76 %

TEIL 2

Tabelle 8.2 zeigt, dass die Strategie des quantitativen Momentums eine kumulierte jährliche Wachstumsrate (CAGR) von 15,80 Prozent generiert hat und damit die 13,45 Prozent des allgemeinen Momentums signifikant übertrifft. Auch überflügelte die Strategie des quantitativen Momentums den S&P 500, der eine Rendite von 9,92 Prozent einbrachte. Das Portfolio des quantitativen Momentums erzielte diese Rendite unter viel größeren Schwankungen als das Benchmark-Portfolio, was auch zu erwarten ist, da es konzentrierter ist als die passive Benchmark (im Betrachtungszeitraum durchschnittlich 43,9 Aktien) und die Strategie so gestaltet ist, dass sie schwer beizubehalten ist. Das quantitative Momentum hatte eine Standardabweichung von 23,89 Prozent, die passive Benchmark S&P 500 hingegen nur von 19,11 Prozent. Trotz der erhöhten Volatilität sind die risikobereinigten Parameter der Strategie des quantitativen Momentums immer noch günstig. Die Strategie hat mit 0,60 ein erheblich besseres Sharpe Ratio als der S&P 500 mit 0,41. Auch hat diese Strategie eine höhere Volatilität nach unten, die Abweichung nach unten beträgt 17,56 Prozent, bei der Benchmark 14,22 Prozent. Allerdings gleichen die höheren Renditen die höhere Abwärtsvolatilität aus, was zu einem außerordentlichen Sortino Ratio von 0,72 für die Momentum-Strategie gegenüber 0,44 für die Benchmark führt.

Wenn wir uns die größten Drawdowns anschauen, also die schlimmsten möglichen Renditen vom Höhepunkt zum Tiefpunkt, die mit den unterschiedlichen Strategien verbunden sind, zeigt die Strategie des quantitativen Momentums deutlich, dass sie außerordentlich schmerzhaft sein kann! Der größte Drawdown, den das Portfolio des quantitativen Momentums erlitten hat, beläuft sich auf −76,97 Prozent (in der Großen Depression), aber der Drawdown der Benchmark war mit −84,59 Prozent noch schlimmer.

Wir müssen nachdrücklich betonen, dass man als Anleger auf die erhöhte Volatilität und auf das Drawdown-Risiko gefasst sein muss, die mit Momentum-Strategien verbunden sind – das ist ein Hauptgrund, weshalb man von diesem System erwarten kann, dass es auch in Zukunft funktioniert –, aber dieses erhöhte Risiko wird durch die zusätzliche Erwartungsrendite mehr als ausgeglichen, was ja das Momentum zu einer Anomalie macht.

Belohnungsanalyse

Sehen Sie sich in Abbildung 8.2 die kumulierte Performance des quantitativen Momentum-Portfolios im Vergleich zu den anderen Strategien an.

Abbildung 8.2 **Kumulierte Werte des quantitativen Momentums (1927-2014)**

Wert von 100 investierten Dollar (logarithmische Skala)
— Quantitatives Momentum (netto)   — Allgemeines Momentum (netto)   ····· S&P 500

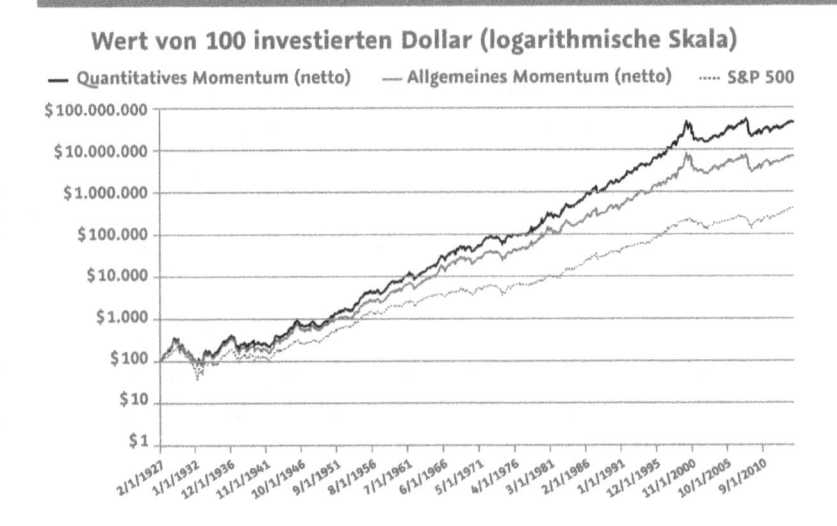

Abbildung 8.2 veranschaulicht die Zinseszinswirkung eines Renditevorsprungs über einen langen Zeitraum. Der kleine Vorteil des Portfolios des quantitativen Momentums führt zu einer atemberaubenden Differenz im Verhältnis zur passiven Benchmark.

Tabelle 8.3 **CAGR in verschiedenen Jahrzehnten**

	Quantitatives Momentum (netto)	Allgemeines Momentum (netto)	S&P 500 Index
1930-1939	3,08 %	1,64 %	-1,34 %
1940-1949	11,01 %	11,85 %	9,15 %
1950-1959	24,98 %	21,31 %	19,42 %
1960-1969	20,50 %	18,26 %	7,84 %
1970-1979	13,93 %	13,21 %	5,83 %
1980-1989	24,48 %	17,38 %	17,61 %
1990-1999	36,48 %	30,21 %	18,37 %
2000-2009	-3,58 %	-4,88 %	-0,68 %

Tabelle 8.3 zeigt die kumulierten jährlichen Wachstumsraten des quantitativen Momentums und der Konkurrenz in verschiedenen Jahrzehnten. Die Absicht hinter diesem Test ist, die Robustheit der Performance im zeitlichen Verlauf zu überprüfen.

In sieben von acht vollen Jahrzehnten brachte das quantitative Momentum eine Outperformance. Manche mögen es bedenklich finden, dass das Portfolio des quantitativen Momentums im vergangenen Jahrzehnt Verlust gemacht hat. Vielleicht ist das Momentum tot, weil die schlauen Arbitrageure die Momentum-Prämie beseitigt haben? Ausschließen können wir diese Möglichkeit nie, aber ein Jahrzehnt der Underperformance ist nichts Unerwartetes. Geczy und Samonov kommen bei Out-of-Sample-Tests über die Jahre 1801 bis 1926 zu dem Ergebnis, dass lange Perioden mit schwacher relativer Performance bei zahlreichen Gelegenheiten auftreten.[7] Dazu kommt, wie wir bereits erläutert haben, dass es wegen der hohen Volatilität und des Berufsrisikos schwierig ist, sich an diesen Algorithmus zu halten. Wenn man außerdem die Ergebnisse nach Gebühren des gleichgewichteten Portfolios des quantitativen Momentums untersucht (nicht gezeigt), so erzielte es auf CAGR-Basis in dem Jahrzehnt 2000–2009 tatsächlich eine Outperformance. Nichtsdestotrotz kann kein nachhaltiges System zu allen Zeiten funktionieren. Und auch wenn Abbildung 8.2 das quantitative Momentum so aussehen lässt, als erübrige sich ein Nachdenken, so zeigt ein genauerer Blick auf kürzere Zeitfenster deutlich, dass es von 1927 bis 2014 Perioden mit *extremer* relativer Underperformance gegeben hat. Momentum-Investing ist einfach, aber nicht leicht.

Dabei sehen wir uns mehrere Kennzahlen zur Beurteilung der Performance über rollierende Perioden an. Die Abbildungen 8.3a und 8.3b zeigen die rollierenden 5- und 10-Jahres-CAGRs der Strategie. Diese Zahlen geben die Rendite in der jeweiligen Halteperiode zu verschiedenen Zeitpunkten an. Eine robuste Strategie weist unabhängig vom Timing eine beständige Outperformance auf. Eine Strategie, die „Glück hat", kann in manchen Zeiträumen eine extreme Outperformance aufweisen, aber in anderen ins Schwimmen geraten.

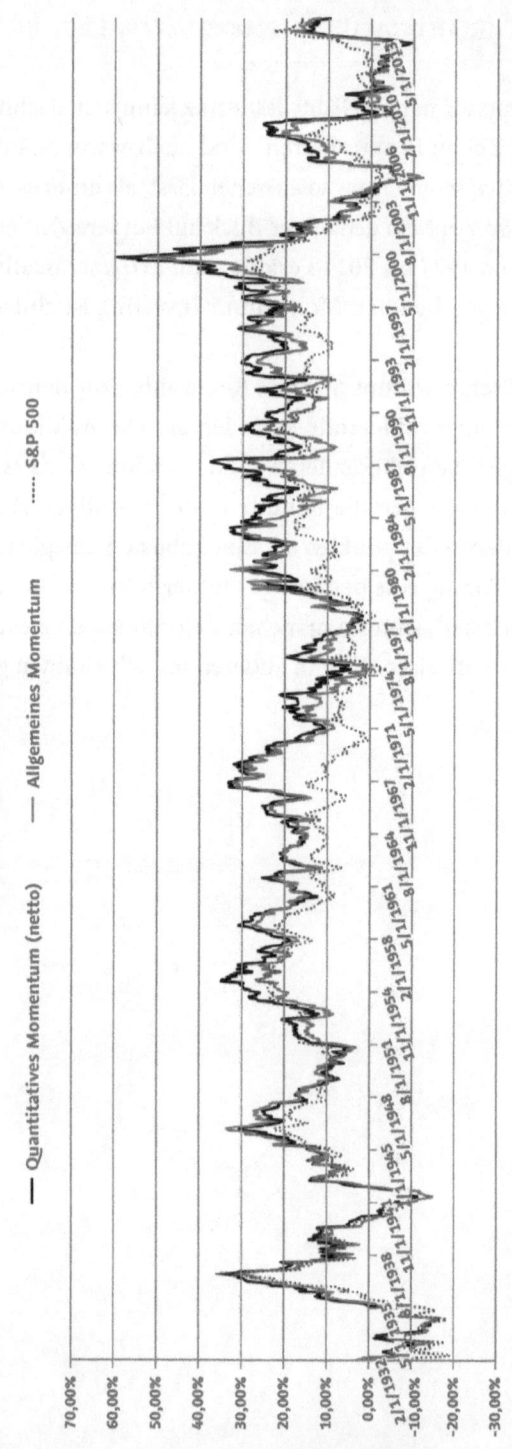

Abbildung 8.3a **Rollierendes CAGR des qualitativen Momentums über 5 Jahre**

Rollierende CAGRs über 5 Jahre

— Quantitatives Momentum (netto) — Allgemeines Momentum ⋯⋯ S&P 500

Abbildung 8.3b **Rollierendes CAGR des qualitativen Momentums über 10 Jahre**

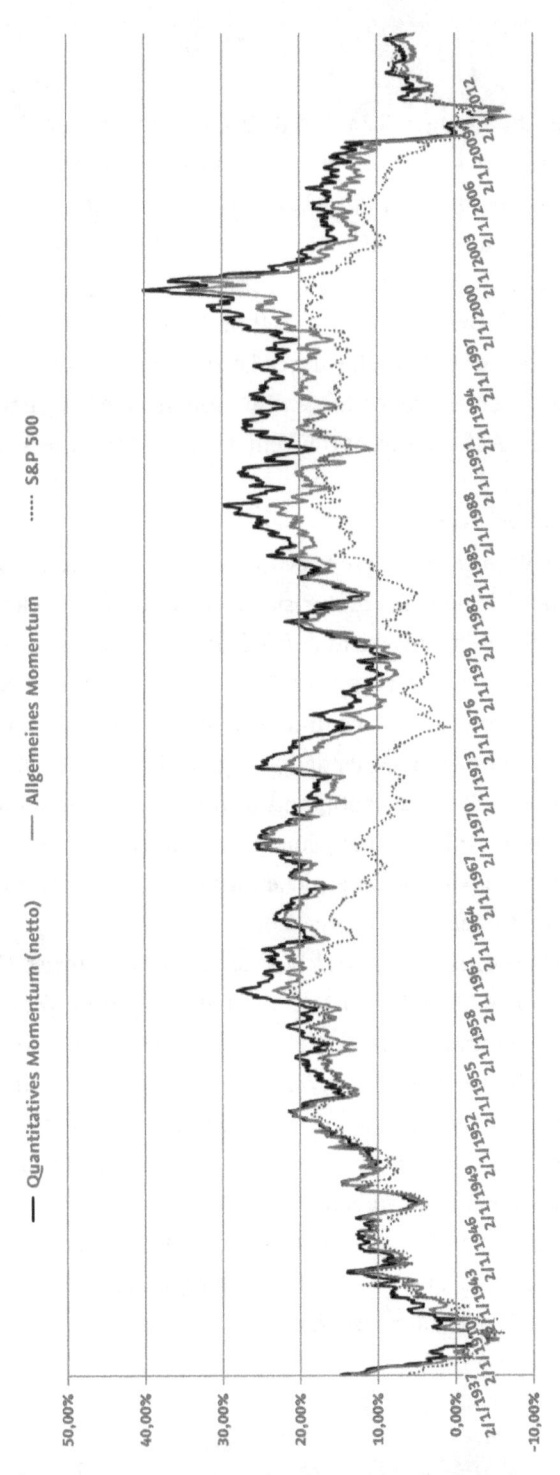

Rollierende CAGRs über 10 Jahre

— Quantitatives Momentum (netto) — Allgemeines Momentum ····· S&P 500

Die Abbildungen 8.3a und 8.3b veranschaulichen, wie beständig die Strategie das Portfolio des allgemeinen Momentums und den S&P 500 in rollierenden 5- und 10-Jahres-Perioden schlägt. Nur in seltenen Fällen und nur in kurzen Zeiträumen war es besser, in die anderen investiert zu sein. Zwei Perioden längerfristiger Underperformance waren die Große Depression und die Zeit nach der Finanzkrise des Jahres 2008. Mit dieser Underperformance ist zu rechnen und sie ist zu begrüßen, denn solche Perioden führen zur „Aussiebung" sogenannter schwacher Hände. Auf lange Sicht trägt ein nachhaltiger Prozess den Sieg davon.

Risikoanalyse

Wie die vorige Analyse hervorhebt, besteht die Kraft des Momentums in der Fähigkeit, überdimensionale Renditen zu erzielen, die diejenigen passiver Benchmarks in den Schatten stellen. Leider bringen überdimensionale Erwartungsrenditen auch höhere Risiken mit sich. Der Kompromiss aus Risiko und Belohnung ist beim Momentum zwar immer noch ein guter, aber das gesteigerte Risiko nicht anzuerkennen wäre intellektuell unaufrichtig und würde in einem voraussichtlichen Momentum-Anleger unangemessene Erwartungen wecken. In der nun folgenden Analyse untersuchen wir die Risiken, die mit dem quantitativen Momentum einhergehen.

Unsere Risikoanalyse richtet sich auf die maximalen Drawdowns. Der maximale Drawdown ist definiert als der größte Verlust von Hoch zu Tief innerhalb einer Zeitreihe. Der maximale Drawdown erfasst das schlechteste mögliche Performance-Szenario, das ein Buy-and-hold-Anleger erlebt, der sich in einer bestimmten Strategie engagiert. Die intuitive Frage, die hinter dem maximalen Drawdown steht, ist einfach: Wie viel kann ich verlieren?

Abbildung 8.4 fasst die Drawdown-Performance des quantitativen Momentums über gängige Beurteilungszeiträume wie einen Monat, ein Jahr und drei Jahre zusammen.

Abbildung 8.4 **Zusammenfassende Drawdown-Analyse**

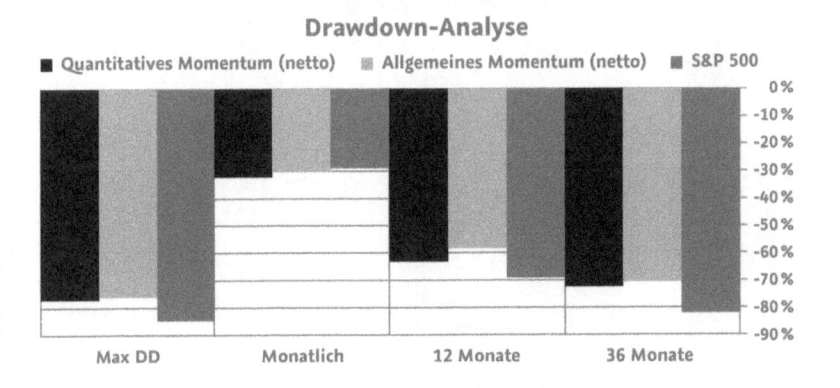

Drawdown-Analyse

- Quantitatives Momentum (netto)
- Allgemeines Momentum (netto)
- S&P 500

(Balkendiagramm mit Kategorien: Max DD, Monatlich, 12 Monate, 36 Monate; Skala von 0 % bis -90 %)

Die Strategie des quantitativen Momentums schützt das Kapital laut den Ergebnissen in Abbildung 8.4 besser als die Konkurrenz. Der allerschlimmste Drawdown der Strategie war zwar schlimmer als derjenige des allgemeinen Momentums, aber besser als der des S&P 500. Allerdings verlor das quantitative Momentum über rollierende 1-Monats- und 12-Monats-Perioden gegen die Konkurrenz. Das Worst-Case-Szenario für die Strategie über einen Zeitraum von drei Jahren war wiederum etwas besser als beim S&P 500. Um es deutlich zu sagen: Unser Portfolio ist eine Long-only-Strategie und daher ist mit ähnlichen Drawdowns wie beim Gesamtmarkt zu rechnen.

Die Abbildungen 8.5a und 8.5b zeigen die maximalen Drawdowns der Strategie über rollierende 5-Jahres- beziehungsweise 10-Jahres-Zeiträume. Diese Zahlen helfen dem Forscher, die Häufigkeit und die Intensität der maximalen Drawdowns einer Strategie über einen festgelegten Zeithorizont zu erkennen (zum Beispiel über fünf und zehn Jahre). Aber wieso sind rollierende Drawdowns ein nützliches Analysewerkzeug? Denken Sie an zwei Strategien mit ähnlichen größten Drawdowns. Wenn die eine Strategie im Laufe der Historie mehrere Male große Drawdowns erleidet, während dies bei der anderen nur einmal geschieht, hilft uns diese Analyse, diese höhere Häufigkeit größerer Drawdowns zu erkennen.

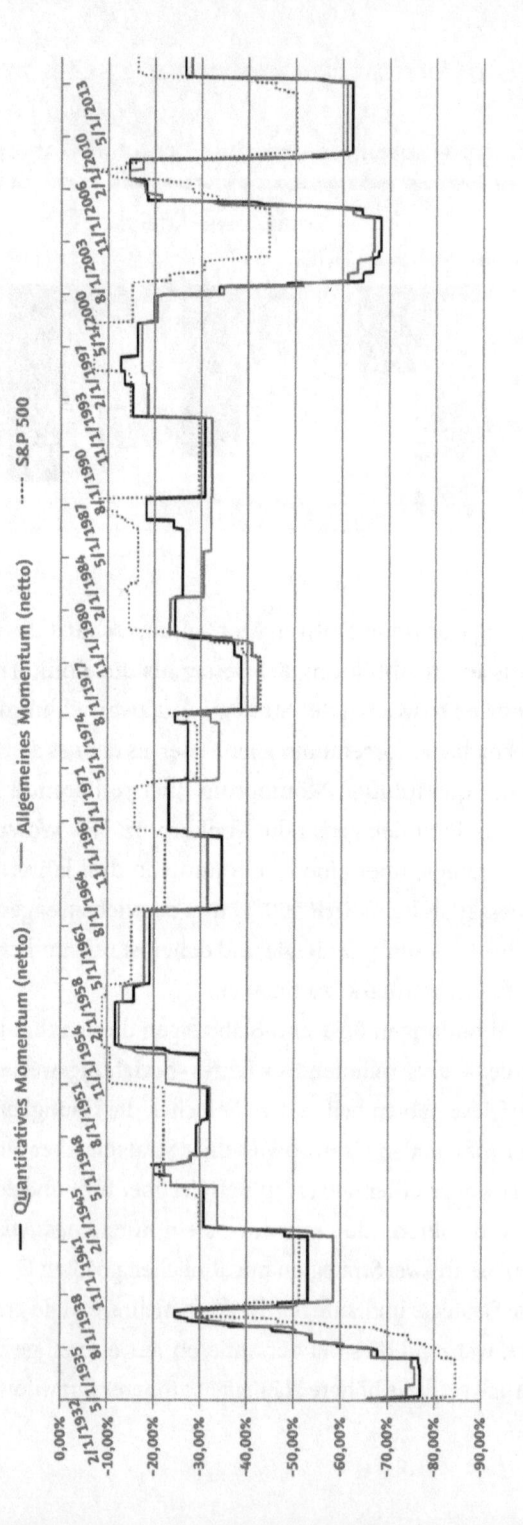

Abbildung 8.5a **Maximaler Drawdown des quantitativen Momentums über rollierende 5-Jahres-Zeiträume**

Rollierender MAXDD über 5 Jahre

— Quantitatives Momentum (netto)   — Allgemeines Momentum (netto)   ····· S&P 500

Abbildung 8.5b **Maximaler Drawdown des quantitativen Momentums über rollierende 10-Jahres-Zeiträume**

Rollierender MAXDD über 10 Jahre

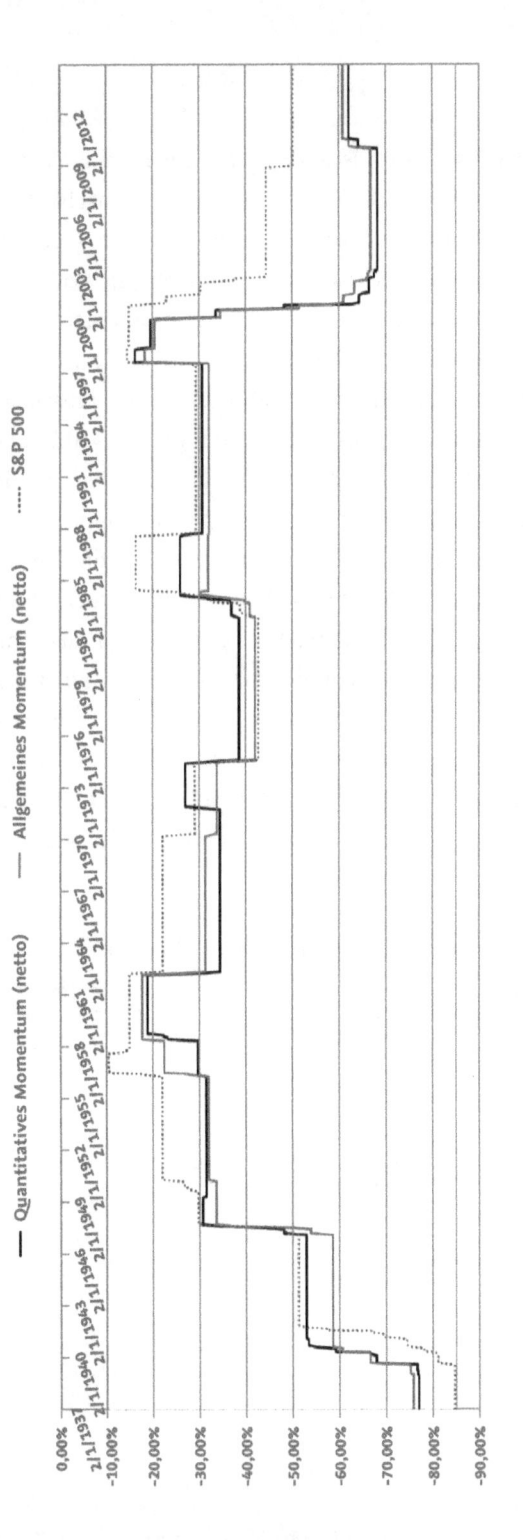

— Quantitatives Momentum (netto)   — Allgemeines Momentum (netto)   ····· S&P 500

TEIL 2

Die Analyse der rollierenden Drawdowns zeigt, dass die Strategie größere Drawdowns als die Konkurrenz durchmacht. Beispielsweise musste das quantitative Momentum im Zuge der Nachwehen der Internetblase einiges einstecken, vor allem im Vergleich zum marktbreiten Index. Und auch die Finanzkrise 2008 traf das Portfolio des quantitativen Momentums ein bisschen härter als den Index.

Den Abschluss unserer Analyse bildet eine Einschätzung der relativen Performance des quantitativen Momentums während der zehn größten Drawdowns der Strategie. Wir vergleichen die Drawdowns des quantitativen Momentums mit der Performance des passiven Index im selben Zeitraum. Diese Analyse gibt uns Einblick in die Tail-Risk-Korrelationen zwischen der Strategie des quantitativen Momentums und der passiven Marktstrategie. Aus Tabelle 8.4 gehen zwei Punkte hervor: Erstens ist das quantitative Momentum eine Long-only-Aktienstrategie mit riesigen Drawdowns. Zweitens sind die Drawdowns zu den Drawdowns des allgemeinen Marktes korreliert. Insgesamt macht das Portfolio des quantitativen Momentums große Drawdowns und Zeiten der Underperformance durch und damit sollte man von Anfang an rechnen.

Tabelle 8.4 **Analyse der 10 größten Drawdowns**

Rang	Anfangsdatum	Enddatum	Quantitatives Momentum	S&P 500 TR Index
1	31.01.1929	31.05.1932	-76,97%	-80,67%
2	29.02.2000	28.02.2003	-68,14%	-35,14%
3	30.06.2008	28.02.2009	-62,12%	-40,82%
4	31.03.1937	31.03.1938	-52,99%	-51,11%
5	31.12.1972	30.09.1974	-38,68%	-42,73%
6	30.11.1961	30.06.1962	-34,57%	-21,97%
7	31.05.1946	30.06.1949	-31,69%	-13,77%
8	30.09.1987	30.11.1987	-30,88%	-28,00%
9	30.04.1940	30.04.1942	-30,81%	-26,52%
10	30.11.1968	30.06.1970	-27,23%	-29,23%

8 // QUANTITATIVES MOMENTUM SCHLÄGT DEN MARKT

Analyse der Robustheit

In diesem Abschnitt analysieren wir eine Reihe von Tests, die eine Strategie aus verschiedenen Blickwinkeln betrachten, damit wir Einblick in das Gesamtbild gewinnen und sicher sagen können, dass die zusammenfassenden Kennzahlen eine breit angelegte Wirklichkeit widerspiegeln, die nicht von extremen Ausreißern geprägt ist.

Zunächst analysieren wir die Performance des quantitativen Momentums in Markzyklen im Vergleich zu anderen Strategien anhand einer Reihe von Haussen und Baissen seit 1927. Tabelle 8.5 zeigt die Daten, die zur Berechnung der Marktzyklus-Renditen verwendet wurden.

Tabelle 8.5 **Definition der Marktzyklen**

	Anfangsmonat	Endmonat
Baisse	Sep 29	Jul 32
Hausse	Jun 62	Feb 66
Baisse	Nov 68	Mai 70
Hausse	Mai 70	Dez 72
Baisse	Jan 73	Sep 74
Hausse	Jun 82	Dez 84
Baisse	Jul 87	Dez 87
Hausse	Dez 87	Jun 90
Baisse	Mrz 00	Sep 01
Hausse	Okt 01	Jul 07
Baisse	Aug 08	Feb 09
Hausse	Mrz 09	Dez 14

Abbildung 8.6 **Marktzyklus-Performance für quantitatives Momentum**

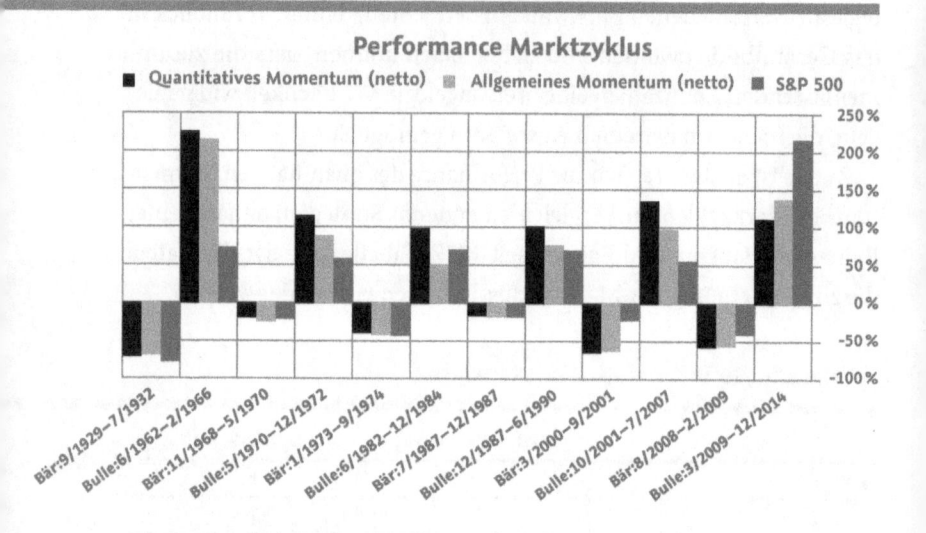

Performance Marktzyklus
- Quantitatives Momentum (netto)
- Allgemeines Momentum (netto)
- S&P 500

[Balkendiagramm mit Marktzyklen: Bär:9/1929–7/1932, Bulle:6/1962–2/1966, Bär:11/1968–5/1970, Bulle:5/1970–12/1972, Bär:1/1973–9/1974, Bulle:6/1982–12/1984, Bär:7/1987–12/1987, Bulle:12/1987–6/1990, Bär:3/2000–9/2001, Bulle:10/2001–7/2007, Bär:8/2008–2/2009, Bulle:3/2009–12/2014; Skala von -100 % bis 250 %]

Abbildung 8.6 macht deutlich, dass die Strategie im Durchschnitt in Baissen eine ähnliche Performance brachte wie der S&P 500 und ihn in Haussen überbot. Auch hier treten in den jüngsten Baissen und Haussen wieder Verluste im Verhältnis zum S&P 500 auf. Sicherlich gibt es Kommentatoren, die behaupten: „Das Momentum ist tot." Das ist großartig und wir hoffen, dass diese Kommentare weiterhin kommen werden. Auch wenn diese Strategie für kurze – oder sogar lange – Zeiträume zu strampeln hat, so bieten Momentum-Systeme doch durch einen vollständigen Marktzyklus hindurch eine hohe Chance auf erwartete Outperformance.

Abbildung 8.7 zeigt die relative Performance der quantitativen Momentum-Strategie und der anderen Strategien während kurzfristig belastender Ereignisse der jüngeren Vergangenheit. Diese Analyse untersucht, wie eine Strategie durch kurzfristige außerordentliche Marktereignisse hindurch tendenziell performt. Das Modell zeigt während des NASDAQ-Anstiegs eine starke Performance im Vergleich zum S&P 500, jedoch eine Underperformance beim NASDAQ-Crash 1998 und bei der Finanzkrise 2008.

8 // QUANTITATIVES MOMENTUM SCHLÄGT DEN MARKT

Abbildung 8.7 **Tests kurzfristiger für das quantitative Momentum belastender Ereignisse**

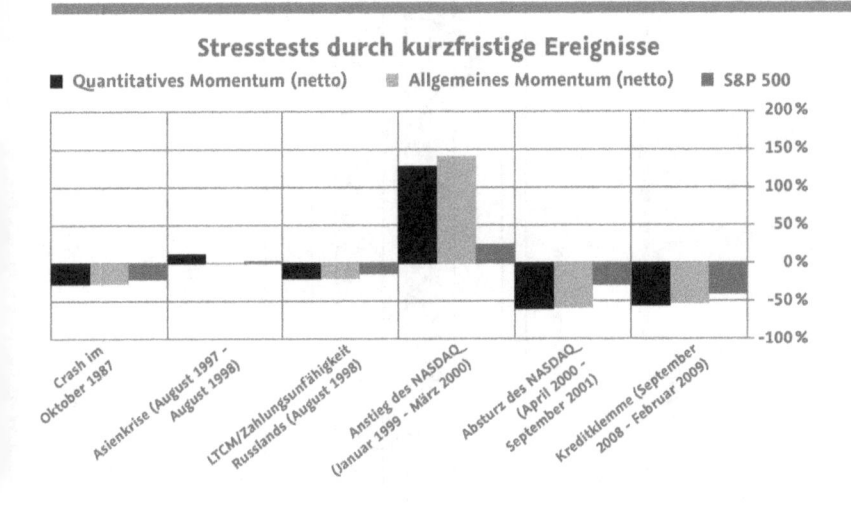

Stresstests durch kurzfristige Ereignisse
- Quantitatives Momentum (netto)
- Allgemeines Momentum (netto)
- S&P 500

[Balkendiagramm mit Ereignissen: Crash im Oktober 1987; Asienkrise (August 1997 – August 1998); LTCM/Zahlungsunfähigkeit Russlands (August 1998); Anstieg des NASDAQ (Januar 1999 – März 2000); Absturz des NASDAQ (April 2000 – September 2001); Kreditklemme (September 2008 – Februar 2009)]

Die Abbildungen 8.8a und 8.8b zeigen das Alpha der Strategie über rollierende 5-Jahres- und 10-Jahres-Zeiträume. Die Alpha-Analyse findet man normalerweise in quantitativen Forschungsartikeln, die in wissenschaftlichen Zeitschriften publiziert werden. Die Verfahren, die die Forscher verwenden, um das Alpha abzuschätzen, können kompliziert sein, aber die Idee ist einfach: Wie viel durchschnittliche Überrendite erzeugt eine Strategie, nachdem man sie auf eine Reihe von Risikofaktoren kontrolliert hat?

Um die Robustheit einzuschätzen, berechnen wir das Alpha anhand unterschiedlicher Modelle für die Bewertung von Vermögenswerten. Wir kontrollieren auf das allgemeine Marktrisiko, indem wir das Capital Asset Pricing Model[8] verwenden; wir bereinigen das Ergebnis mithilfe des 3-Faktoren-Modells von Fama und French[9] um das Markt-, das Größen- und das Value-Exposure und wir berücksichtigen das Momentum, indem wir das 4-Faktoren-Modell[10, 11] verwenden. Alle diese Faktoren sind auf der Website von Ken French zu finden.[12]

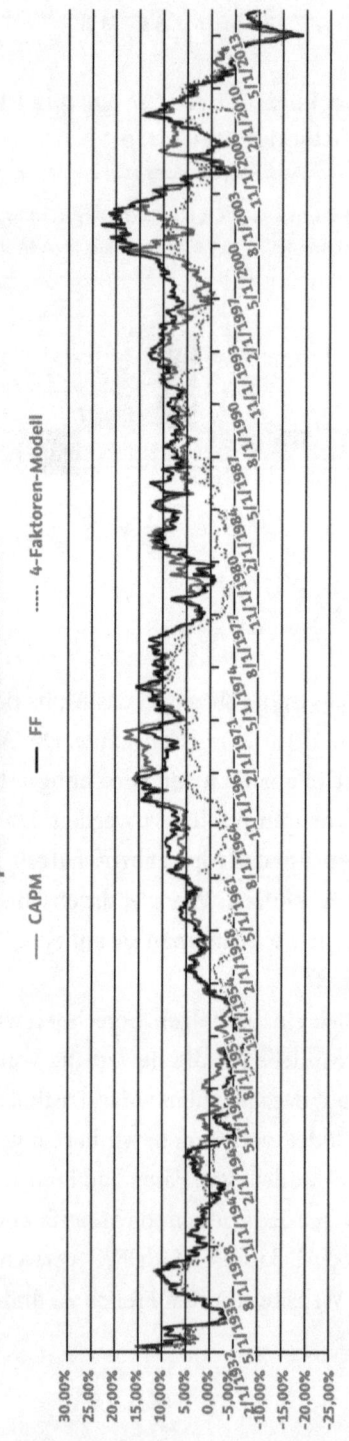

Abbildung 8.8a **Alpha des quantitativen Momentums über rollierende 5 Jahre**

Alpha über rollierende 5 Jahre

— CAPM — FF ····· 4-Faktoren-Modell

Abbildung 8.5b **Alpha des quantitativen Momentums über rollierende 10 Jahre**

Alpha über rollierende 10 Jahre

— CAPM — FF ····· 4-Faktoren-Modell

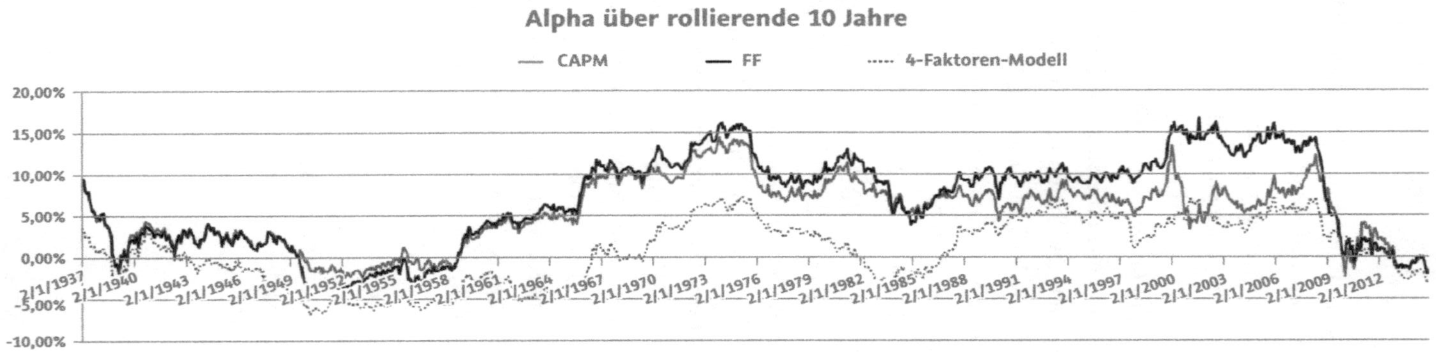

Die Abbildungen 8.8a und 8.8b bestätigen, dass die Strategie des quantitativen Momentums auf rollierender 5-Jahres- oder 10-Jahres-Basis unabhängig von dem verwendeten Bewertungsmodell relativ konsistente Alpha-Schätzungen hervorbringt. Wenig überraschend ist das 4-Faktoren-Alpha am kleinsten, weil dieses Modell auf das Exposure zum allgemeinen Momentum kontrolliert. Auf rollierender 5-Jahres-Basis gibt es nur zwei Fälle, in denen die Strategie keinen zusätzlichen Wert bringt, nachdem man auf das Risiko kontrolliert hat. Der Chart über rollierende zehn Jahre stellt diese Geschichte lebendig dar: Auf lange Sicht hat das quantitative Momentum im Allgemeinen den Anlegerportfolios einen größeren Wert beschert.

In diesem Abschnitt berechnen wir die formellen Alpha- und Beta-Schätzungen, die mit unserem Topf voller Bewertungsmodelle verbunden sind. Tabelle 8.6 zeigt die vollständigen Stichproben-Koeffizientenschätzungen für die vier Bewertungsmodelle. MKT-RF stellt die Überrendite bezogen auf die marktgewichteten Renditen aller Aktien der New York Stock Exchange (NYSE), der American Stock Exchange (AMEX) und der NASDAQ dar. SMB steht für ein Long-short-Faktor-Portfolio, das die Exposures auf Aktien niedriger Kapitalisierung erfasst. HML ist ein Long-short-Faktor-Portfolio, das auf das Exposure auf Aktien mit einem hohen Buchwert-Kurs-Verhältnis kontrolliert. MOM ist ein Long-short-Faktor-Portfolio, das auf das Exposure auf Aktien kontrolliert, die im Vorjahr eine großartige Performance aufwiesen.

Tabelle 8.6 **Schätzungen der Wertpapier-Bewertungskoeffizienten für das quantitative Momentum**

	Jährliches Alpha	MKT-RF	SMB	HML	MOM
CAPM	6,30 %	1,02	–	–	–
3-Faktoren	7,44 %	1,05	0,17	-0,41	–
4-Faktoren	0,85 %	1,17	0,21	-0,16	0,55

Die Ergebnisse sind in Tabelle 8.6 dargestellt und die Koeffizientenschätzungen, die für das 5-Prozent-Konfidenzintervall (Test beider Tails) signifikant sind, sind fett gedruckt.

Tabelle 8.6 deutet darauf hin, dass das quantitative Momentum pro Jahr circa sechs bis sieben Prozent „Alpha" beziehungsweise Performance generiert, die sich nicht durch das Exposure auf bekannte Faktoren für die Erwartungsrendite wie Markt, Größe und Value erklären lässt. Wenn man den Faktor des allgemeinen Momentums einbezieht, liefert das quantitative Momentum zwar kein signifikantes Alpha, aber es wirkt positiv auf den Momentum-Faktor (MOM). Die Alpha-Analyse deutet darauf hin, dass die höhere Performance von Strategien des quantitativen Momentums mit einem höheren Beta-Exposure als beim breiten Markt zu tun hat (MKT-RF-Beta leicht über 1), damit, dass das System tendenziell stärker kleineren Aktien ausgesetzt ist (0,17 und 0,21 beim SMB-Faktor), und – *was sehr wichtig ist – damit, dass es kein Value-Portfolio ist* (HML –0,41 und –0,16). Wenn wir die Alpha-Kennzahlen mit denen der allgemeinen Momentum-Strategie vergleichen, ist das HML-Verhältnis weniger negativ (der Diversifizierungsnutzen ist also nicht so hoch). Insgesamt ist das quantitative Momentum aus Sicht der Faktorenanalyse nicht besser oder schlechter als das allgemeine Momentum, die Strategie ist ganz einfach anders: Sie liefert eine Version der allgemeinen Momentum-Strategie mit höherem Beta und mit einem höheren Diversifizierungsnutzen, wenn man sie mit Value-Strategien kombiniert. Die Faktoren-Analyse ist zwar wichtig, aber wir glauben, dass man diese Beurteilung mit den Ergebnissen kombinieren könnte, die in Tabelle 8.2 dargestellt werden und die üblichere – und intuitivere – Analysen repräsentieren.

Ein Einblick in die Blackbox

Quantitative Methoden gelten oft als *Blackbox* und werden daher von großen Teilen der Anlegergemeinschaft gemieden. Im Allgemeinen haben die *Quants* diese negative Einschätzung verdient. Traditionelle

TEIL 2

Quants machen die Dinge zu komplex und undurchsichtig, wo doch die Kommunikation einfach und radikal transparent sein kann. Die Logik, die sie vermitteln, besagt, dass die Quants dadurch, dass sie ihre Strategien „proprietär" halten, verhindern können, dass ihr geistiges Eigentum ausgenutzt wird und dass das für ihre Anleger besser ist. Im Kontext nicht nachhaltiger, sich stets wandelnder Handelsstrategien ist dieses Ergebnis sicherlich richtig. Aber wenn man von nachhaltigen, hochgradig aktiven langfristigen Anlagestrategien spricht, führen Undurchsichtigkeit und ein allgemeiner Mangel an Verständnis dazu, dass die Anleger scheitern. Auf dem Gipfelpunkt des Schmerzes, wenn die diszipliniertesten und am stärksten abgehärteten aktiven Anleger ihren Lebensunterhalt verdienen, wird der aktive Anleger mit klarem Verstand, gründlichem Verständnis und einem starken Vertrauen in den Prozess gewinnen. Diejenigen, die nicht vollständig verstehen, weshalb ein Prozess funktioniert, werden mit höherer Wahrscheinlichkeit dem klarsichtigen Anleger, der sich an ein aktives Portfolio klammern kann wie an den bitteren Tod, aktives Alpha bescheren.

Tabelle 8.7 ist eine Liste der zehn Aktien, die das Modell am 30. November 2014 ausgewählt hat. Dieses Datum wäre das letzte Rebalancing des Portfolios in unseren Tests, das den Vorteil der Saisonalität durch Rebalancing Ende November 2014 ausnutzt – da wir das Portfolio über drei Monate halten, wird dies am Ende auch das Portfolio Stand 31. Dezember 2014. Außerdem zeigt Tabelle 8.7 die wichtigen zusammenfassenden Kennzahlen, zum Beispiel die Momentum-Punktzahl des Unternehmens (Gesamtrendite über die vergangenen zwölf Monate unter Auslassung des letzten Monats) und den Anteil der Tage mit positiver Rendite minus den Anteil der Tage mit negativer Rendite (erinnern Sie sich, dass diese Differenz verwendet wird, um die Frosch-in-der-Pfanne-Variable zu erstellen).

8 // QUANTITATIVES MOMENTUM SCHLÄGT DEN MARKT

Tabelle 8.7 **Positionen des quantitativen Momentum-Portfolios zum 31. Dezember 2014**

Aktienname	Symbol	Momentum	(% positiv) — (% negativ)
International Rectifier Corp.	IRF	66,1 %	24,3 %
Marriott International Inc.	MAR	62,6 %	22,3 %
NXP Semiconductors N V	NXPI	61,6 %	21,5 %
Sandisk Corp	SNDK	39,8 %	21,1 %
Dr. Pepper Snapple Group Inc.	DPS	47,7 %	20,3 %
Southwest Airlines Co.	LUV	87,0 %	19,1 %
Dynegy Inc.	DYN	42,5 %	18,3 %
Pilgrims Pride Corp New	PPC	73,4 %	18,3 %
Windstream Holdings Inc.	WIN	44,7 %	17,9 %
Mallinckrodt Plc.	MNK	77,4 %	17,9 %

Viele aufgelistete Unternehmen sind etabliert, aber sie sind nicht unbedingt die aufregendsten Firmen des Universums mit hohem Momentum. Viele dieser Unternehmen sind gewissermaßen langweilig, aber ihre Preissignale zeigen, dass eine nachhaltige Menge positiver Nachrichten ihr Momentum antreibt. Diese Gruppe von Firmen steht in Kontrast zu einigen stärker profilierten Momentum-Firmen, die es nicht in die Liste schaffen, zum Beispiel Tesla Motors, Monster Beverage, Amgen, Green Mountain Coffee und Solarwinds. Alle diese Firmen haben zwar ein hohes Momentum, aber ihr Weg zum Momentum ist diskreter und es kam über große kurzfristige Performance-Spitzen zustande.

Mit quantitativem Momentum den Markt schlagen

Das Momentum ist eindeutig robust und wurde über viele Jahre untersucht und dokumentiert. Der Gipfel dieser Art von Forschung wurde von Chris Geczy und Mikhail Samonov erklommen, die die historische Erfolgsbilanz des Momentums anhand eines Datensatzes einzelner

TEIL 2

Aktien bestätigt haben, der *über 200 Jahr abdeckt*, und die schreiben, „dass der Momentum-Effekt kein Produkt des Data-Minings" sei.[13] In diesem Kapitel stellen wir die Ergebnisse unseres Systems des quantitativen Momentums vor, in dem sich die Untersuchungen und Konzepte niederschlagen, die in diesem Buch dargestellt werden. Unsere Lösung erhebt nicht den Anspruch, „die beste" oder die „am stärksten optimierte" zu sein, aber wir glauben, dass unser Prozess vernünftig ist und auf kohärente und logische Art in der Behavioral Finance verankert ist.[14] Aber wird dieser Prozess auch in Zukunft funktionieren? Das weiß niemand, aber denken Sie an die ersten vier Kapitel des Buches zurück, wo wir einen Rahmen skizzierten, um zu ermitteln, ob eine historisch starke Strategie auch in Zukunft tragfähig ist. Wie können wir sicher sein, dass das Momentum nachhaltig ist? Wir untermauern diese Behauptung mit den gleichen Argumenten, die wir verwenden, um zu verstehen, wieso Value-Investing funktioniert. Konkret brauchen aktive Anlagestrategien folgende Zutaten:

- eine Fehlpreisungskomponente
- eine kostspielige Arbitrage-Komponente

Was die Fehlpreisung angeht: Solange die Menschen unter systematischen Erwartungsfehlern leiden, werden die Preise in gewissem Maße von den fundamentalen Gegebenheiten abweichen. Im Value-Kontext scheint dieser Erwartungsfehler eine durchschnittliche Überreaktion auf negative Nachrichten zu sein; beim Momentum ist der Erwartungsfehler wahrscheinlich an eine Unterreaktion auf positive Nachrichten und an vorhersehbare saisonale Effekte geknüpft. In Wirklichkeit sind Value und Momentum zwei Seiten der gleichen Medaille des einseitigen Verhaltens.

Aber warum werden dann Momentum-Strategien (oder Value-Strategien) nicht von allen intelligenten Anlegern ausgenutzt und durch Arbitrage beseitigt? Wie wir besprochen haben, hängt die Schnelligkeit, mit der solche Fehlpreisungschancen beseitigt werden, von den Kosten für ihre Ausnutzung ab. Wenn wir die ganze Batterie von Transaktionskosten und Kosten für die Informationsbeschaffung beiseite lassen (die nicht gleich null sind, von denen wir aber annehmen, dass sie für die vorliegende Argumentation nicht relevant sind), sind die größten Kosten für die Ausnutzung langfristiger Chancen durch Fehlpreisungen die Agenturkosten beziehungsweise Bedenken, die die berufliche Laufbahn betreffen. Dieser Aspekt des Karriererisikos kommt dadurch zustande, dass die Anleger einen Profi damit beauftragen, ihr Kapital in ihrem Namen zu verwalten. Unglücklicherweise beurteilen die Anleger, die ihr Kapital professionellen Fondsmanagern übergeben, die Leistung des engagierten Managers häufig anhand von dessen kurzfristiger auf eine Benchmark bezogener relativer Leistung. Die erzeugt jedoch für den professionellen Fondsmanager einen Fehlanreiz. Einerseits will er Fehlpreisungschancen wegen der hohen langfristigen Erwartungsrendite ausnutzen, aber andererseits kann er das nur insoweit tun, als die Ausnutzung von Fehlpreisungschancen nicht dazu führt, dass seine Erwartungsrendite zu weit – und/oder zu lange – von der Standard-Benchmark abweicht. Zusammengefasst: Strategien wie Value und Momentum werden vermutlich deshalb weiterhin funktionieren, weil sie manchmal im Verhältnis zu passiven Benchmarks *spektakulär versagen*. Und wenn wir diese Überlegungskette fortführen, brauchen wir nur folgende Annahmen zu treffen, um zu der Überzeugung zu gelangen, dass Momentum-Strategien ebenso wie Value-Strategien nachhaltig sind:

- Die Anleger werden weiterhin Verhaltenstendenzen unterliegen.
- Anleger, die jemanden beauftragen, werden kurzsichtig auf Performance aus sein.

Wir glauben, dass wir uns auf absehbare Zukunft auf diese beiden Annahmen verlassen können. Und aufgrund unseres Glaubens an diese

TEIL 2

Annahmen sind wir überzeugt, dass es immer Chancen für prozessgesteuerte, langfristig orientierte und disziplinierte Anleger geben wird. Wenn wir die Lehren aus dem Rahmen des nachhaltigen aktiven Rahmens verinnerlichen können, verleiht uns der Glaube an diesen Rahmen die nötige Disziplin, um uns an Strategien zu halten, die viele Anleger als äußerst unbehaglich empfinden. Die Fähigkeit, diszipliniert bei einem Prozess zu bleiben, kann man wohl mit Fug und Recht als den wichtigsten Aspekt bezeichnen, um ein erfolgreicher Anleger zu sein. Wie man konkret investiert, ist dabei fast schon eine zweitrangige Frage. Aber wie ein Warren Buffett zugeschriebenes Zitat sagt: „Anlegen ist einfach, aber nicht leicht."

Anmerkungen

1. James Simons, „Mathematics, Common Sense, and Good Luck: My Life and Career", MIT-Seminar, 24. Januar 2011.
2. Cliff Asness, Andrea Frazzini, Ron Israel und Toby Moskowitz, „Fact, Fiction, and Momentum Investing", *The Journal of Portfolio Management* 40 (2014): 75–92.
3. Andrea Frazzini, Ronen Israel und Toby Moskowitz, „Trading Costs of Asset Pricing Anomalies", AQR working paper, 2014.
4. David A. Lesmond, Michael J. Schill und Chunsheng Zhou, „The Illusory Nature of Momentum Profits", *Journal of Financial Economics* 71 (2004): 349–380.
5. Ähnlich wie am Ende von Kapitel 7 verschiebt sich das Anfangsdatum unserer Analyse leicht vom 1. Januar 1927 auf den 1. März 1927, um das saisonale Rebalancing zu erleichtern.
6. William Beaver, Maureen McNichols und Richard Price, „Delisting Returns and Their Effect on Accounting-based Market Anomalies", *Journal of Accounting and Economics* 43 (2007): 341–368.
7. Chris Geczy und Mikhail Samonov, „Two Centuries of Price Return Momentum", *Financial Analysts Journal* 72(5) (2016): 32–56.
8. William F. Sharpe, „Capital Asset Prices: A Theory of Market Equilibrium under Conditions of Risk", *Journal of Finance* 19(3) (1964): 425–442.

9. Eugene Fama und Kenneth French, „Common Risk Factors in the Returns on Stocks and Bonds", *Journal of Financial Economics* 33 (1993): 3–56.

10. Mark Carhart, „On Persistence in Mutual Fund Performance", *Journal of Finance* 52 (1997): 57–82.

11. Wir führen auch Analysen mithilfe des 5-Faktoren-Modells von Fama und French durch, das die Profitabilität und Investmentfaktoren einschließt. Da diese Faktoren erst ab 1963 verfügbar sind, zeigen wir die entsprechenden Ergebnisse in unseren Berechnungen jedoch nicht. Bei Out-of-Sample-Tests (1963–2014) berücksichtigen wir hingegen das 5-Faktoren-Model und kommen zu quantitativ ähnlichen Ergebnissen

12. mba.tuck.dartmouth.edu/pages/faculty/ken.french/data_library.html, Zugriff am 01.03.2016.

13. Chris Geczy und Mikhail Samonov.

14. Wir habe viele zusätzliche Tests und Analysen durchgeführt, die in diesem Kapitel nicht erwähnt werden. Bitte wenden Sie sich für zusätzliche Ergebnisse (zum Beispiel Jahresrenditen) unter www.alphaarchitect.com/contact an die Autoren.

KAPITEL 9

Das Momentum in der Praxis für sich arbeiten lassen

*„„Jeder hat einen Plan,
bis er eine aufs Maul bekommt."*
— „Iron" Mike Tyson zugeschrieben

Im richtigen Leben alles auf das quantitative Momentum zu setzen stellt mit Sicherheit die Geduld auch des engagiertesten Anlegers auf die Probe. Niemand hat die Disziplin, sich an dieses Programm zu halten – auch wir nicht. Wir legen nicht einmal unser eigenes Kapital auf diese Weise an. Aber wir empfehlen ja auch nicht, dass Anleger ihr gesamtes Vermögen voller Überzeugung in eine Momentum-Strategie investieren. Das Momentum ist lediglich eine Komponente eines diversifizierten Aktienportfolios. Und wie in Kapitel 4 angedeutet, verwendet man Momentum-Portfolios am besten in Kombination mit konzentrierten Value-Portfolios. Das kombinierte Portfolio aus Value und Momentum verkürzt die mehrjährigen Phasen relativer Underperformance, die mit beiden Strategien jeweils verbunden sind, und ermöglicht es dem Anleger, sich an ein Programm der Aktienanlage zu halten. Wenn man sich reinem Value-Investing oder reinem Momentum-Investing widmet, dann ist das so, als säße man auf einem einbeinigen Hocker. Warum sollte man sich nicht auf einen Hocker mit mehreren Beinen setzen? Eine großartige Methode des Value-Investings ausfindig machen; eine vielversprechende Methode des Momentum-Investings ausfindig machen; die beiden Anstrengungen zu einem wetterfesten Aktienportfolio kombinieren.

Ein zweibeiniger Hocker: Value + Momentum

Um das Kombinationsportfolio aus Value und Momentum greifbarer zu machen, untersuchen wir den Ansatz, den wir mit unserem eigenen Anlagekapital verwenden. Wir kombinieren den in diesem Buch dargestellten Algorithmus des quantitativen Momentums mit einer ebenso rigoros geprüften Value-Strategie, die in dem Buch von Wes über das Thema des Aufbaus systematischer Value-Strategien mit dem Titel „Quantitative Value"[1] beschrieben wird. Einfach ausgedrückt versucht der quantitative Value-Algorithmus, preisgünstige Value-Aktien von hoher Qualität zu kaufen. Jede Strategie hält typischerweise circa 40 Momentum-Aktien und 40 Value-Aktien, sodass der Anleger ein stark konzentriertes, aber trotzdem diversifiziertes Portfolio aus 80 Aktien hat. Man könnte das noch auf internationale Märkte ausweiten, um die Größe des Portfolios zu erhöhen und die Diversifizierung zu steigern, aber diese Diskussion stellen wir zurück, damit wir die Analyse kurz und fokussiert halten können.

Um die Performance unseres quantitativen Value- und Momentum-Portfolios zu beurteilen, untersuchen wir ein Anlageuniversum aus mittel bis hoch kapitalisierten US-Aktien und konzentrieren unsere Analyse auf die Long-only-Portfolios. Die Portfolios werden vierteljährlich auf *gleichmäßige Gewichtung* angepasst – hier weichen wir von dem in Kapitel 8 angegebenen wertgewichteten Portfolio ab. Wir untersuchen die Renditen vom 1. Januar 1974 bis zum 31. Dezember 2014, also in dem Zeitraum, in dem sich die verfügbaren historischen Daten zum

9 // DAS MOMENTUM IN DER PRAXIS FÜR SICH ARBEITEN LASSEN

Algorithmus des quantitativen Momentums und des quantitativen Values überschneiden. Die Gewichtung des Kombinationsportfolios wird alljährlich am 1. Januar angepasst und gleichmäßig auf Value und Momentum aufgeteilt (ein ausgefuchsterer Anleger könnte auch eine Volatilitätsgewichtung der Exposures vornehmen). Alle Renditen sind abzüglich zwei Prozent jährlicher Gebühren angegeben – eine grobe Schätzung der Managementgebühr, Kommissionen und der Kosten für die Auswirkungen auf den Markt, die mit dem Rebalancing innerhalb der Strategien sowie zwischen den Strategien einhergehen.[2]

Die Ergebnisse des Kombinationsportfolios werden in Tabelle 9.1 vorgestellt.

Tabelle 9.1 **Die Kombination aus quantitativem Value und quantitativem Momentum**

	Kombinationsportfolio (netto)	Quantitatives Momentum (netto)	Quantitativer Value (netto)	S&P 500 TR Index
CAGR	18,10 %	17,38 %	16,98 %	11,16 %
Standardabweichung	21,38 %	25,59 %	18,58 %	15,45 %
Abweichung nach unten	14,96 %	18,09 %	12,71 %	11,05 %
Sharpe Ratio	0,66	0,57	0,68	0,45
Sortino Ratio (MAR = 5 %)	0,94	0,80	0,98	0,62
Größter Drawdown	-60,16 %	-67,72 %	-51,91 %	-50,21 %
Schlechteste Monatsrendite	-26,56 %	-30,33 %	-25,62 %	-21,58 %
Beste Monatsrendite	28,69 %	34,67 %	25,36 %	16,81 %
Profitable Monate	61,18 %	61,79 %	62,60 %	61,59 %

Das Kombinationsportfolio bringt höhere Renditen als das Value- oder das Momentum-Portfolio jeweils für sich allein. Risikobereinigt ist das Kombinationsportfolio im Prinzip äquivalent zur Strategie des quantitativen Momentums. Jedoch erfassen die zusammenfassenden Kennzahlen nicht die *Überlebensfähigkeit* eines Portfolios. Um die Überlebensfähigkeit einzuschätzen, die wir lose als den Grad definieren, zu dem ein Anleger sich an ein Portfolio halten könnte, ohne „aufzugeben", betrachten wir die rollierenden 5-Jahres-CAGRs im Verhältnis zum passiven S&P 500 Total Return Index. Diese Analyse vermittelt uns ein Gefühl dafür, inwieweit das Halten von Value und Momentum die Häufigkeit längerer Perioden der Underperformance minimiert, wie sie mit Value oder Momentum für sich allein genommen einhergehen.

Abbildung 9.1 zeigt deutlich den Nutzen, den es bringt, Value und Momentum zu kombinieren, um die Länge und Tiefe fünfjähriger Perioden der relativen Underperformance zu verringern. Beispielsweise machte die Strategie des quantitativen Values Ende der 1990er-Jahre im Zuge der Internetblase eine tiefe, langwierige Phase der schwachen relativen Performance durch. Im Gegenzug erlitt das quantitative Momentum nach der Finanzkrise eine lange Strähne gravierender Underperformance. Um das klarzustellen: Das quantitative Momentum für sich genommen machte auf CAGR-Basis eine Periode der Underperformance um rund 15 Prozent über fünf Jahre durch (tritt im Juni 2013 auf, somit liegt die Finanzkrise 2008/2009 in diesem 5-Jahres-Zeitraum). Stellen Sie sich einmal vor, darüber müssten Sie sich mit Ihren Kunden unterhalten!

Abbildung 9.1 **Rollierende 5-Jahres-Spreads**

Rollierendes CAGR über 5 Jahre im Verhältnis zum Index

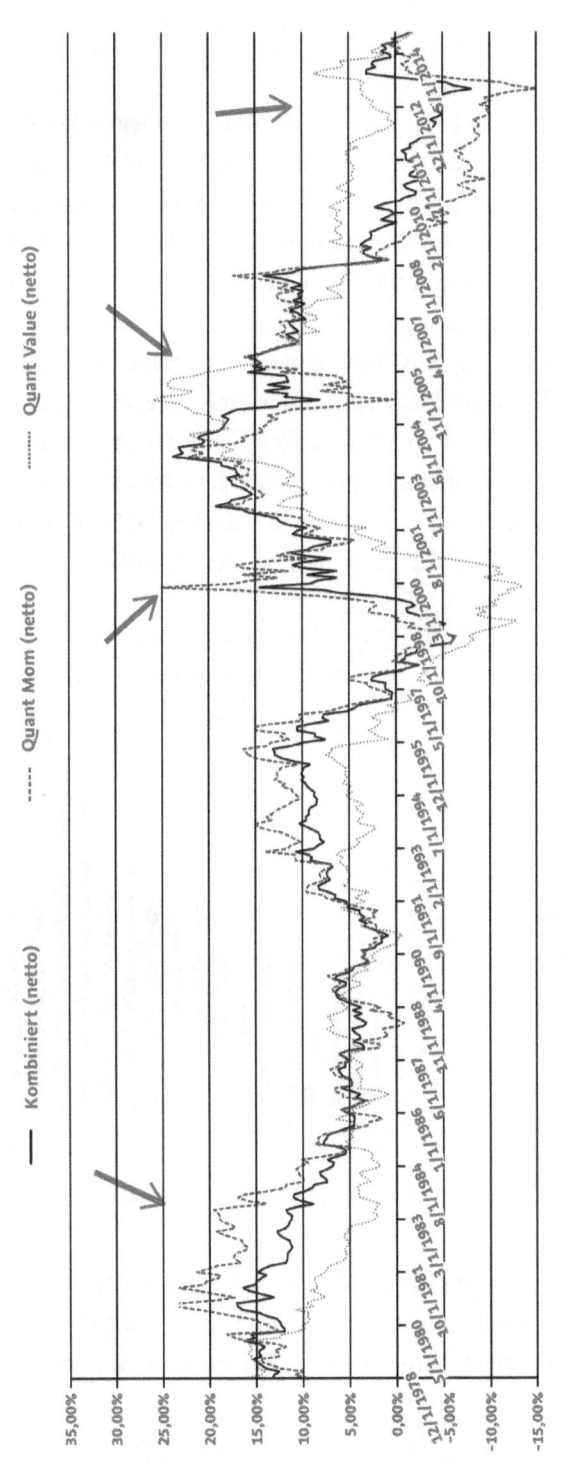

— Kombiniert (netto)   ---- Quant Mom (netto)   ······ Quant Value (netto)

TEIL 2

Indem jedoch ein Anleger die beiden Strategien kombiniert (durch die durchgezogene schwarze Linie in Abbildung 9.1 angezeigt), kann er die Länge und Tiefe langfristiger Underperformance auf ein Niveau verkürzen, das für den Durchschnittsanleger leichter verdaulich ist. Eine andere Art, dieses Problem zu betrachten, ist eine Histogramm-Analyse. Abbildung 9.2 zeigt das Histogramm der relativen 5-Jahres-Performance gemessen am CAGR der reinen Momentum-Strategie und des Kombinationsportfolios. Wenn man in eine reine Momentum-Strategie investiert, ist die Wahrscheinlichkeit hoch, dass man häufig in einem fünfjährigen Zeitfenster gegenüber dem Index verliert; das Kombinationsportfolio hingegen begrenzt die Wahrscheinlichkeit einer langwierigen Strähne der Underperformance erheblich.

Abbildung 9.2 **Histogramm der 5-Jahres-Spreads**

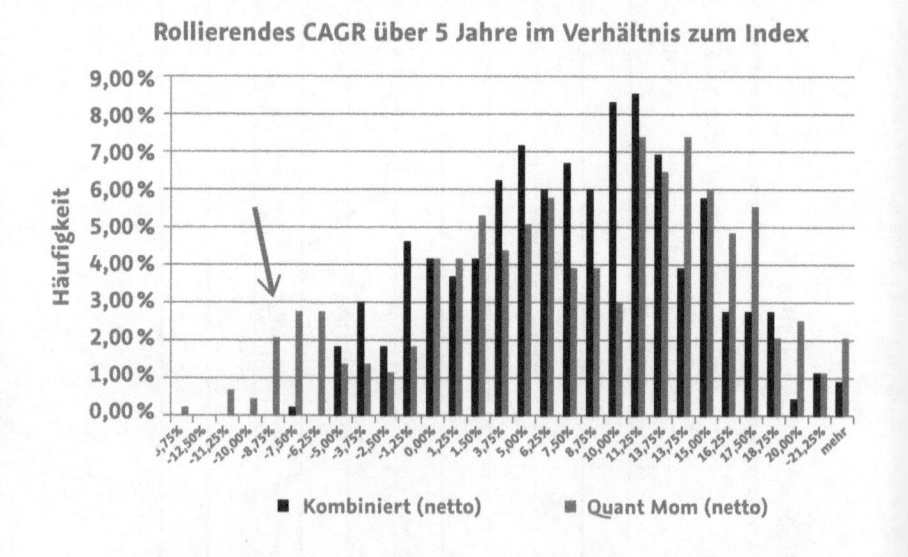

Für einen langfristig orientierten Anleger scheint es eine vernünftige Methode zu sein, die im Verhältnis zu einem passiven Index hohe Renditen liefern kann, wenn er ein passives Aktienportfolio durch ein

9 // DAS MOMENTUM IN DER PRAXIS FÜR SICH ARBEITEN LASSEN

konzentriertes Value- und Momentum-System ersetzt. Hier ist eine leicht zu merkende Daumenregel für den Leser:

Buy 'em cheap, buy 'em strong and hold 'em long.

Wichtige Anmerkung zur Portfoliokonstruktion

Der Weg zum Erfolg mit aktivem Value und aktivem Momentum wird natürlich haarsträubend, vor allem weil die Möglichkeit langfristig schwacher relativer Performance große Kapitalpools daran hindert, diese Chance auszunutzen. Mit dieser Wahrheit in der Hand müssen wir betonen, dass die dargestellten erwarteten Vorteile mit *stark konzentrierten* Value- und Momentum-Portfolios verbunden sind, weil solche Portfolios das Risiko der relativen Performance vorantreiben. Und wenn der extreme Schmerz der relativen Performance entfällt, gibt es auch keinen extremen erwarteten Performance-Zuwachs. Sogenannte „Smart Beta"-Fonds, die große und diversifizierte Portfolios halten, welche zu einem Charakteristikum wie Value oder Momentum hin tendieren, erfüllen nur mit geringer Wahrscheinlichkeit das Versprechen, nach Gebühren eine Outperformance zu erzielen. Solche Fonds sind lediglich verkappte Indexing-Strukturen, die keine genügenden Vorteile durch aktives Exposure bieten, um ihre erwarteten Kosten aufzuwiegen.

Doch weshalb sollte man verkapptes Indexing vermeiden? Erinnern Sie sich, dass die wissenschaftliche Forschung und die interne Analyse, die wir das gesamte Buch hindurch vorgenommen haben, mit Portfolios verbunden sind, die sich auf Aktien mit einer wünschenswerten Eigenschaft konzentrieren (zum Beispiel hohes Momentum). Die Portfolios, die wir analysieren, sind normalerweise so gestaltet, dass sie weniger als 50 Aktien enthalten, um eine „Diworsification" zu vermeiden. Diese findet statt, wenn ein Portfolio so konstruiert wird, dass es sich eher wie ein passiver Index verhält und weniger wie ein konzentriertes, auf Charakteristika ausgerichtetes Portfolio. Wir haben die negativen Auswirkungen der Diworsification in Kapitel 5 betont, als wir untersuchten, wie sich Parameter der Portfoliokonstruktion wie die Anzahl der Positionen und die Häufigkeit des Rebalancings auf die erwartete Performance auswirken. Die Ergebnisse dieser Analyse für diejenigen, die die mit aktiven Momentum-Strategien verbundenen Erwartungsrenditen mitnehmen wollen, waren klar: Man sollte konzentrierte und häufig angepasste Portfolios kaufen.

Und warum sehen wir dann auf dem Markt nicht mehr wirklich aktive Fonds? Leider stimmen die Interessen der Fondsbetreiber nicht mit denen der Fondsanleger überein. Ab einer gewissen Fondsgröße erodiert zusätzliches Fondsvermögen die Performance, weil sich das Portfolio dann in Richtung eines verkappten Indexfonds entwickelt, aber das steigert auch die Gebühren für den Manager. Dadurch entsteht ein Interessenkonflikt zwischen den Anlegern, die die Performance maximieren wollen, und den Managern, die schlicht mehr Vermögen wollen, *selbst wenn dies ihrer Performance schadet*. Verkappte Indexfonds sind leicht zu erkennen – ihre Portfolios enthalten normalerweise über 100 Positionen, sind nach Marktkapitalisierung gewichtet und führen häufig Rebalancings durch. Solche Portfoliokonstruktionen sind auf Größe ausgerichtet und erleichtern es dem Fondsbetreiber, Mittel zu beschaffen. Es ist aber unwahrscheinlich, dass sie die höheren Erwartungsrenditen liefern, die im Laufe des vorliegenden Buches dokumentiert wurden. Was dies für aktive Anleger mit sich bringt, ist klar: Wenn man von einem passiven Index abweicht und zusätzliche Verwaltungsgebühren bezahlt, sollte man ein aktives Risiko eingehen und nicht für verkapptes Indexing, sondern für Konzentration bezahlen.

Ein dreibeiniger Hocker: Kombi + Trend

Aber warten Sie einen Moment: Auch ein zweibeiniger Hocker ist nicht wirklich stabil! Das Portfolio aus quantitativem Value und quantitativem Momentum macht immer noch große Drawdowns durch, die mit Buy-and-hold-Aktienanlagen nun mal einhergehen. Für viele Anleger mit langem Zeithorizont und einer Vorliebe für das Einfache ist das

9 // DAS MOMENTUM IN DER PRAXIS FÜR SICH ARBEITEN LASSEN

Halten der Kombination aus Value- und Momentum-Portfolio eine tolle Anlagelösung. Aber für diejenigen Anleger, denen massive Drawdowns Sorgen machen, ist ein aus Value und Momentum kombinierter Buy-and-hold-Ansatz womöglich nicht geeignet. Und um es ganz klar zu sagen: Die großen Drawdowns, die wir bei dem oben skizzierten Value- und Momentum-Ansatz identifiziert haben, sind nicht diesem speziellen Portfolio eigentümlich – das Drawdown-Thema ist eines bei *allen* Long-only-Aktienportfolios.

Um das Thema Drawdown anzugehen, besprechen wir eine ganz einfache Art, wie man als Anleger mithilfe eines dritten Beins einen stabileren Hocker bauen kann: Trendfolge. Die einfachste Trendfolge-Regel ist die Regel des einfachen langfristigen gleitenden Durchschnitts. Um dem Leser eine Vorstellung davon zu vermitteln, wie so etwas funktionieren kann, sehe er sich die folgende Regel an:

- Gleitender Durchschnitt 12 (GD12) = durchschnittliche Kurse über 12 Monate
- Wenn der GD12 des S&P 500 TR Index (S&P 500 TR Index) > 0, kaufe man das Kombinationsportfolio. Andernfalls kaufe man sichere Papiere (Schatzwechsel).

Die Ergebnisse der Anwendung einer allgemeinen Risikomanagement-Schicht in Form einer einfachen Trendfolge auf das Portfolio aus quantitativem Value und quantitativem Momentum sind in Tabelle 9.2 dargestellt.

Tabelle 9.2 **Die Kombination aus quantitativem Value und quantitativem Momentum**

	Kombination mit Trend (netto)	Kombination (netto)	S&P 500 TR Index
CAGR	16,57%	18,10%	11,16%
Standardabweichung	17,97%	21,38%	15,45%
Abweichung nach unten	13,31%	14,96%	11,05%
Sharpe Ratio	0,67	0,66	0,45
Sortino Ratio (MAR = 5%)	0,90	0,94	0,62
Größter Drawdown	-26,18%	-60,16%	-50,21%
Schlechteste Monatsrendite	-25,45%	-26,56%	-21,58%
Beste Monatsrendite	28,69%	28,69%	16,81%
Profitable Monate	70,93%	61,18%	61,59%

Die Überlagerung durch Trendfolge verbessert die risikobereinigten Kennzahlen des Kombinationsportfolios nicht, aber dieser Analyse entgeht die dramatische Verschiebung des Tail-Risk-Profils des kombinierten Systems. Die Trendüberlagerung dämpft die Anfälligkeit des Aktienportfolios für große Drawdowns. So sinkt beispielsweise der maximale Drawdown von 60,16 auf 26,18 Prozent. Natürlich bekommt man nichts geschenkt – der Trendfolge-Anleger verzichtet auf 1,5 Prozent der kumulierten Jahresrendite und die Wahrscheinlichkeit, dass er eine Phase schwacher relativer Underperformance durchmacht, wird durch einen Trendfolge-Ansatz erhöht. Abbildung 9.3 zeigt das Histogramm der 5-Jahres-Spreads zwischen dem Kombinationsportfolio mit Trendfolge und dem Buy-and-hold-Kombinationsportfolio.

9 // DAS MOMENTUM IN DER PRAXIS FÜR SICH ARBEITEN LASSEN

Abbildung 9.3 **Histogramm der 5-Jahres-Spreads**

Rollierendes CAGR über 5 Jahre im Verhältnis zum Index

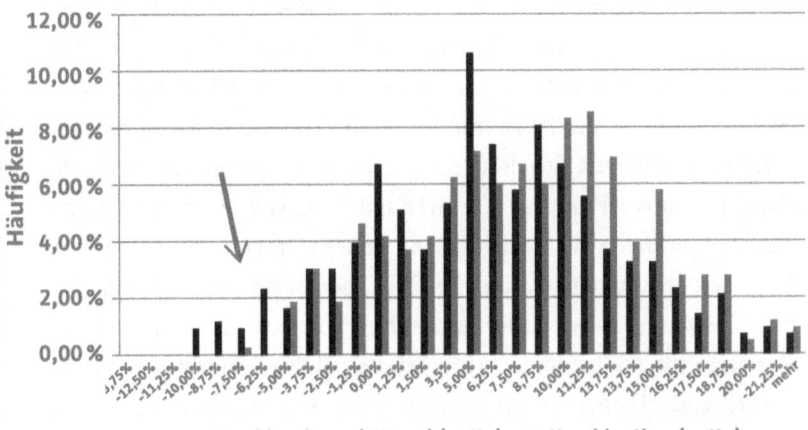

■ Kombination mit Trend (netto)   ■ Kombination (netto)

Abbildung 9.3 hebt das „Risiko der relativen Performance" bei der Trendfolge hervor. Auf der einen Seite schützt die Trendfolge vor großen Tail-Risk-Ereignissen, aber das System erhöht auch den Tracking Error im Verhältnis zum Index, der wiederum die Wahrscheinlichkeit dafür erhöht, dass es einem Anleger nicht gelingt, sich auf lange Sicht an das Investmentprogramm zu halten.

Zwar ist das nicht das zentrale Thema des vorliegenden Buches, aber wir ermuntern Anleger, die sich Sorgen um schwere Drawdowns ihres Kapitals machen, mehr über Trendfolge zu lesen. Außerdem können wir unsere Daumenregel dahingehend ergänzen, dass sie die Trendfolge einschließt:

> Buy 'em cheap, buy 'em strong and hold 'em long ...
> but only when the trend is your friend.

TEIL 2

Überlegungen zum Karriererisiko

Die Trendfolge, die dazu dient, die erwartete Beeinträchtigung durch massive Drawdowns zu minimieren, macht das Potenzial relativer Schmerzen wahrscheinlicher. Gegen Verluste geschützte Strategien können nämlich mit größerer Häufigkeit und mit größerer Tiefe über 5-Jahres-Zeiträume bezüglich der kumulierten Rendite underperformen als Buy-and-hold-Methoden. Somit bringt die Trendfolge zwar große potenzielle Vorteile mit sich, ist aber auch mit Überlegungen bezüglich des Karriererisikos verbunden. Wie viel Kapital ein Anleger wirklich in eher aktive Exposures steckt, hängt letzten Endes von seiner Bereitschaft ab, Perioden schwacher relativer Performance in Kauf zu nehmen. Für manche ist die relative Performance irrelevant, aber für andere, die mit Karriererisiken konfrontiert sind, ist die relative Performance das beherrschende Thema. Das Ironische an dieser Diskussion ist, dass die Effizienzmarkthypothese recht hat – es gibt nichts umsonst –, dass aber ihre Erklärung dafür falsch ist (wonach die Aktienkurse stets die fundamentalen Gegebenheiten repräsentieren). Wir haben bereits betont, dass Strategien wie Value und Momentum der Niederschlag einer Welt mit Fehlpreisungen sind. Aber trotzdem gibt es nichts umsonst. Die Märkte sind extrem wettbewerbsorientiert und viele Investmentrisiken – darunter auch Dinge wie das „Risiko der relativen Performance" – sind Risiken, die im richtigen Leben ihren Preis haben. Finanzökonomische Modelle mögen die Prämie für das relative Risiko als „Alpha" betrachten, aber für viele Marktteilnehmer ist das Risiko der relativen Performance ein reales, quantifizierbares Risiko und marginale Preisführer bezahlen jemanden, damit er ihnen dieses Risiko abnimmt.

Es scheint, dass das Risiko im Auge des Betrachters liegt.

Was ist, wenn ich schwache relative Performance nicht aushalte?

Abbildung 9.1 zeigt, dass sogar ein konzentriertes Value- und Momentum-Portfolio 5-Jahres-Zeiträume der Underperformance durchmachen

9 // DAS MOMENTUM IN DER PRAXIS FÜR SICH ARBEITEN LASSEN

kann (zum Beispiel in der Internetblase und in der Zeit nach der Finanzkrise 2008). Für viele Anleger ist dieser Schmerz schlicht zu groß, als dass sie ihn ertragen könnten, und jegliche Überrenditen, die mit der Bereitschaft verbunden sind, diese Art des „relativen Schmerzes" auszuhalten, haben sich diejenigen redlich verdient, die so etwas verkraften können. Und die Überlagerung durch Trendfolge macht die Wahrscheinlichkeit, dass man eine lange Phase relativen Schmerzes ertragen muss, sogar noch größer! Die ultimative Lösung besteht darin, Barrieren zu beseitigen und den Schmerz der relativen Performance zu akzeptieren, aber wie wir im Laufe des ganzen Buches besprochen haben, können Karriererisiken und psychische Probleme viele Anleger daran hindern, nachhaltige aktive Strategien voll auszunutzen. Schließlich ist dies ja der Grund dafür, dass gewisse aktive Strategien überhaupt funktionieren – es ist schwer, sie zu befolgen!

Wir erkennen an, dass die stark konzentrierte Lösung nie von einem Großteil der Anlegeröffentlichkeit wird umgesetzt werden können. Trotzdem ist nicht alles verloren, denn die Toleranz der Anleger für den Schmerz der relativen Performance ist unterschiedlich. Die Mehrzahl der Anleger kann hoch konzentrierten Value und hoch konzentriertes Momentum nicht ertragen, aber manche Anleger können ein kleines Stückchen konzentrierten Value und konzentriertes Momentum hinzufügen und es mit ihrer passiven Marktallokation verbinden. Nehmen Sie zum Beispiel einen Finanzberater, der einen recht ausgefuchsten Kundenstamm hat, wobei die Kunden jedoch begrenzte Zeithorizonte haben und sich an Benchmarks klammern. Große Abweichungen von einer Benchmark können die Kunden – selbst wenn sie ziemlich intelligent sind – sehr schnell verärgern: „He, Herr Berater, warum machen wir in diesem Quartal gegenüber dem S&P 500 Index zehn Prozent Verlust? Sie sind gefeuert!" Aber vielleicht ist eine kleinere Abweichung (zum Beispiel zwei Prozentpunkte unter dem S&P 500) weniger ein Problem? Vielleicht übersteht der Berater dann die Performance-Besprechung mit den Kunden und kann dort erklären, wieso das Risiko der Underperformance der

Preis für die Chance auf eine längerfristige überdurchschnittliche Erwartungsrendite ist. Bei Anlegern in dieser Situation mag eine Core-Satellite-Lösung angebracht sein.

Die *Core-Satellite-Strategie* funktioniert so: Die Methode weist einen Großteil des Kapitals einer passiven benchmarkorientierten Strategie (dem Core oder „Kern") zu und nur eine kleine zusätzliche Komponente einer aktiven Strategie an den Rändern (dem „Satelliten"). Konstruktionsbedingt wird eine Core-Satellite-Methode niemals zu weit von der Benchmark abweichen. Beispielsweise erstellen wir in Abbildung 9.4 ein Portfolio, das 80 Prozent dem S&P 500 zuweist und 20 Prozent dem im vorigen Abschnitt besprochenen Value- und Momentum-Portfolio.

Abbildung 9.4 **Histogramm der 5-Jahres-Spreads**

Rollierendes CAGR über 5 Jahre im Verhältnis zum Index

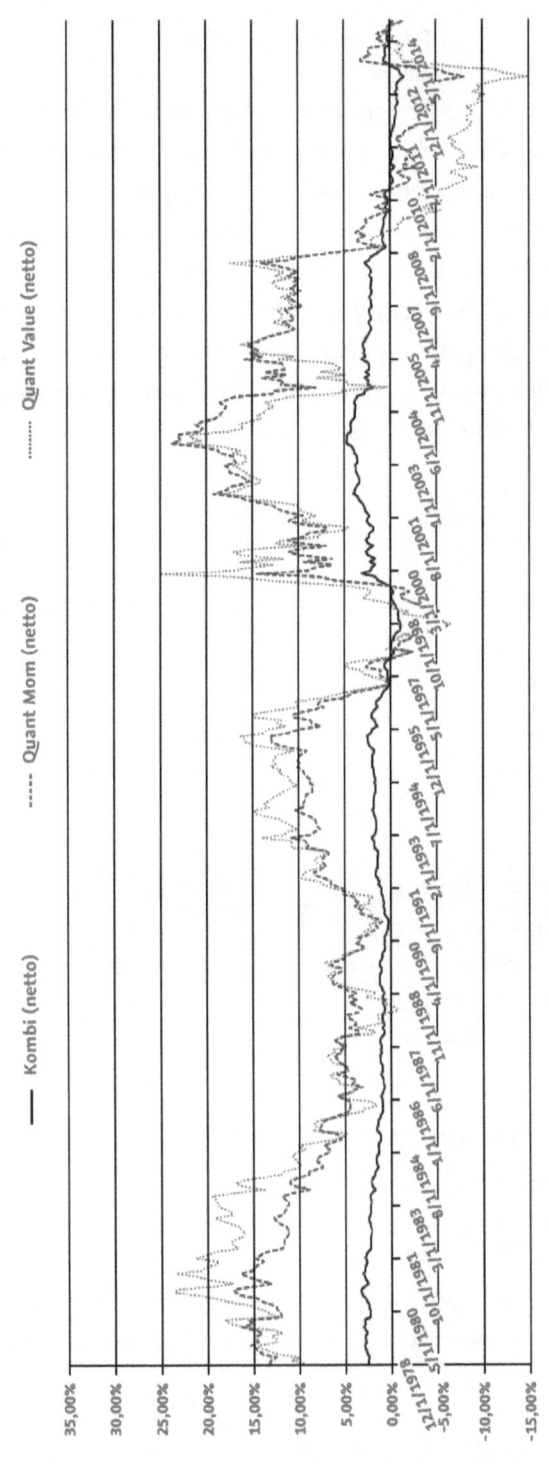

— Kombi (netto)   ----- Quant Mom (netto)   .... Quant Value (netto)

TEIL 2

Die Abbildung zeigt, dass die Core-Satellite-Methode den relativen Schmerz nicht eliminieren kann. Der Core-Satellite-Anleger hätte während der Internetblase und in der Zeit nach der Finanzkrise 2008 trotzdem Schmerzen ertragen müssen, aber sie wären erträglicher gewesen. Natürlich ist der Nachteil der Core-Satellite-Methode eine viel längere erwartete Kumulierungsperiode als bei einem nicht verwässerten Ansatz (siehe die Spalte „Kombination [netto]" im Vergleich zur Spalte „Core-Satellite [netto]" in Tabelle 9.3, die die zusammenfassenden Kennzahlen von 1974 bis 2014 zeigt).

Tabelle 9.3 **Core-Satellite-Renditen**

	Core-Satellite (netto)	Kombination (netto)	Quantitatives Momentum (netto)	S&P 500 TR Index
CAGR	12,66%	18,10%	17,38%	11,16%
Standardabweichung	16,04%	21,38%	25,59%	15,45%
Abweichung nach unten	11,48%	14,96%	18,09%	11,05%
Sharpe Ratio	0,52	0,66	0,57	0,45
Sortino Ratio (MAR = 5%)	0,72	0,94	0,80	0,62
Größter Drawdown	-51,86%	-60,16%	-67,72%	-50,21%
Schlechteste Monatsrendite	-22,35%	-26,56%	-30,33%	-21,58%
Beste Monatsrendite	16,52%	28,69%	34,67%	16,81%
Profitable Monate	61,79%	61,18%	61,79%	61,59%

Anmerkungen

1. Wesley Gray und Tobias Carlisle, *Quantitative Value: A Practitioner's Guide to Automating Intelligent Investment and Eliminating Behavioral Errors*, (Hoboken, NJ: John Wiley & Sons, 2012).

2. In Kapitel 9 erhöhen wir die Gesamtgebühr aus Kapitel 8 von 1,80 auf 2,00 Prozent, um die höheren Transaktionskosten zu berücksichtigen, die damit verbunden

9 // DAS MOMENTUM IN DER PRAXIS FÜR SICH ARBEITEN LASSEN

sind, ein gleichgewichtetes Portfolio zu betreiben, und auch um das jährliche Rebalancing zwischen dem Portfolio des quantitativen Momentums und dem Portfolio des quantitativen Values zu berücksichtigen.

ANHANG A

Die Suche nach alternativen Momentum-Konzepten

Wir haben viele Jahre mit dem Versuch verbracht, zu verstehen, wie man einen nachhaltigen langfristigen Momentum-Bonus verdienen kann. Zwar ist das vorliegende Buch im Prinzip eine Zusammenfassung unserer Anstrengungen, aber es ist nicht als Rezension der Literatur über das Momentum gedacht. Wenn wir diesen Weg beschritten hätten, wäre das Buch über tausend Seiten lang und der Leser stünde immer noch vor der Frage, die wir in diesem Buch zu beantworten versuchen: Welche ist die „beste" Momentum-Strategie? Tatsächlich könnte jeder, der sich die Zeit nimmt, die gesamte Literatur über Momentum durchzugehen, auf vernünftige Weise zu unterschiedlichen Schlussfolgerungen kommen. Da wir aber alle Forschungsartikel gelesen haben, die wir über das Momentum finden konnten, dachten wir uns, wir sollten die interessantesten Ideen mit den Lesern teilen und ihnen erklären, weshalb wir sie nicht in unseren Prozess des quantitativen Momentums aufgenommen haben. Wir hoffen, das wird unseren Lesern helfen, besser zu verstehen, weshalb wir glauben, dass unser Prozess am sinnvollsten ist – sinnvoller als die Varianten, die wir im Folgenden besprechen. Alle hier vorgestellten Ergebnisse verwenden das gleiche Aktienuniversum, das im gesamten Buch verwendet wurde, und der Schwerpunkt liegt auf Long-only-Strategien.

Wir stellen folgende Ideen vor und analysieren sie:

- In welcher Beziehung steht das Momentum zu den Fundamentaldaten?
- Ist das 52-Wochen-Hoch ein besseres Momentum-Signal?
- Kann die absolute Stärke das Momentum der Relativen Stärke verbessern?
- Lässt sich die Volatilität des Momentums einschränken?

Es gibt zwar im Zusammenhang mit dem Momentum noch viele andere interessante und vielversprechende Ideen, aber diese hier sind die zentralen Ideen, bei denen wir der Meinung sind, dass sie am vernünftigsten und am verlockendsten sind. Auch hoffen wir, nebenbei zu erklären, weshalb wir glauben, dass unser Ansatz diesen Alternativen überlegen ist.

In welcher Beziehung steht das Momentum zu den Fundamentaldaten?

Im Jahr 1998 veröffentlichten Nicholas Barberis, Andrei Shleifer und Robert Vishny[1] ein theoretisches Modell zur Anlegerstimmung, das die Möglichkeit beschrieb, dass Unterreaktionen und Überreaktionen von Verhaltenstendenzen bestimmt werden, was dann zu dem Value-Effekt und zu dem Momentum-Effekt führt. Value ist demnach im Prinzip eine Überreaktion auf schlechte Nachrichten; Momentum ist eine Unterreaktion auf gute Nachrichten. Louis Chan, Narasimhan Jegadeesh und

A // DIE SUCHE NACH ALTERNATIVEN MOMENTUM-KONZEPTEN

Josef Lakonishok[2] kamen 1996 in einer empirischen Arbeit zu dem Ergebnis, dass die Momentum-Anomalie zum Teil wohl durch eine schleppende Reaktion auf frühere Nachrichten bedingt ist. Sie schreiben: „Die Gewinnprognosen von Wertpapieranalysten ... reagieren schleppend auf frühere Nachrichten, vor allem im Falle der Aktien mit der schlechtesten früheren Performance. Die Ergebnisse deuten auf einen Markt hin, der nur nach und nach auf neue Informationen reagiert." Manchmal schlagen sich solche neuen Informationen in den Fundamentaldaten nieder.

Robert Novy-Marx treibt die Beziehung zwischen Fundamentaldaten und Momentum noch ein bisschen weiter. In einem Working Paper mit dem Titel „Fundamentally, Momentum Is Fundamental Momentum"[3] versucht Novy-Marx zu verstehen, weshalb Momentum-Strategien historisch eine Outperformance gebracht haben. Er kommt zu dem Schluss, dass das Preis-Momentum eine Manifestation der Anomalie des Gewinn-Momentums sei. Mit anderen Worten funktioniere die Momentum-Anomalie deshalb, weil die Anleger systematisch zu schwach auf Gewinnüberraschungen reagieren. Dann zeigt Novy-Marx, dass das preisbasierte Momentum, nachdem man auf Gewinn-Momentum kontrolliert hat, nicht mehr „anormal" ist.

Im Folgenden gehen wir die von Novy-Marx vorgelegten Ergebnisse durch und besprechen sie. Sehen wir uns als Erstes das Konzept des Preis-Momentums und des Gewinn-Momentums sowie die Zusammenstellung von Portfolios anhand dieser beiden Strategien an:

> ▶ **Preis-Momentum:** Die Aktien mit der stärksten vergangenen Preisentwicklung outperformen tendenziell diejenigen mit der schwächsten vergangenen Preisentwicklung. Portfolios werden anhand der Performance der vergangenen zwölf Monate gebildet, unter Auslassung des letzten Monats, um kurzfristige Umkehreffekte zu vermeiden. Diese Strategie ist das, was wir in unserem Buch als grundlegendes „Momentum"-Screening empfehlen, und

es ist die übliche Art, wie wissenschaftliche Forscher das Momentum beschreiben.

- **Gewinn-Momentum:** Aktien mit starken früheren Gewinnüberraschungen outperformen diejenigen mit schwachen früheren Gewinnüberraschungen. Am Gewinn-Momentum orientierte Portfolios werden anhand früherer Gewinnüberraschungen gebildet. Die Gewinnüberraschung wird im Artikel von Novy-Marx auf zwei Arten ermittelt:
  1. **Standardized unexpected earnings (SUE):** Der SUE (standardisierter unerwarteter Gewinn) ist als jüngste Veränderung des Gewinns gegenüber dem Vorjahreszeitraum definiert, skaliert durch die Standardabweichung der Gewinnänderungen der letzten acht Ergebnismeldungen.
  2. **Cumulative three-day abnormal returns (CAR3):** CAR3 (kumulierte anormale 3-Tages-Rendite) ist definiert als kumulierte Überrendite gegenüber dem Markt in den drei Tagen ab dem Tag vor der jüngsten Ergebnismeldung bis zum Ende des Tages nach dem Tag der Ergebnismeldung.

Unter Anwendung der dargestellten Portfoliokonstruktion untersucht Novy-Marx Querschnittsregressionen (Fama-MacBeth) der Renditen einer Firma sowohl anhand der früheren Performance als auch anhand der Gewinnüberraschungen. Die Ergebnisse deuten darauf hin, dass sich das Preis-Momentum weitgehend durch das Gewinn-Momentum erklären lässt.

Als Nächstes schaut sich Novy-Marx drei Long-short-Faktor-Portfolios an:

- **UMD** = long auf Aktien mit hohem Preis-Momentum und short auf Aktien mit geringem Preis-Momentum
- **SUE** = long auf Aktien mit hohem SUE und short auf Aktien mit niedrigem SUE

A // **DIE SUCHE NACH ALTERNATIVEN MOMENTUM-KONZEPTEN**

▸ **CAR3** = long auf Aktien mit hoher CAR3 und short auf Aktien mit niedriger CAR3

Um die Strategien vergleichbar zu machen, werden alle Long-short-Portfolios so gebildet, dass sie die gleiche Volatilität haben (wir stellen sie so ein, dass sie UMD entsprechen), wenn man unser Universum aus mittel und hoch kapitalisierten Aktien verwendet. Technisch bedeutet dies, dass Hebelwirkungen eingesetzt werden, um die Volatilität derjenigen Strategien zu steigern, die von Natur aus eine geringere Hebelwirkung haben (SUE und CAR3), damit sie der natürlichen Volatilität des auf das Preis-Momentum bezogenen Long-short-Portfolios entspricht.[4] Abbildung A1.1 zeigt die Performance dieser drei Portfolios vom 1. Januar 1975 bis zum 31. Dezember 2014 (alle Portfolios sind Long-short-Portfolios). Wir sehen hier, dass beide Gewinn-Momentum-Strategien eine dramatisch höhere Performance haben als die Preis-Momentum-Strategie.

Abbildung A1.1 **Fundamentale Momentum-Renditen**

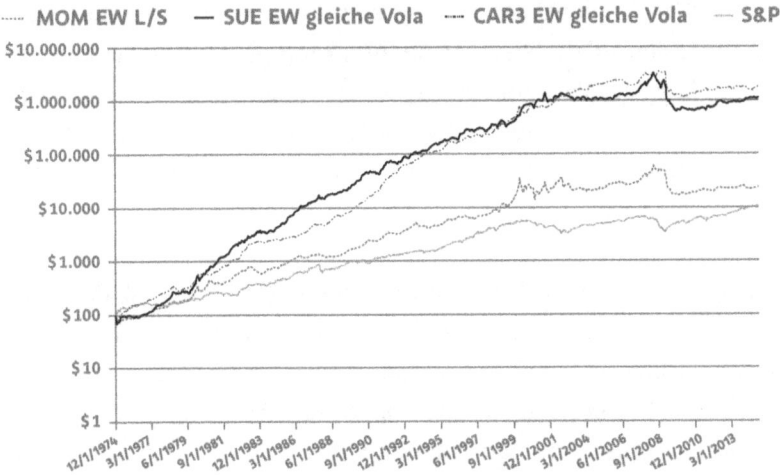

Tabelle 2 in der Schrift von Novy-Marx zeigt die Ergebnisse von Zeitreihen-Regressionen: Panel A zeigt, dass UMD stark auf SUE und CAR3 beruht. Ein paar entscheidende Ergebnisse: Zunächst einmal produziert das Preis-Momentum, nachdem es auf Gewinn-Momentum und diverse Risikofaktoren kontrolliert wurde (zum Beispiel Markt-Exposure, Größen-Exposure und Value-Exposure), kein Alpha mehr. Die Panels B und C von Tabelle 2 zeigen, dass die mit SUE und CAR3 assoziierten Alphas hochgradig signifikant sind. Novy-Marx zieht daraus den Schluss, das Gewinn-Momentum „subsumiere" das Preis-Momentum, denn es scheint ja den gesamten Effekt zu erklären.

Aber der Anschlag des Artikels auf das Preis-Momentum reicht noch weiter. Im Paper finden sich zwei zusätzliche Feststellungen:

1. Wenn man den Preis-Momentum-Faktor aus den Gewinn-Momentum-Faktoren ausschließt, verbessert sich die Gewinn-Momentum-Performance, aber wenn man das Gewinn-Momentum aus dem Preis-Momentum ausschließt, verschlechtert sich die Performance des Preis-Momentums. Dies im Kontext einer Long-short-Strategie, die auf zehn Prozent Volatilität eingestellt ist.
2. Wenn man bei der Konstruktion von Gewinn-Momentum-Strategien auf das Preis-Momentum kontrolliert, kann das zur Senkung der Volatilität beitragen und zu einem hohen Grad Crashs eliminieren. (Die Preis-Momentum-Strategie ist dafür bekannt, dass sie auf Marktzyklen anspricht[5] und in schwachem Marktumfeld volatiler ist[6].)

Insgesamt zeigen die Ergebnisse von Novy-Marx etwas auf, das in der akademischen Forschung schon seit einer Weile bekannt ist, nämlich dass die mit einer Preis-Momentum-Strategie verbundenen anormalen Renditen anscheinend mit einer Unterreaktion auf Ergebnismeldungen zusammenhängen. Novy-Marx weist jedoch darauf hin, dass das Preis-Momentum nicht der richtige Stellvertreter sei, um diesen Effekt der Unterreaktion zu erfassen. Stattdessen solle man sich an Kennzahlen für das Gewinn-Momentum und an der Unterreaktion auf unerwartete Gewinnüberraschungen orientieren. Laut der Analyse von Novy-Marx kommt es nicht auf das Preis-Momentum an, sondern auf das Gewinn-Momentum. Allerdings widersprechen diese Nachweise direkt der Analyse von Chan, Jegadeesh und Lakonishok, die zeigen, dass bei der Identifizierung anormaler Renditen sowohl das Gewinn-Momentum als auch das Preis-Momentum eine Rolle spielen.

Da die Ergebnisse des Preis-Momentums und des Gewinn-Momentums gemischt ausfallen, stellten wir unsere eigene Forschung unter unseren eigenen Forschungsbedingungen an. Dabei konzentrieren wir uns auf das Aktienuniversum, das wir im Laufe des gesamten Buches verwendet haben: mittel bis hoch kapitalisierte in den Vereinigten Staaten gehandelte Stammaktien. Wir erstellen die von Novy-Marx beschriebenen Portfolios und untersuchen das oberste und das unterste Dezil der Portfolios, die wir aus unserem Aktienuniversum anhand des Preis-Momentums, des SUE und der CAR3 erstellt haben. Es werden monatlich angepasste Portfolios unter gleichmäßiger Gewichtung der Firmen gebildet und die Renditen reichen vom 1. Januar 1975 bis zum 31. Dezember 2014. Die Renditen werden vor Abzug etwaiger Gebühren angegeben.

Tabelle A1.1 zeigt das obere Dezil (Long-Portfolio) der Kennzahlen, während Tabelle A1.2 das untere Dezil (Short-Portfolio) der Kennzahlen zeigt.

TEIL 2

Tabelle A1.1 **Zusammenfassende Kennzahlen zum Portfolio auf das oberste Dezil**

	Preis-Momentum	SUE	CAR3	S&P 500
CAGR	19,81%	19,64%	16,79%	12,31%
Standardabweichung	25,73%	18,85%	22,28%	15,10%
Abweichung nach unten	18,21%	14,28%	15,40%	10,95%
Sharpe Ratio	0,65	0,80	0,60	0,53
Sortino Ratio (MAR = 5%)	0,91	1,04	0,85	0,71
Größter Drawdown	-58,59%	-56,08%	-59,05%	-50,21%

Das Preis-Momentum-Portfolio und das SUE-Portfolio haben im oberen Dezil die beste Performance (der Long-Teil einer Long-short-Strategie), während das Preis-Momentum die schlechteste Performance im unteren Dezil hat (der Short-Teil einer Long-short-Strategie). Auf den ersten Blick könnte man ja annehmen, dass das beste Long-short-Portfolio mit der Preis-Momentum-Strategie assoziiert wäre, weil dort die Spanne zwischen dem Long- und dem Short-Portfolio am größten ist. Aber diese Annahme ist falsch. Wir untersuchen die Performance von monatlich angepassten Long-short-Portfolios, die long auf das Portfolio des obersten Dezils und short auf das Portfolio des untersten Dezils gehen. Die Ergebnisse sind in Tabelle A1.3 zu sehen.

A // DIE SUCHE NACH ALTERNATIVEN MOMENTUM-KONZEPTEN

Tabelle A1.2 **Zusammenfassende Kennzahlen zum Portfolio auf das unterste Dezil**

	Preis-Momentum	SUE	CAR3	S&P 500
CAGR	6,07%	11,31%	8,12%	12,31%
Standardabweichung	26,48%	19,39%	23,06%	15,10%
Abweichung nach unten	18,00%	13,85%	16,44%	10,95%
Sharpe Ratio	0,17	0,40	0,25	0,53
Sortino Ratio (MAR = 5%)	0,24	0,55	0,34	0,71
Größter Drawdown	-80,96%	-62,18%	-69,51%	-50,21%

Tabelle A1.3 **Jahresrenditen des Long-short-Momentum-Portfolios**

	Preis-Momentum (L/S)	SUE (L/S)	CAR3 (L/S)	S&P 500
CAGR	14,59%	12,38%	12,83%	12,31%
Standardabweichung	25,28%	8,30%	8,04%	15,10%
Abweichung nach unten	21,94%	6,29%	6,13%	10,95%
Sharpe Ratio	0,48	0,87	0,95	0,53
Sortino Ratio (MAR = 5%)	0,55	1,13	1,22	0,71
Größter Drawdown	-71,36%	-37,93%	-29,26%	-50,21%

Die Ergebnisse in Tabelle A1.3 zeigen, dass das Preis-Momentum-Long-short-Portfolio die höchste kumulierte jährliche Wachstumsrate (CAGR) hat. Aber diese Strategie hat auch das höchste Risiko. Insgesamt betrachtet ist die risikobereinigte Performance relativ schwach. Im Gegensatz dazu sind das Sharpe Ratio und das Sortino Ratio der Long-short-Portfolios gemäß SUE und CAR3 fast doppelt so hoch wie beim Long-short-Portfolio gemäß Preis-Momentum. Und es kommt noch schlimmer: Der Drawdown des Preis-Momentum-Long-short-Portfolios (71,36 Prozent) ist fast beziehungsweise mehr als doppelt so groß wie derjenige der Long-short-Portfolios gemäß SUE (37,93 Prozent) und CAR3 (29,26 Prozent). Zusammenfassend ist zu sagen, dass die

Long-short-Portfolios gemäß SUE und CAR3 besser aussehen als das Preis-Momentum-Portfolio und dass dies der entscheidende Nachweis dafür ist, dass – wie Novy-Marx betont – das Preis-Momentum dem Gewinn-Momentum unterlegen und von ihm subsumiert wird.

Bis jetzt haben wir herausgefunden, dass ein Long-only-Portfolio anhand des Preis-Momentums eine vielversprechende Strategie ist, dass aber Long-short-Portfolios anhand von SUE und CAR3 bessere Long-short-Konzepte sind. Jedoch ist, wie wir in Kapitel 4 gelernt haben, die Performance einer Strategie für sich allein zwar relevant, aber sie erzählt nicht immer die vollständige Geschichte. Beispielsweise sahen wir uns in Kapitel 4 die Performance eines Long-short-Preis-Momentum-Portfolios in Japan an, also in einem Markt, von dem man behaupten kann, dass das Momentum als alleinige Strategie eine schwache Performance bringt. Aber dieser verengte Blick auf das Momentum ignoriert die Tatsache, dass die Kombination einer Long-short-Momentum-Strategie mit einem Long-short-Value-Ansatz es einem Anleger ermöglicht, das robusteste marktneutrale Portfolio zu erstellen. Wieso das? Weil den Strategien Long-short-Value und Long-short-Momentum ein unglaubliches Merkmal gemeinsam ist: Sie sind stark *negativ korreliert*. Das bedeutet, dass die beiden Strategien meistens zu unterschiedlichen Zeiten gut funktionieren. Und dieser mit dem Momentum verbundene Diversifizierungsnutzen lässt sich durch das Sharpe Ratio nicht erfassen. Klingt toll, aber wie können wir diesen Nutzen quantifizieren? Wir wählen den Ansatz einer einfachen Faktoranalyse, um zu ermitteln, inwieweit die drei unterschiedlichen Long-short-Momentum-Strategien auf gemeinsamen Risikofaktoren basieren, die sich auf das Marktrisiko, das Größenrisiko und das Value-Risiko beziehen.[7] Die Ergebnisse sind in Tabelle A1.4 dargestellt.

A // DIE SUCHE NACH ALTERNATIVEN MOMENTUM-KONZEPTEN

Tabelle A1.4 **Faktorbezüge des Long-short-Momentum-Portfolios**

	Preis-Momentum (L/S)	SUE (L/S)	CAR3 (L/S)
Alpha (jährlich)	0,16	0,08	0,09
p-Wert	0,0001	0,0000	0,0000
RM-RF	-0,28	-0,03	-0,10
p-Wert	0,0128	0,4412	0,0024
SMB	0,45	-0,06	0,08
p-Wert	0,0377	0,2141	0,1644
HML	-0,67	-0,10	-0,13
p-Wert	0,0013	0,1195	0,0160

Die Faktoranalyse zeigt, dass alle drei Strategien Alpha aufweisen – was frühere Forschungen bereits herausgefunden haben. Wir konzentrieren uns allerdings auf den Value-Faktor (HML), der die statistische Beziehung zwischen einer gegebenen Strategie und einem allgemeinen Long-short-Value-Portfolio angibt. Die Preis-Momentum-Strategie enthält einen hochsignifikanten Bezug von -0,67, was sie zu einem erstklassigen Kandidaten für die Paarung mit einer Value-Strategie macht. Hingegen liegen die Value-Bezüge der Momentum-Strategien SUE und CAR3 näher bei null. Diese Zahlen deuten darauf hin, dass diese Strategien aus Portfoliosicht womöglich nicht so nützlich sind, wenn man sie mit einem Value-orientierten Portfolio zusammenführt.

Um ein besseres Gefühl für die praktischen Konsequenzen der obigen Analyse zu bekommen, machen wir einen empirischen Test. Wir bilden über den Stichprobenzeitraum vom 1. Januar 1975 bis zum 31. Dezember 2014 vier Portfolios, die jeden Monat 50 Prozent in Value und 50 Prozent in Momentum investieren. Das Value-Portfolio wird durch ein Portfolio repräsentiert, das long auf das oberste Dezil der nach EBIT/TEV (Gewinn vor Zinsen und Steuern/Total Enterprise Value) sortierten Unternehmen steht und jährlich angepasst wird. Das Value-Portfolio wird mit der Preis-Momentum-Strategie, mit der SUE-Strategie, mit

TEIL 2

der CAR3-Strategie und mit dem Frosch-in-der-Pfanne-Momentum-Portfolio kombiniert (alle vier momentumbezogenen Strategien werden monatlich angepasst). In den Kapiteln 5 bis 8 empfehlen wir ein vierteljährlich angepasstes Portfolio, aber hier verwenden wir monatliches Rebalancing, um einen fairen Vergleich zu ermöglichen. Außerdem sind in den Kapiteln 5 bis 8 die Renditen von 1974 bis 2014 angegeben, während wir hier aufgrund von Datenbeschränkungen der SUE-Portfolios nur die Renditen von 1975 bis 2014 angeben. Alle Renditen sind vor etwaigen Gebühren oder Transaktionskosten angegeben und die Ergebnisse stehen in Tabelle A1.5.

Tabelle A1.5 **Jahresrenditen von Value- und Momentum-Portfolios**

	50 % Frosch-Momentum/ 50 % Value	50 % Preis-Momentum/ 50 % Value	50 % SUE/ 50 % Value	50 % CAR3/ 50 % Value
CAGR	20,54 %	19,72 %	19,25 %	17,92 %
Standardabweichung	19,55 %	19,84 %	17,62 %	19,05 %
Abweichung nach unten	14,36 %	14,50 %	13,48 %	13,64 %
Sharpe Ratio	0,81	0,77	0,82	0,71
Sortino Ratio (MAR = 5 %)	1,10	1,04	1,06	0,98
Größter Drawdown	-52,55 %	-50,29 %	-50,06 %	-49,11 %

Das kombinierte Portfolio aus dem Frosch-in-der-Pfanne-Momentum-Portfolio und dem Value-Portfolio produziert das höchste CAGR und das höchste Sortino Ratio. Auch das SUE-Portfolio ist stark, die Ergebnisse sind nur leicht schwächer. Kurz gesagt sind die Ergebnisse, die Novy-Marx bezüglich des SUE vorlegt, zwar faszinierend und sicherlich bedenkenswert, aber durch die Brille des Praktikers betrachtet glauben wir, dass hier eine Situation nach dem Motto „viel Lärm um nichts" vorliegt. Die Ergebnisse sind nicht stark genug, um nahezulegen, das Preis-Momentum sei tot.[8]

A // DIE SUCHE NACH ALTERNATIVEN MOMENTUM-KONZEPTEN

Ist das 52-Wochen-Hoch ein besseres Momentum-Signal?

Die Kennzahl des 52-Wochen-Hochs wird überall gemeldet und steht den Anlegern problemlos zur Verfügung. Aber reagieren die Anleger auf diese Information rational? Sie können aufgrund der Ankerheuristik und des Framing-Effekts irrational auf Signale des 52-Wochen-Hochs reagieren. Beispielsweise könnten irrationale Anleger diese Kennzahl als Verkaufssignal werten, ohne die Tatsache zu berücksichtigen, dass das Wertpapier zum aktuellen Preis auf fundamentaler Basis unterbewertet sein könnte.

Ein 2012 von Malcolm Baker, Xin Pan und Jeffrey Wurgler[9] verfasster Artikel untersucht die Wirkung von Bezugspunkten bei Fusionen und Übernahmen. Die Ergebnisse sind wirklich erstaunlich – hier eine Zusammenfassung aus der Kurzfassung:

> *„Frühere Kursspitzen von Zielunternehmen wirken sich auf mehrere Aspekte der Fusions- und Übernahmeaktivität aus. Die Preisgebote tendieren in Richtung kürzlich erreichter Spitzenkurse, obwohl sie ökonomisch unauffällig sind. Die Wahrscheinlichkeit, dass ein Gebot angenommen wird, springt diskontinuierlich, wenn es einen Spitzenpreis überschreitet."*

Also wirkt sich der Spitzenkurs (das 52-Wochen-Hoch) tatsächlich auf die Wahrscheinlichkeit aus, dass eine Fusion abgeschlossen wird – das stand auf jeden Fall nicht in den Lehrbüchern zur Markteffizienzhypothese, die wir an der Uni lasen! Das 52-Wochen-Hoch wirkt sich also deutlich auf die Fusions- und Übernahmeaktivität aus, aber wie sieht es mit der Verwendung dieser Kennzahl für die Aktienauswahl aus? Intuitiv steht das 52-Wochen-Hoch in Beziehung zu den Kennzahlen für das Momentum der Relativen Stärke, die wir im gesamten Buch besprochen haben. Aber ist es ein besseres Maß als die traditionellen Momentum-Berechnungen? Im Jahr 2004 machten sich Thomas J. George und Chuan-Yang Hwang[10] daran, einen Artikel zu schreiben, der sich dieser Frage widmet.

TEIL 2

Ihr Artikel mit dem Titel „The 52-Week High and Momentum Investing" kommt zu dem Ergebnis, dass die Strategie des 52-Wochen-Hochs besser sei als traditionelle Momentum-Strategien. Das Fazit des Artikels ist gewagt: „Die Renditen, die mit Gewinnern und Verlierern verbunden sind, die durch die Strategie des 52-Wochen-Hochs identifiziert wurden, sind etwa doppelt so hoch wie die mit den anderen [Momentum-]Strategien verbundenen Renditen."

Die Autoren erklären ihr Ergebnis mit der Behauptung, wenn eine gute Nachricht den Kurs einer Aktie in die Nähe eines 52-Wochen-Hochs getrieben habe, würden die Anleger den Aktienkurs nur ungern weiter in die Höhe treiben, selbst wenn die Information dies angezeigt sein lasse. Im Prinzip hindere das unbehagliche Gefühl, eine Aktie zu kaufen, wenn der Chart auf einem Hoch steht, Aktien daran, auf ihren fundamentalen Wert zu steigen. Irgendwann würden die fundamentalen Informationen dann in den Aktienkurs eingepreist und der Kurs steige, woraus sich ein „momentumartiger" Effekt ergebe. Ähnlich sei es, wenn schlechte Nachrichten den Kurs einer Aktie weit unter ihr 52-Wochen-Hoch drücken. Dann seien die Händler anfangs nicht bereit, die Aktie zu Preisen zu verkaufen, die als „zu niedrig" wahrgenommen werden. Aber irgendwann würden sich fundamentale Nachrichten im Aktienkurs niederschlagen, die Kurse würden fallen und durch das Shorten von Aktien in der Nähe ihrer 52-Wochen-Tiefs würden anormale Renditen verdient.

Was sollen wir nun mit diesen Ergebnissen anfangen? Den größten Teil des Buches haben wir darauf verwendet, zu erklären, dass eine Momentum-Strategie nur unter Verwendung der früheren Renditen konstruiert werden sollte, während der erwähnte Artikel behauptet, man könne die Gewinne verdoppeln, wenn man das 52-Wochen-Hoch als Indikator verwendet. Um diese Strategie besser zu verstehen, replizieren wir die Ergebnisse des Artikels und lassen sie unsere Labortests durchlaufen.

Zunächst untersuchen wir die Ergebnisse des Originalartikels. Er vergleicht drei Momentum-Strategien, wobei er eine Stichprobe aus

A // DIE SUCHE NACH ALTERNATIVEN MOMENTUM-KONZEPTEN

allen in den Vereinigten Staaten gehandelten Aktien von 1963 bis 2001 verwendet:

1. **Preis-Momentum:** Das Preis-Momentum nimmt Long-(Short-)Positionen auf die 30 Prozent Aktien mit der besten (schlechtesten) Performance gemessen an den Renditen der vorangegangenen sechs Monate ein und wird alle sechs Monate angepasst.[11]
2. **Branchen-Momentum:** Im Jahr 1999 entwickelten Toby Moskowitz und Mark Grinblatt[12] ein Screening für Branchen-Momentum. Das Aktienuniversum wird in 20 Branchen aufgeteilt und für jede Branche wird eine wertgewichtete Rendite berechnet. Das Branchen-Momentum-Portfolio nimmt Long-(Short-)Positionen auf Aktien aus den 30 Prozent Branchen mit der besten (schlechtesten) Performance ein.
3. **52-Wochen-Hoch-Momentum:** Das 52-Wochen-Hoch-Portfolio nimmt Long-(Short-)Positionen auf Aktien ein, deren aktueller Preis nahe am (weit entfernt vom) 52-Wochen-Hoch steht. Die Entfernung vom 52-Wochen-Hoch wird ermittelt, indem der Kurs der Aktie von vor einem Monat durch das 52-Wochen-Hoch des Vorjahres geteilt wird. Das heißt, Stand 31. Dezember 2015 wird der Kurs vom 30. November 2015 durch das 52-Wochen-Hoch zwischen dem 30. November 2014 und dem 30. November 2015 geteilt.

Für die drei genannten Strategien werden die Aktien in den Long- und in den Short-Portfolios gleichmäßig gewichtet, sechs Monate lang gehalten und jeden Monat neu zusammengestellt (sodass überlappende Portfolios entstehen). In Tabelle 2 des Originalartikels stellen die Autoren fest, dass die Gewinne der oben aufgelisteten drei Long-short-Momentum-Strategien dann am höchsten sind (wenn man den Januar weglässt), wenn man das Screening nach dem 52-Wochen-Hoch verwendet. Der Artikel geht auch der Frage nach, welche Strategie die effektivste ist, nachdem man auf mehrere Faktoren und Überlegungen zur Mikrostruktur des Marktes kontrolliert hat. Die Ergebnisse der Regression in Tabelle 5 des Originalartikels zeigen, dass die Pseudovariable 52-Wochen-Hoch für die Gewinner/Verlierer ein guter Prädiktor für die künftige Rendite ist – besser als die früheren Aktienrenditen oder als Branchenfaktoren.

Die Gesamtergebnisse besagen, dass das 52-Wochen-Hoch ein besseres Handelssignal ist als das Preis-Momentum. Aber wie sehen die Ergebnisse aus, wenn wir unser Aktienuniversum verwenden? Diesbezüglich ist darauf hinzuweisen, dass die Arbeit von George und Hwang alle Aktien verwendet, was auch Small Caps beinhaltet, die die Ergebnisse stark verzerren können. Im Gegensatz dazu halten wir uns an ein Universum aus mittel und hoch kapitalisierten Aktien, das vergleichsweise liquide ist und dessen Daten robuster sind. Wir erstellen anhand der 52-Wochen-Hoch-Screening-Variable Portfolios und teilen die Aktien entsprechend ihrem Rang in Dezile ein. Die Portfolios werden monatlich angepasst und einen, drei oder sechs Monate lang gehalten. Die Portfolios mit drei oder sechs Monaten Haltezeit werden überlappend gestaltet. Die Unternehmen werden in den Portfolios gleichgewichtet und die Renditen stammen aus der Zeit vom 1. Januar 1974 bis zum 31. Dezember 2014. Die Renditen sind vor etwaigen Gebühren angegeben. In Abbildung A1.2 stellen wir die CAGRs dar.

A // DIE SUCHE NACH ALTERNATIVEN MOMENTUM-KONZEPTEN

Abbildung A1.2 **Renditen des 52-Wochen-Hoch-Screenings nach Dezilen**

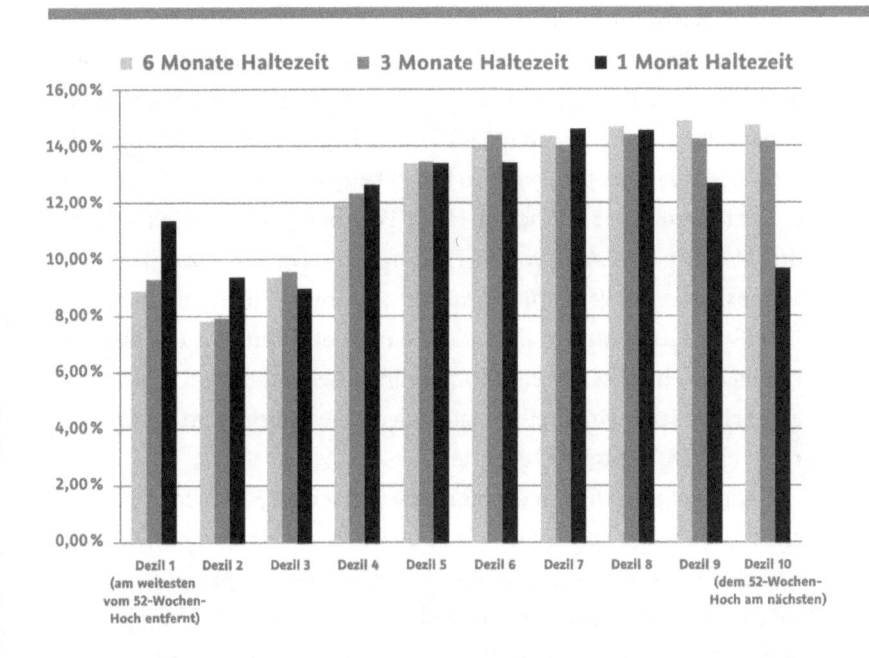

Die Ergebnisse in Abbildung A1.2 dokumentieren einige interessante Erkenntnisse. Erstens stellen wir fest, dass das CAGR bei den Halteperioden über drei und über sechs Monate annähernd monoton steigt, wenn man sich vom Dezil 1 (am weitesten vom 52-Wochen-Hoch entfernt) zum Dezil 10 (dem 52-Wochen-Hoch am nächsten) bewegt. Das ist auch zu erwarten, da der Artikel die obersten drei Dezile kauft und die untersten drei Dezile shortet, um das darin besprochene 52-Wochen-Hoch-Long-short-Portfolio zu bilden. Außerdem liegt der Schwerpunkt des Artikels auf den Portfolios, die sechs Monate gehalten werden und die wenig überraschend die beste Performance aufweisen. Jedoch brechen die Ergebnisse bei der monatlich angepassten Version der 52-Wochen-Hoch-Strategie dramatisch ein. Anders gesagt bestehen sie einen einfachen Test der Robustheit nicht. Wenn die Ergebnisse empfindlich gegenüber vernünftigen Änderungen der Portfoliokonstruktion sind, wird uns mulmig und wir befürchten, dass sich die Analyse vielleicht durch Data-Mining erklären lässt.

Noch schlechter sieht es für die 52-Wochen-Hoch-Strategie aus, wenn man eine einfache Long-Strategie umsetzt. Denn wenn man Aktien anhand ihrer Nähe zu ihren 52-Wochen-Hochs kauft, ist das Portfolio nicht besonders überzeugend. So bringt beispielsweise das auf das oberste Dezil bezogene 52-Wochen-Hoch-Portfolio bei einer Haltezeit von drei Monaten ein CAGR von 14,15 Prozent. Das ist vor Abzug der Transaktionskosten im Verhältnis zum Markt zwar nicht schlecht, aber dieses CAGR ist viel niedriger als das des einfachen Portfolios des obersten Dezils des einfachen Preis-Momentums (behandelt in Kapitel 5) bei einer Haltedauer von drei Monaten, denn dieses bringt im selben Zeitraum ein CAGR von 17,10 Prozent ein.

Insgesamt sind wir von der Story, die hinter dem 52-Wochen-Konzept steht, zwar beeindruckt, aber wir finden, dass es keinen robusten Nachweis dafür gibt, dass die Strategie effektiver wäre als Strategien, die sich auf das Preis-Momentum der Relativen Stärke beziehen. Nichtsdestotrotz deuten die Belege für das 52-Wochen-Hoch in die allgemeine Richtung der Anomalie des Preis-Momentums und dienen als weiterer Datenpunkt, der aufzeigt, dass Momentum-Strategien wahrscheinlich Fehlpreisungen ausnutzen, die durch marktweite Unterreaktionen auf Nachrichten verursacht wurden.

Kann die absolute Stärke das Momentum der Relativen Stärke verbessern?

„Absolute Strength: Exploring Momentum in Stock Returns" von Huseyin Gulen und Ralitsa Petkova[13] wandelt die üblichen auf der Relativen Stärke basierenden Momentum-Strategien auf interessante Weise ab. Wie wir das ganze Buch hindurch besprochen haben, setzt die wissenschaftliche Forscher-Community die allgemeine Momentum-Strategie um, indem sie die Firmen anhand ihres Momentums in den letzten zwölf

A // **DIE SUCHE NACH ALTERNATIVEN MOMENTUM-KONZEPTEN**

Monaten (unter Auslassung der Rendite des letzten Monats) ordnet. Dann werden anhand dieser Rangfolgen Portfolios erstellt. Die meisten Forschungsartikel kaufen die Gewinner und shorten die Verlierer. Aber die Klassifizierung als „Gewinner"-Aktie und „Verlierer"-Aktie verändert sich im Laufe der Zeit. Damit eine Aktie während der Internetblase als Gewinner eingestuft wurde, musste sie ein früheres Momentum von 250 Prozent (in der Nähe des Höhepunkts) haben. Während der Finanzkrise 2008 wäre jede Aktie eine „Gewinner"-Aktie gewesen, die eine bessere Rendite als minus fünf Prozent gehabt hätte. Es ist also klar, dass Gewinner laut der Relativen Stärke ein breites Spektrum von Renditen haben können (und bei den Verlierern laut der Relativen Stärke ist das Ergebnis genauso breit gefächert).

Die Autoren gehen der Idee nach, dass man eine Momentum-Strategie vielleicht dadurch verbessern kann, dass man sich nach der Note der „absoluten" Stärke richtet. Die Idee besagt, dass man jeden Monat auf die historischen Grenzwerte der Gewinner und Verlierer zurückblickt und alle verfügbaren Renditen verwendet, um die Einstellungen festzulegen. Ein Beispiel soll diese Methode deutlicher veranschaulichen: Stellen Sie sich vor, es ist der 31. Januar 1965 und wir untersuchen alle Momentum-Noten (Momentum der letzten zwölf Monate unter Auslassung des letzten Monats) aller Aktien, ermittelt im Januar unter Verwendung aller verfügbaren Jahre vor 1965. Das wären also die Momentum-Noten zum 31. Januar 1927, zum 31. Januar 1928 ... bis einschließlich 31. Januar 1965. Aus dieser Stichprobe werden die Werte des 10. und des 90. Perzentils ermittelt und als Einstellungen für das „absolute" Momentum verwendet. Diese Einstellungs-Analyse wird jeden Monat durchgeführt, sodass die Werte der Perzentile im zeitlichen Verlauf dynamisch sind.

Die Einstellungen für das absolute Momentum gewährleisten, dass die Definition einer Gewinner- beziehungsweise einer Verliereraktie im Laufe der Zeit konsistenter ist. Laut den Ergebnissen aus dem Artikel liegt die Einstellung für eine Gewinneraktie bei fast 60 Prozent und für eine Verliereraktie bei circa minus 35 Prozent. Die Portfolios werden aus Aktien gebildet, die diesen Einstellungen entsprechen. Diese Vorgehensweise hat zwar ihren intuitiven Reiz, aber diese Portfoliostrategie erstellt Portfolios mit unterschiedlichen Anzahlen von Aktienpositionen. In manchen Fällen kann die Anzahl der Aktienpositionen extrem werden. Zum Beispiel zeigt eine Zahl aus dem Originalartikel, dass die Anzahl der Gewinner in der Finanzkrise 2008 fast auf null fällt, während die Anzahl der Verlierer auf 1.500 steigt. Eine Regel anhand der Relativen Stärke hingegen kauft stets die obersten zehn Prozent und verkauft die untersten zehn Prozent des Aktienuniversums. Das heißt, wenn das Universum 5.000 Aktien umfasst, kauft das Relative-Stärke-Portfolio 500 Aktien und verkauft 500 Aktien, sodass die Portfoliogröße ausgewogen ist.

Doch von Konstruktionsfragen abgesehen – wie ist die Performance des Portfolios des absoluten Momentums? Die Strategie der Autoren, die Gewinner laut absoluter Stärke kauft und Verlierer laut absoluter Stärke verkauft, liefert von 1965 bis 2014 eine risikobereinigte Monatsrendite von 2,42 Prozent und von 2000 bis 2014 von 1,55 Prozent. Die Ausgangsergebnisse der Long-short-Portfolios sind also beeindruckend.

Wir sehen jedoch aufgrund des Universums, das die Autoren verwenden, die Ergebnisse ein bisschen skeptisch. Es enthält nämlich auch Micro-Cap-Aktien, die laut Fama und French 2008[14] rund 60 Prozent der im CRSP-Universum enthaltenen Unternehmen ausmachen, aber nur rund drei Prozent der Marktkapitalisierung. Stellen Sie sich einmal vor, Sie versuchen, Hunderte von Micro-Cap-Aktien zu kaufen oder zu shorten!

Um die Gültigkeit der Ergebnisse des absoluten Momentums zu beurteilen, beschlossen wir, die gleiche Analyse anhand eines Universums aus mittel und hoch kapitalisierten US-Aktien durchzuführen. Wir rekonstruieren das Signal des absoluten Momentums jeden Monat gemäß des Rezepts, das in dem Originalartikel beschrieben wird. Abbildung A1.3 zeigt die Messpunkte im zeitlichen Verlauf. Die Rendite-Messpunkte

A // **DIE SUCHE NACH ALTERNATIVEN MOMENTUM-KONZEPTEN**

ähneln denen im Artikel: Die Einstellung für Gewinneraktien liegt bei circa 60 Prozent, diejenige für Verliereraktien bei circa −35 Prozent. Wir nehmen eine Aktie nur dann in das Gewinnerportfolio auf, wenn sie über der Gewinnereinstellung liegt, und Verliereraktien nehmen wir nur dann in das Verliererportfolio auf, wenn sie unter der Verliererereinstellung liegen. Wie bereits erwähnt, bringt diese Methode Merkwürdigkeiten bei der Portfoliokonstruktion mit sich. Abbildung A1.4 zeigt die Anzahl der Firmen in den Portfolios des hohen beziehungsweise niedrigen absoluten Momentums im zeitlichen Verlauf und vergleicht diese Portfoliogrößen mit der Methode des üblichen Preis-Momentums, die die laut Relativer Stärke zehn Prozent obersten Aktien kauft und die untersten zehn Prozent shortet.

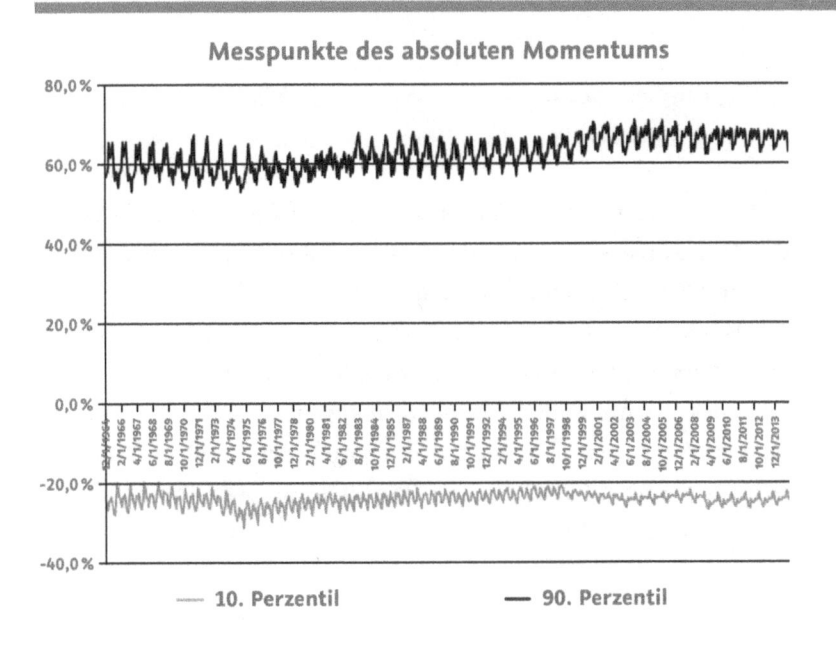

Abbildung A1.3 **Messpunkte des absoluten Momentums**

Abbildung A1.4 **Anzahl der Firmen beim absoluten Momentum**

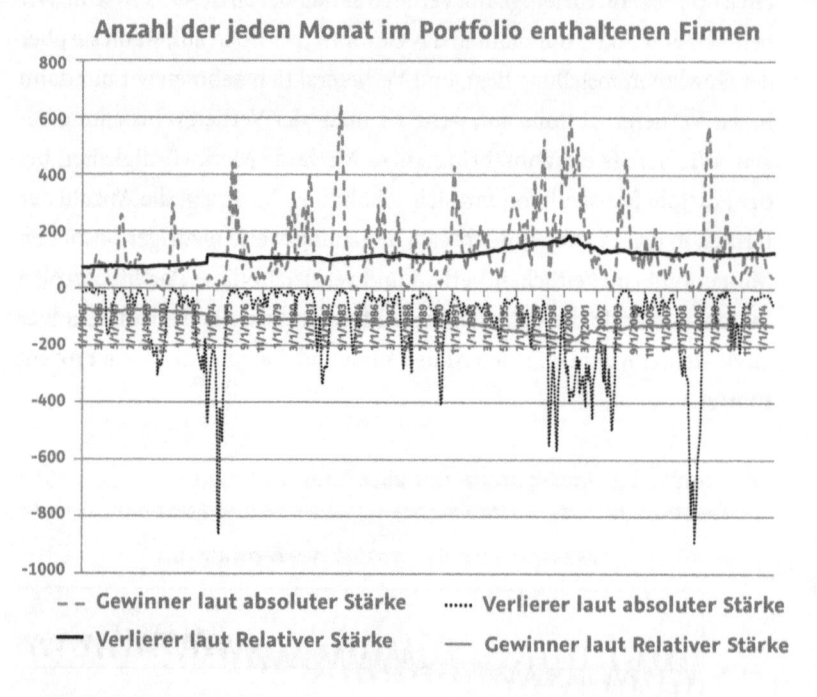

Anzahl der jeden Monat im Portfolio enthaltenen Firmen

- - Gewinner laut absoluter Stärke   ⋯⋯ Verlierer laut absoluter Stärke
— Verlierer laut Relativer Stärke   — Gewinner laut Relativer Stärke

Ähnlich wie im Originalartikel variiert die Portfoliogröße sehr. Während der Finanzkrise standen die Portfolios des absoluten Momentums im Januar 2009 auf nur eine Firma long und auf 800 Aktien short.

Als Nächstes bewerten wir die Performance der Long-short-Strategie anhand des absoluten Momentums. Wir untersuchen die Long-short-Renditen des gleichgewichteten, monatlich angepassten Portfolios von Januar 1965 bis Dezember 2014. Alle angegebenen Renditen verstehen sich vor etwaigen Gebühren und Transaktionskosten. Die Ergebnisse werden in Tabelle A1.6 gezeigt.

A // DIE SUCHE NACH ALTERNATIVEN MOMENTUM-KONZEPTEN

Tabelle A1.6 **Long-short-Renditen des absoluten Momentums**

	Absolute Stärke (L/S)	Relative Stärke (L/S)	S&P 500
CAGR	25,28 %	17,97 %	10,01 %
Standardabweichung	23,26 %	24,02 %	15,04 %
Abweichung nach unten	17,57 %	20,58 %	10,64 %
Sharpe Ratio	0,88	0,61	0,38
Sortino Ratio (MAR = 5 %)	1,17	0,71	0,54
Größter Drawdown	-68,27 %	-70,86 %	-50,21 %

Die Ergebnisse ähneln denen im Artikel. Das Long-short-Portfolio des absoluten Momentums outperformt das Portfolio des relativen Momentums hinsichtlich mehrerer Kennzahlen. Um in das Konzept des absoluten Momentums ein bisschen tiefer einzusteigen, sehen wir uns die Performance des Long-Portfolios und die des Short-Portfolios einzeln an.

Tabelle A1.7 zeigt die Ergebnisse der vier Portfolios (Gewinner und Verlierer laut absoluter Stärke; Gewinner und Verlierer laut Relativer Stärke). Die Portfolios reichen von Januar 1965 bis Dezember 2014, sind gleichgewichtet und werden monatlich angepasst. Alle Renditen sind als Gesamtrenditen angegeben, jedoch vor etwaigen Gebühren und Transaktionskosten.

Untersucht man die Ergebnisse, ähneln sich die Long-only-Gewinner-Portfolios und die Strategie des absoluten Momentums bringt gegenüber der Strategie des klassischen Preis-Momentums nur einen marginalen Vorteil. Allerdings ist das Portfolio der Verlierer laut absolutem Momentum viel schlechter als das der Verlierer laut relativem Momentum. Diese Ergebnisse lassen vermuten, dass die Performance-Differenz zwischen der Long-short-Strategie des absoluten Momentums und der Long-short-Strategie des relativen Momentums von dem Short-Anteil bestimmt wird.

TEIL 2

Tabelle A1.7 **Renditen der Long-only-Portfolios nach absolutem und relativem Momentum**

	Gewinnerportfolio absolutes Momentum	Gewinnerportfolio relatives Momentum	Verliererportfolio absolutes Momentum	Verliererportfolio relatives Momentum
CAGR	18,91 %	18,74 %	-3,42 %	2,40 %
Standardabweichung	24,85 %	25,11 %	26,17 %	26,20 %
Abweichung nach unten	17,06 %	17,41 %	17,09 %	17,39 %
Sharpe Ratio	0,63	0,62	-0,19	0,03
Sortino Ratio (MAR = 5 %)	0,91	0,89	-0,29	0,04
Größter Drawdown	-65,09 %	-58,40 %	-94,10 %	-82,01 %

Ein weiteres potenzielles Problem ist, dass die Regel des absoluten Momentums Portfolios mit von Monat zu Monat unterschiedlichen Größen erstellen kann. Im Gegensatz dazu erstellt das Signal der Relativen Stärke Portfolios mit höchst beständigen Positionsanzahlen. Indirekt setzt die Regel des absoluten Momentums den Anleger also einem großen Risiko aus, das durch einen Backtest wohl nicht erfasst werden kann. Zum Beispiel stand das Portfolio des absoluten Momentums im Januar 2009 auf eine einzige Aktie long, aber auf mehr als 800 Aktien short. Wir wissen nicht, wie viele Anleger es für klug halten würden, ein nur aus einer Aktie bestehendes Portfolio zu halten. Historisch gesehen hatte das offenbar keine enorm großen Auswirkungen, aber außerhalb der betrachteten Stichprobe könnte so etwas ernste Folgen haben.

Lässt sich die Volatilität des Momentums einschränken?

Ein negativer Aspekt des Momentum-Investings ist, dass ein Portfolio mit hohem Momentum zu großen Drawdowns und schwer verdaulicher Volatilität neigt. Auf der einen Seite ist das eine schreckliche Eigenschaft,

A // DIE SUCHE NACH ALTERNATIVEN MOMENTUM-KONZEPTEN

aber auf der anderen ist dies der Grund, weshalb das Momentum nachhaltig ist – es lässt sich nicht so leicht „arbitragieren". Aber vielleicht gibt es ja eine bessere Möglichkeit, die Volatilität von Momentum-Strategien zu managen. Yufeng Han, Guofu Zhou und Yingzi Zhu unternehmen in ihrem Artikel „Taming Momentum Crashes: A Simple Stop-Loss Strategy" einen guten Versuch in dieser Richtung. Die Autoren wenden auf das klassische Long-short-Momentum-Portfolio eine einfache Stop-Loss-Regel an.[15]

Die Ergebnisse sind beeindruckend. Mithilfe einer 10-Prozent-Stop-Loss-Regel senken die Autoren den maximalen monatlichen Verlust von 49,79 auf 11,36 Prozent, wobei sich das Sharpe Ratio annähernd verdoppelt.

Die Merkmale dieser Handelsstrategie lassen sich in drei Regeln zusammenfassen:

1. Das Long- und das Short-Portfolio monatlich anpassen, indem die Aktien nach ihren früheren Renditen sortiert werden (der Artikel verwendet die Renditen der letzten sieben Monate unter Auslassung des letzten).
2. Das Long-Portfolio täglich kontrollieren: Wenn eine Long-Position um x Prozent (zum Beispiel zehn) sinkt, diese Position verkaufen und bis Monatsende in den risikolosen Zinssatz investieren.
3. Das Short-Portfolio täglich kontrollieren: Wenn eine Short-Position um x Prozent (zum Beispiel zehn) steigt, diese Position eindecken und den etwaigen Erlös bis Monatsende in den risikolosen Zinssatz investieren.

TEIL 2

Tabelle A1.8 zeigt die Originalzahlen aus dem Artikel.

Tabelle A1.8 **Monatsrenditen des gleichgewichteten Momentum-Portfolio mit Stop-Loss**

Variable	Durchschnittsrendite (%)	Minimum (%)
	Panel A: Original-Momentum	
Markt	0,65	-29,10
Verlierer	0,24	-39,50
Gewinner	1,24	-33,06
WML	0,99	-49,79
	Panel B: Stop-Loss bei 10 %	
Verlierer	-0,42	-39,27
Gewinner	1,27	-12,87
WML	1,69	-11,36
	Panel C: Stop-Loss bei 5 %	
Verlierer	-0,83	-36,34
Gewinner	1,53	-8,48
WML	2,35	-8,94

Durch den Einsatz der Stop-Loss-Regeln hat das Portfolio nicht nur einen kleineren Drawdown, sondern auch seine durchschnittliche Rendite steigt! Wenn wir das WML-Long-short-Portfolio betrachten (WML = Winners Minus Losers, Gewinner minus Verlierer), sehen wir, dass die Monatsrenditen bei Anwendung der 5-Prozent-Regel am höchsten sind. Jede Strategie, die die Drawdowns *senken* und die Rendite *steigern* kann, ist sehr verlockend und einen zweiten Blick wert.

Natürlich ist an den Finanzmärkten niemals etwas leicht, auch wenn es manchmal so aussieht. Ein Nachteil der Stop-Loss-Methode ist, dass diese Strategie eine *tägliche* Analyse aller Aktienpositionen erfordert, was für viele Anleger recht schwierig umzusetzen sein kann – vom Kostenaspekt einmal ganz abgesehen. Außerdem sind die Vorteile einer

Stop-Loss-Strategie aus Sicht eines Anlegers, der nur long geht – und das ist der Schwerpunkt dieses Buches –, gedämpft. Zum Beispiel hat eine Momentum-Strategie mit einer 10-Prozent-Stop-Loss-Regel eine durchschnittliche Monatsrendite von 1,27 Prozent, was in etwa der Long-only-Buy-and-hold-Momentum-Strategie entspricht, die eine durchschnittliche Monatsrendite von 1,24 Prozent liefert. Jedoch bringt die Stop-Loss-Methode bezüglich des Risikomanagements einen Vorteil und damit befassen wir uns nun näher.

Ähnlich wie bei unserer vorherigen Analyse untersuchen wir die Stop-Loss-Strategie unter unseren eigenen Forschungsbedingungen. Wir untersuchen ein Universum in den Vereinigten Staaten gehandelter Aktien mittlerer bis hoher Kapitalisierung und konzentrieren uns bei der Analyse auf die Long-only-Portfolios. Alle Renditen sind Bruttorenditen, es werden keine Verwaltungsgebühren oder Transaktionskosten angesetzt. Wir untersuchen die Renditen vom 1. Januar 1927 bis zum 31. Dezember 2013, um denselben Stichprobenzeitraum wie in dem Artikel abzudecken. Wir untersuchen folgende vier Portfolios:

1. **Hohes Momentum:** Die oberen zehn Prozent der Firmen in der Sortierung nach ihrem früheren Momentum (Gesamtrendite über die vergangenen zwölf Monate unter Auslassung des letzten Monats). Das Portfolio wird monatlich auf gleichmäßige Gewichtung angepasst.
2. **Hohes Momentum mit 10-Prozent-Stop-Loss-Regel:** Die oberen zehn Prozent der Firmen in der Sortierung nach ihrem früheren Momentum (Gesamtrendite über die vergangenen zwölf Monate unter Auslassung des letzten Monats). Das Portfolio wird monatlich auf gleichmäßige Gewichtung angepasst. Wenn im Laufe des Monats eine einzelne Aktienposition um zehn Prozent sinkt, wird das Papier verkauft und der Erlös bleibt bis Ende des Monats im Barbestand, dann wird das Portfolio wieder auf die obersten zehn Prozent der Momentum-Unternehmen eingestellt.

TEIL 2

3. **Hohes Momentum mit 5-Prozent-Stop-Loss-Regel:** Die oberen zehn Prozent der Firmen in der Sortierung nach ihrem früheren Momentum (Gesamtrendite über die vergangenen zwölf Monate unter Auslassung des letzten Monats). Das Portfolio wird monatlich auf gleichmäßige Gewichtung angepasst. Wenn im Laufe des Monats eine einzelne Aktienposition um fünf Prozent sinkt, wird das Papier verkauft und der Erlös bleibt bis Ende des Monats im Barbestand, dann wird das Portfolio wieder auf die obersten zehn Prozent der Momentum-Unternehmen eingestellt.
4. **S&P 500:** Gesamtrendite des S&P 500 Index.

Die Ergebnisse der Analyse werden in Tabelle A1.9 dargestellt.

Tabelle A1.9 **Performance des Stop-Loss-Momentums**

	Hohes Momentum	Hohes Momentum 10% Stop-Loss	Hohes Momentum 5% Stop-Loss	S&P 500
CAGR	19,34%	15,47%	15,29%	9,91%
Standardabweichung	24,78%	22,19%	18,31%	19,18%
Abweichung nach unten	18,26%	12,73%	8,36%	14,26%
Sharpe Ratio	0,70	0,61	0,68	0,41
Sortino Ratio (MAR = 5%)	0,87	0,93	1,31	0,44
Größter Drawdown	-71,73%	-64,02%	-48,11%	-84,59%

Das allgemeine Long-only-Momentum-Portfolio generiert ein viel höheres CAGR als die Portfolios mit Risikomanagement. Allerdings ist das Risikoprofil der Stop-Loss-Systeme deutlich besser. Jedoch hängt das Risikoprofil sehr von der untersuchten Stop-Loss-Regel ab, was auf ein Problem hinsichtlich der Robustheit hindeutet. Verglichen mit der 10-Prozent-Stop-Loss-Regel ist das allgemeine Momentum die bessere

A // DIE SUCHE NACH ALTERNATIVEN MOMENTUM-KONZEPTEN

Strategie, aber im Vergleich zu der 5-Prozent-Stop-Loss-Regel ist das allgemeine Momentum risikobereinigt schlechter. Im Endeffekt ist die Stop-Loss-Regel also interessant. Allerdings ist ein Stop-Loss nicht die einzige Option des Risikomanagements. Man kann auf eine Long-only-Momentum-Strategie auch eine einfache langfristige Trendfolge-Regel[16] und/oder eine Zeitreihen-Momentum-Regel[17] anwenden und dadurch die Komplexität sowie den organisatorischen Aufwand vermeiden, der bei einem täglich kontrollierten Momentum-Portfolio anfällt. Sehen Sie sich als Beispiel eine einfache Zeitreihen-Momentum-Handelsregel an, die long auf das Momentum-Portfolio geht, wenn die Rendite des S&P 500 in den vergangenen zwölf Monaten über dem risikolosen Zinssatz lag, und die andernfalls in risikolose Anleihen investiert.

Hier die vier Portfolios, die wir testen:

1. **Hohes Momentum w/TSMOM:** Die oberen zehn Prozent der Firmen in der Sortierung nach ihrem früheren Momentum (Gesamtrendite über die vergangenen zwölf Monate unter Auslassung des letzten Monats). Das Portfolio wird monatlich auf gleichmäßige Gewichtung angepasst. Jeden Monat wird eine 12-Monats-Zeitreihen-Momentum-Handelsregel angewendet.
2. **Hohes Momentum:** Die oberen zehn Prozent der Firmen in der Sortierung nach ihrem früheren Momentum (Gesamtrendite über die vergangenen zwölf Monate unter Auslassung des letzten Monats). Das Portfolio wird monatlich auf gleichmäßige Gewichtung angepasst.
3. **Hohes Momentum mit 10-Prozent-Stop-Loss-Regel:** Die oberen zehn Prozent der Firmen in der Sortierung nach ihrem früheren Momentum (Gesamtrendite über die vergangenen zwölf Monate unter Auslassung des letzten Monats). Das Portfolio wird monatlich auf gleichmäßige Gewichtung angepasst. Wenn im Laufe des Monats eine einzelne Aktienposition um zehn Prozent

TEIL 2

sinkt, wird das Papier verkauft und der Erlös bleibt bis Ende des Monats im Barbestand, dann wird das Portfolio wieder auf die obersten zehn Prozent der Momentum-Unternehmen eingestellt.

4. **Hohes Momentum mit 5-Prozent-Stop-Loss-Regel:** Die oberen zehn Prozent der Firmen in der Sortierung nach ihrem früheren Momentum (Gesamtrendite über die vergangenen zwölf Monate unter Auslassung des letzten Monats). Das Portfolio wird monatlich auf gleichmäßige Gewichtung angepasst. Wenn im Laufe des Monats eine einzelne Aktienposition um fünf Prozent sinkt, wird das Papier verkauft und der Erlös bleibt bis Ende des Monats im Barbestand, dann wird das Portfolio wieder auf die obersten zehn Prozent der Momentum-Unternehmen eingestellt.

Die Renditen reichen vom 1. Januar 1928 bis zum 31. Dezember 2013 (das Jahr 1927 schließen wir nicht ein, weil wir für die TSMOM-Regel Daten aus zwölf Monaten benötigen). Die Ergebnisse sind vor Gebühren angegeben. Alle Renditen sind Gesamtrenditen und schließen die Reinvestition von Ausschüttungen (zum Beispiel Dividenden) ein.

Tabelle A1.10 **Performance des Zeitreihen-Momentums**

	Hohes Momentum TSMOM	Hohes Momentum	Hohes Momentum 10% Stop-Loss	Hohes Momentum 5% Stop-Loss
CAGR	16,57%	18,93%	15,06%	14,88%
Standardabweichung	20,97%	24,84%	22,23%	18,32%
Abweichung nach unten	16,80%	18,31%	12,75%	8,36%
Sharpe Ratio	0,68	0,69	0,59	0,66
Sortino Ratio (MAR = 5%)	0,75	0,85	0,91	1,26
Größter Drawdown	-50,99%	-71,73%	-64,02%	-48,11%

A // DIE SUCHE NACH ALTERNATIVEN MOMENTUM-KONZEPTEN

Die Ergebnisse in Tabelle A1.10 zeigen, dass eine einfache allmonatlich kontrollierte Risikomanagement-Regel, die man auf Portfolioebene anwendet, das gleiche Maß an Risikokontrolle bewirken kann, dies jedoch mit viel weniger Komplikationen als bei einer täglich geprüften Stop-Loss-Regel.

Anlegern, die daran interessiert sind, die Volatilität ihres Portfolios zu steuern, empfehlen wir, sich zunächst auf die Zusammenstellung des bestmöglichen Long-only-Momentum-Portfolios zu konzentrieren. Ist das geschafft und der Anleger streicht die höchste risikobereinigte zu erwartende Aktienprämie ein, kann er auf der Ebene des Portfolios Risikomanagement-Regeln anwenden. Eine ausführliche Besprechung würde zwar den Rahmen dieses Buches sprengen, aber wir empfehlen den Anlegern, sich auf einfache Regeln des Trendfolge- und des Zeitreihen-Momentums zu konzentrieren, um sich das Management auf Portfolioebene zu erleichtern.

Anmerkungen

1. Nicholas Barberis, Andrei Shleifer und Robert Vishny, „A Model of Investor Sentiment", *Journal of Financial Economics* 49 (1998): 307–343.

2. Louis Chan, Narasimhan Jegadeesh und Josef Lakonishok, „Momentum Strategies", *The Journal of Finance* 51 (1996): 1681–1713.

3. Robert Novy-Marx, „Fundamentally, Momentum Is Fundamental Momentum", *NBER Working Paper No. 20984*.

4. Damit in unserem Universum aus mittel bis hoch kapitalisierten Aktien die Volatilität der Portfolios des fundamentalen Momentums (SUE und CAR3) derjenigen der Preis-Momentum-Portfolios entspricht, müssen die Portfolios des fundamentalen Momentums (SUE und CAR3) dreifach long und dreifach short gehen.

5. Tarun Chordia und Lakshmanan Shivakumar, „Earnings and Price Momentum", *AFA 2003 Washington, DC Meetings*.

6. Kent Daniel und Tobias Moskowitz, „Momentum Crashes", *Columbia Business School Research Paper No. 14–36*.

TEIL 2

7. Eugene F. Fama und Kenneth R. French, „Common Risk Factors in the Returns on Stocks and Bonds", *Journal of Financial Economics* 33 (1993): 3–56.

8. Leser, die sich für komplexere Long-short-Portfolios interessieren, sollten sich ausführlicher mit Strategien des Gewinn-Momentums befassen

9. Malcolm Baker, Xin Pan und Jeffrey Wurgler, „The Effect of Reference Point Prices on Mergers and Acquisitions", *Journal of Financial Economics* 106 (2012): 49–71.

10. Thomas J. George und Chuan-Yang Hwang, „The 52-Week High and Momentum Investing", *The Journal of Finance* 59 (2004): 2145–2176.

11. Narasimhan Jegadeesh und Sheridan Titman, „Returns to Buying Winners and Selling Losers: Implications for Stock Market Efficiency", *The Journal of Finance* 48 (1993): 65–91.

12. Tobias J. Moskowitz und Mark Grinblatt, „Do Industries Explain Momentum?", *The Journal of Finance* 54 (1999): 1249–1290.

13. Huseyin Gulen und Ralitsa Petkova, „Absolute Strength: Exploring Momentum in Stock Returns", Working Paper, Zugriff am 31.01.2016.

14. Eugene F. Fama und Kenneth R. French, „Dissecting Anomalies", *The Journal of Finance* 63 (2008): 1653–1678.

15. Yufeng Han, Guofu Zhou und Yingzi Zhu, „Taming Momentum Crashes: A Simple Stop-Loss Strategy", Working Paper, Zugriff am 31.01.2016.

16. Siehe Meb Faber, „A Quantitative Approach to Tactical Asset Allocation", *The Journal of Wealth Management* 9 (2007): 69–79.

17. Gary Antonacci, *Dual Momentum Investing: An Innovative Strategy for Higher Returns with Lower Risk* (New York: McGraw-Hill, 2014). Auf Deutsch erschienen unter dem Titel *Doppeltes Momentum für doppelte Gewinne: Ein innovativer Investmentansatz für höhere Gewinne bei reduziertem Risiko*, (Kulmbach: Börsenbuchverlag 2016).

ANHANG B

Definitionen der Performance-Kennzahlen

Tabelle A2.1 gibt die Definitionen der im gesamten Text verwendeten Performance-Kennzahlen an.

Tabelle A2.1 **Definitionen der Performance-Kennzahlen**

Kennzahlen	Erklärung
CAGR	Compound Annual Growth Rate = kumulierte jährliche Wachstumsrate
Standardabweichung	Standardabweichung innerhalb der Stichprobe (mithilfe der Quadratwurzel aus 12 annualisiert)
Abweichung nach unten	Standardabweichung aller negativen Beobachtungen (mithilfe der Quadratwurzel aus 12 annualisiert)
Sharpe Ratio	Monatliche Rendite minus risikoloser Zinssatz geteilt durch die Standardabweichung (mithilfe der Quadratwurzel aus 12 annualisiert)
Sortino Ratio (MAR = 5 %)	Monatliche Rendite minus als MAR (Minimum Acceptable Return) abgekürzte akzeptable Mindestrendite (MAR/12) geteilt durch die Abweichung nach unten (mithilfe der Quadratwurzel aus 12 annualisiert)
Größter Drawdown	Schlechteste Performance von Hoch zu Tief
Schlechteste Monatsrendite	Schlechteste Monats-Performance
Beste Monatsrendite	Beste Monats-Performance
Profitable Monate	Anteil der Monats-Performance-Werte mit positiver Rendite

Über die begleitende Website

Zum Buch gibt es eine begleitende Website, die unter www.alphaarchitect.com zu finden ist. Sie enthält Folgendes:

- Ein Screening-Tool, um die in diesem Buch beschriebenen Momentum-Aktien zu finden
- Zusätzliches Forschungsmaterial über Momentum-Investing
- Einen kontinuierlich aktualisierten Blog über Entwicklungen im Bereich der quantitativen Geldanlage
- Und noch vieles mehr!